LEONARDO BOFF

Sustentabilidade e Cuidado

Como assegurar o futuro da vida

Leonardo Boff

Sustentabilidade e Cuidado

Como assegurar o futuro da vida

Avaré
2025

EDITORA CONHECIMENTO LIBERTA

CONTRA CORRENTE 10 ANOS

EDITORES
Camila Almeida Janela Valim
Gustavo Marinho de Carvalho
Rafael Valim
Walfrido Warde
Silvio Almeida

EQUIPE EDITORIAL
COORDENAÇÃO DE PROJETO Erick Facioli
PREPARAÇÃO DE TEXTO Amanda Dorth
REVISÃO Douglas Magalhães
REVISÃO TÉCNICA Beatriz Duarte Lopes
PROJETO GRÁFICO E CAPA Maikon Nery
DIAGRAMAÇÃO Gisely Fernandes

EQUIPE DE APOIO
Carla Vasconcelos
Regina Gomes
Geovanna Sales
Julia Falanghe

DIREÇÃO EXECUTIVA
Eduardo Moreira
Rafael Donatiello

GERÊNCIA EDITORIAL
Larissa Arruda

COORDENAÇÃO EDITORIAL
Giselle Honorio

APROVAÇÃO DE CAPA E PROJETO GRÁFICO
Luka Farias

CONSELHO EDITORIAL
Jessé Souza, Eduardo Moreira, Gisele Cittadino, Ladislau Dowbor, Lindener Pareto Jr., Rafael Donatiello, Suze Piza e Angelo Battistini Marques

Boff, Leonardo
Sustentabilidade e cuidado : como assegurar o futuro da vida / Leonardo Boff. – Avaré, SP : Editora Contracorrente, 2025.

Bibliografia.
ISBN 978-65-5396-269-9
ISBN 978-65-85030-28-1

1. Aquecimento global 2. Clima - Mudanças 3. Meio ambiente 4. Sustentabilidade I. Título.

25-265145 CDD-303.483

Índices para catálogo sistemático:
1. Desenvolvimento sustentável : Ciência e ética : Sociologia 303.483
Eliete Marques da Silva - Bibliotecária - CRB-8/9380

@editoracontracorrente
Editora Contracorrente
@ContraEditora
Editora Contracorrente

Dedico este texto à comunidade dos profissionais de excelência, homens e mulheres, do Instituto Conhecimento Liberta (ICL) por libertarem milhares e milhares para o verdadeiro conhecimento objetivo e crítico.

APRESENTAÇÃO

Conta-se uma história de uma pequenina cidade onde todos os governantes eram corruptos e perversos. Todos os anos, quando por lá passava em sua jornada, um comerciante notava que um mesmo homem discursava inflamado na pequena praça que lá havia em protesto contra todas aquelas maldades. No entanto, ninguém lhe dava ouvidos; transitavam ao seu redor como se nada estivesse acontecendo. Um dia, o viajante tomou coragem e lhe perguntou: "amigo, você não percebe que não estão lhe dando ouvidos? Não se deu conta que jamais será capaz de mudá-los?" O morador da cidade, sereno, mas firme, lhe respondeu: "é claro que percebi. Só que o dia que eu deixar de protestar será um sinal de que eles foram capazes de me mudar".

Søren Kierkegaard foi um importante filósofo, teólogo e crítico social dinamarquês. Certa vez, lendo um de seus textos, finalmente compreendi o conceito de fé. "Fé", segundo Kierkegaard, não significa "acreditar". "Tenha fé, e as coisas irão melhorar", costumamos ouvir. Segundo o filósofo, isto não é fé, é barganha com Deus. Fé, nos ensina, vem do latim *fides*, que significa ser fiel. Fidelidade a uma causa, a uma ideia a um princípio. Mesmo que não exista qualquer recompensa ou relação de troca. Leonardo Boff é um homem de fé, no sentido mais literal a palavra.

A lógica matemática não nos dá muitas razões para sermos otimistas com o planeta e com os rumos da humanidade. Não faltam estudos que comprovam que falhamos na missão de diminuir o ritmo das emissões de gases que fazem mal ao planeta, da destruição de florestas, da extinção de espécies e do aumento da desigualdade. Mais do que isso, em vários casos nunca paramos de acelerar esse ritmo. Até mesmo iniciativas recentes, como os departamentos de ESG (*Environmental, Social, and Governance*) criados pelas empresas para demonstrar preocupação com as causas ambientais e sociais já estão sendo abandonados para abrir espaço para atividades mais lucrativas (e prejudiciais ao planeta) dessas mesmas empresas. Tudo leva a crer que rumamos ao colapso, e muito mais rápido do que jamais imaginamos. Mesmo assim, ciente de toda essa dura realidade, Leonardo segue, assim como o morador da fictícia cidade, protestando, alertando, denunciando o que está em curso. Mesmo que pareça que cada vez menos lhes deem ouvidos. Faz isso por fidelidade à Vida, ao planeta, à mãe Terra, a quem devemos a própria existência. É essa sua fé que me inspira. Somos o mal que tanto desejamos combater. O Satã mítico encarnado. Mas somos também a salvação possível. O Cristo Amor semente. E nessa luta entre trevas e luz, nos cabe cuidar da brasa para que jamais se apague, alimentando-a com nossa esperança ativa, mas nunca ingênua. Fazendo de nossa existência braços de resistência do planeta e testemunhos da fé inabalável na Vida.

Eduardo Moreira

Como poucas vezes na história, a humanidade e sua Casa Comum, a Mãe Terra, estão vivendo sob uma conjunção de crises que podem significar uma grande hecatombe ecológico-social. Há o risco sério de que uma escalada dos conflitos desemboque numa guerra nuclear. Se for com bombas estratégicas, poderá significar uma devastação de grande parte da biosfera e o extermínio de uma significativa porção da humanidade.

O confronto entre uma visão unipolar, sustentada a unhas e dentes pelos Estados Unidos da América, e a outra, multipolar, buscada pela Rússia e pela China, pode igualmente provocar uma guerra devastadora e criar um inverno nuclear, um céu branco impedindo a penetração do sol e provocando a destruição das árvores, responsáveis pela fotossíntese, e, assim, da vida natural.

Não menor é a emergência climática que veio para ficar, aquecendo todo o planeta a níveis que só ocorreram há 125 mil anos. Os eventos extremos dessa nova fase da Terra estão se manifestando em todas as partes com enchentes devastadoras, secas severas, nevascas nunca vistas antes, degelo das calotas polares, aquecimento das águas marítimas, tufões de grande destruição.

Inumana e cruel é a acumulação das riquezas em pouquíssimas mãos, deixando na fome e na miséria a maioria da humanidade. Essa injustiça social é agravada pela injustiça ecológica que se revela pelo *antropoceno* (o ser humano como o meteoro rasante, destruidor da natureza), o *necroceno* (a dizimação sistemática da biodiversidade) e, por fim, o *piroceno* (o inferno de fogos em muitas partes do planeta). O ser humano, mais especificamente, os donos das grandes empresas multinacionais, grande parte deles negacionistas da emergência climática, comparecem como o Satã da Terra, quando sua missão deveria ser a de guardiões e cuidadores de tudo o que existe e vive.

Face à crise generalizada de nosso modo de habitar a Terra, devastando-a, e de organizar a convivência humana com desigualdades clamorosas, as clássicas narrativas pouco nos podem ajudar: o iluminismo, o capitalismo em suas várias formas, o socialismo real concretizado na ex-União Soviética, entre outras.

Chegamos ao fim de um caminho que tocou os limites insuportáveis pela Mãe Terra, a assim chamada Sobrecarga da Terra (*The Earth Overshoot*). Ela já não nos pode mais dar aquilo que sempre nos deu: a vida e os meios da vida. Neste momento, estamos precisando de mais de um planeta e meio para satisfazer as demandas humanas, particularmente as das classes opulentas do Norte Global.

De onde vamos beber os princípios e valores que poderão inaugurar um novo curso da história e permitir a nossa continuidade sobre este planeta?

Não vemos outro caminho senão auscultar a nossa própria natureza humana, quando compreendida em sua profundidade que vai além do simples conhecimento científico. Nela, descobrimos que o ser humano é portador de um projeto infinito, um nó de relações ilimitadas, voltadas para todas as direções. Identificamos em nosso profundo o mundo das excelências como a presença da ética, da espiritualidade e nossa sede infinita por um infinito que nos pode plenificar.

As reflexões deste livro procuram abrir esse caminho que nos parece promissor de um futuro de esperança. Sem esquecer que nos dará as energias benfazejas necessárias para enfrentar, superar e integrar as dimensões sombrias da condição humana. Mas seguramente será um mundo mais sustentável, mais humano, mais amoroso, mais cuidadoso, mais justo, de mais irmandade entre os humanos e entre os demais seres na natureza e, por fim, que nos concede a alegre celebração da vida.

CAPÍTULO I

A vida na Mãe Terra sob ameaça

1.1 Podemos ser o Satã da Terra: nos autodestruir

O sonho do Papa Francisco formulado na *Fratelli tutti* de uma fraternidade sem fronteiras e de uma amizade social (n. 6) seria o paradigma alternativo da modernidade, fundada no poder como dominação e que nos levou à atual crise sistêmica e aos graves dados do aquecimento em todo o planeta. As ameaças à vida e a insustentabilidade da Terra levaram-no a dizer: "estamos no mesmo barco; ou nos salvamos todos, ou ninguém se salva" (n. 32).

Para isso, devemos forçosamente mudar: fazer a transição de paradigmas, quer dizer, passar do paradigma dominante que criou a modernidade, do ser humano *senhor e dono* (*dominus*) da natureza não se entendendo parte dela, liberando-a para explorá-la sem limites, para o paradigma alternativo, o *do irmão e da irmã* (*frater*) pelo qual o ser humano se sente parte da natureza, irmão de todos os seres e com a missão de guardar e cuidar dela.

Em razão disso, o Papa e muitos ecólogos propõem como base de sustentação da proposta da irmandade universal as virtudes ausentes ou vividas apenas subjetivamente no paradigma do "senhor e dono": o amor universal, a amizade social, o cuidado para com tudo o que existe e vive, a compaixão com os que sofrem, também os seres da natureza, a solidariedade sem fronteiras, a ternura e gentileza em todas as relações entre os humanos, até na prática política e com a natureza. Esta sua proposta universaliza tais virtudes que antes eram privatizadas. Portanto, a alternativa se alimenta daquilo que é essencial e o melhor do ser humano, aquilo que de fato nos faz humanos.

O Papa, por exemplo, se dá conta do inusitado da proposta, reconhecendo: "*parece uma utopia ingênua, mas não podemos renunciar a este sublime objetivo*" (n. 190). Realmente há vozes de cientistas e sábios que nos advertem dos riscos que corremos. Elenco alguns para dar concreção e caráter de urgência à proposta do Papa, quase no limite do desespero, não obstante a sua fé inabalável e sua enraizada esperança no "Deus, apaixonado amante da vida" (Sabedoria 11, 26; *Laudato Si'* n. 77 e 89).

Em razão do arrojo de sua proposta, recorre também àquilo sem o qual a vida não teria futuro: a virtude e o princípio esperança. "*Precisamos alimentar a esperança que nos fala de uma realidade enraizada no profundo do ser humano, independentemente das circunstâncias concretas e dos condicionamentos históricos em que vive"* (n. 55).

A esperança possui uma base objetiva: o caráter virtual da realidade. O dado objetivo não é todo o real. Pertencem também ao real o potencial e o utópico, aquilo que ainda não é, mas pode ser. O dado atual nos confirma que estamos nos comportando como o Satã da Terra, como lobos uns para com os outros, reféns da cultura do capital, da competição ilimitada e do consumismo desenfreado.

Mas esse dado não é tudo, nem somos condenados a perpetuá-lo. Dentro de nós há também o potencial e o utópico viável, o de sermos os cuidadores da vida, irmãos e irmãs uns dos outros e com todos os demais seres da natureza por termos todos o mesmo código genético de base. Tal proposta vem enfaticamente pregada pela encíclica papal *Fratelli tutti*.

Esse potencial pertence à nossa realidade. E se está potencialmente lá, pode ser ativado, pode ser feito projeto pessoal e político e pode inspirar práticas que darão um sentido salvador à história. A esperança nos salvará do desespero e da destruição. Vale sempre esperar contra toda a desesperança. Pois a esperança se verga sem nunca se quebrar.

Entretando, conscientizamo-nos dos graves riscos que pesam sobre nosso destino, como nos assinalam os melhores nomes das várias ciências da vida e da Terra. Demos apenas alguns exemplos:

O geneticista francês Albert Jacquard nos diz "que estamos fabricando uma Terra na qual ninguém de nós gostaria de viver. Devemos nos apressar porque a contagem regressiva já começou".[1]

Norberto Bobbio, notável jurista e filósofo, embora melancólico por temperamento, acreditava nas virtualidades de duas grandes revoluções feitas pela humanidade: a dos direitos humanos e a da democracia. Ambas serviriam de base para a sua proposta por um pacifismo jurídico e político, capaz de equacionar o problema da violência como lógica do antagonismo entre os Estados. Mas os eventos do terrorismo globalizado abalaram as convicções do velho e respeitado mestre. Numa de suas últimas entrevistas, declarou:

> Não saberia dizer como será o Terceiro Milênio. Minhas certezas

1 JACQUARD, Albert. *Le compte à rebours a-t-il commencé*. Paris: Stock, 2009.

> caem e somente um enorme ponto de interrogação agita a minha cabeça: será o milênio da guerra de extermínio ou o da concórdia entre os seres humanos? Não tenho condições de responder a esta indagação.[2]

No final de sua vida, o grande historiador Arnold Toynbee (falecido em 1975), depois de escrever doze tomos sobre as grandes civilizações históricas, deixou consignada esta opinião sombria em seu ensaio autobiográfico *Experiências*: "vivi para ver o fim da história humana tornar-se uma possibilidade intra-histórica capaz de ser traduzida em fato não por um ato de Deus mas do homem".[3]

Severas são as advertências de Martin Rees, astrônomo real do Reino Unido. À base de muitos conhecimentos a que tem acesso, afirma em seu livro *A Hora Final*: "a humanidade está em maior perigo do que já esteve em qualquer outra época de sua história (...) a nossa chance de sobreviver até o fim deste século não passa de 50%".[4]

Cabe citar ainda, por sua grande autoridade, a advertência de um dos maiores historiadores do século XX, Eric Hobsbawn, em seu conhecido livro-síntese *Era dos Extremos*. Concluindo suas reflexões, ele pondera:

> O futuro não pode ser a continuação do passado (...). Nosso mundo corre o risco de explosão e implosão (...). Não sabemos para onde estamos indo. Contudo, uma coisa é clara. Se a humanidade quer ter um futuro que vale a pena, não pode ser pelo prolongamento do passado ou do presente. Se tentarmos construir o terceiro milênio sobre esta base, vamos fracassar.

2 Cf. LOSANO, Mario G. *Norberto Bobbio*: uma biografia cultural. São Paulo: Unesp, 2022, p. 479.

3 TOYNBEE, Arnold J. *Experiências*. Petrópolis: Vozes, 1970, p. 422.

4 REES, Martin. *Hora final*: alerta de um cientista – o desastre ambiental ameaça o futuro da humanidade. São Paulo: Companhia das Letras, 2005, pp. 203-205.

> E preço do fracasso, ou seja, a alternativa para a mudança da sociedade, é a escuridão.[5]

A pandemia da Covid-19 nos deixou uma grave advertência: se continuarmos agredindo a natureza e a Terra, algo ainda pior nos poderá acontecer; outros vírus ainda mais letais poderão nos assaltar. Esta situação suscita uma indagação humanística e filosófica: dá para se ter esperança ainda no ser humano no sentido de ver e sentir o outro como irmão e irmã? Pode ele melhorar sob o ponto de vista das relações sociais, da moralidade e da humanidade? Ou somos condenados a viver a nossa tragédia histórica até o fim, até a nossa autodestruição? O Papa Francisco, em suas encíclicas ecológicas, não exclui semelhante tragédia (conferir *Laudato Si'* n. 161).

Seguramente, não há nenhuma resposta cabal para interrogações dessa radicalidade. Mas se, no pós-pandemia, não iniciarmos transformações substanciais na forma de produzir, distribuir, consumir e nos relacionar com a natureza, então, sim, podemos ser surpreendidos com a destruição de grande parte da humanidade, senão de toda ela. Efetivamente pouco aprendemos do isolamento forçado imposto pelo vírus. Tudo voltou como era antes, diria, até com mais fúria a fim de tirar o atraso.

Como a Terra reagirá ao não ser ouvida e não aprendermos a lição que queria nos dar? Não sabemos. Como toda mãe, por vezes, é severa na educação de seus filhos e filhas. Assim poderá ser a Mãe Terra. O crescente aquecimento global não seria um sinal inequívoco que ela nos está dando?

De uma coisa estamos certos: a Mãe Terra, entre dores por perder filhos e filhas queridos, mas rebeldes, continuará sua trajetória ao redor do Sol, mas sem nós.

5 HOBSBAWN, Eric. *Era dos Extremos*. São Paulo: Companhia das Letras, 2007, p. 562.

1.2 A mudança climática chegou para ficar

Há várias ameaças que assolam a vida, especialmente, a humana, em nosso planeta: a ameaça nuclear, o colapso mundial do sistema econômico-social, a ultrapassagem da Sobrecarga da Terra (insuficiência dos bens e serviços naturais renováveis que sustentam a vida), a escassez mundial de água doce, entre outras.

Talvez a mais sensível seja a mudança climática, pois está atingindo a pele de populações inteiras. Ligada a ela, está a crise hídrica que já afeta boa parte das nações.

Pessoalmente, estou vivendo este drama hídrico. No limite de meu terreno, corria um riozinho com abundante água. Canalizava-se uma pequena porção dele para produzir uma cascata frequentada por muitos, durante todo o ano. Lentamente, entretanto, o rio foi diminuindo, a cascata sumindo, até, numa longa extensão, o rio secar totalmente. Surgia depois com visível diminuição de água. Ele nasce do meio de uma floresta vizinha totalmente preservada. Não haveria razão para que suas águas diminuíssem. Entretanto, sabemos, que o fator hídrico é sistêmico, está todo interligado. Mundialmente cresce a escassez de água potável.

O risco mais próximo e com consequências danosas é a mudança climática, de origem antropogênica, vale dizer, produzida pela forma como os seres humanos, especialmente, os donos dos grandes complexos industriais e financeiros, têm tratado a natureza nos últimos três séculos.

O projeto que animava e ainda anima esse modo de viver na Terra é o crescimento ilimitado de bens e serviços no pressuposto de que a Terra possuiria também esses bens de forma ilimitada. Entretanto, depois que se publicou o relatório *Os limites do crescimento*, em 1972, pelo Clube de Roma, ficou claro que a Terra é um planeta pequeno com bens e serviços limitados. Ela não suporta um crescimento ilimitado.

Hoje, para atender a demanda dos consumistas, precisamos de mais de uma Terra e meia, o que estressa totalmente o planeta. Ele reage, pois é um super Ente que se rege sistemicamente como um ser vivo, aquecendo-se, produzindo eventos extremos e enviando mais e mais vírus perigosos, até letais, como temos visto com o coronavírus.

Conclusão: ultrapassamos o ponto crítico. Já estamos dentro do aquecimento global. Produziu-se uma desregulação ecológica. Aumentaram exponencialmente os gases de efeito estufa, produtores de aquecimento. Vejamos alguns dados.

Em 1950, emitiam-se anualmente 6 bilhões de toneladas de CO2. Em 2000, 25 bilhões de toneladas. Em 2015, já eram 35,6 bilhões de toneladas. Em 2022/2023, 37,5 bilhões de toneladas anuais. Ao todo, circulam na atmosfera desde a época industrial (1850-2000) cerca de 2,6 trilhões de toneladas de CO2, que permanecem nela por cerca de 100 anos.

Acresce o fato de o metano ter agravado o aquecimento, pois, é 28 vezes mais danoso que o CO2, bem como a constatação de que os analistas não estarem incluindo ainda no aquecimento global a interação sinergética entre a comunidade de plantas, massas de terra, oceanos e gelo, o que torna mais dramática a situação climática. Nós rompemos os limites intransponíveis da Terra. A prosseguir o nosso modo de atuar e consumir, a vida está ameaçada ou a Terra não nos quererá mais sobre sua superfície.

O Acordo de Paris firmado em 2015 de todos os países se empenharem na redução de gases de efeito estufa até 2030 para evitarmos ultrapassar 1,5ºC ou até 2ºC em relação à era pré-industrial se frustrou. Os países não fizeram sua lição de casa. Era necessária a redução imediata de 60-80% das emissões de CO2. Caso contrário, haveria o risco real de mudanças irreversíveis, o que deixaria vastas regiões da Terra inabitáveis.

A última COP28 no Egito, em 2023, mostrou que tem aumentado o uso de energia fóssil, petróleo, gás e minérios. Já antecipamos a irrupção do aquecimento global. Ele já ocorreu entre 2023-2024.

Bem disse o Presidente Lula na COP28: “o planeta está farto de acordos climáticos não cumpridos. Precisamos de atitudes concretas. Quantos líderes mundiais estão de fato comprometidos em salvar o planeta?”

O que predomina é o negacionismo. Diz-se que o aquecimento é efeito do El Niño. O El Niño entra na equação, mas ele não explica, apenas agrava o processo em curso já iniciado e sem retorno. Os próprios cientistas da área confessam: a ciência e a técnica chegaram atrasadas, elas não têm condições de reverter essa mudança, apenas advertir a sua chegada e minorar os efeitos danosos.

Mesmo assim, são propostas duas maneiras para enfrentar o atual aquecimento: a *primeira*, usar organismos fotossintéticos, para absorver o CO2 através da fotossíntese das plantas e transformá-lo em biomassa. É o caminho correto, mas insuficiente.

A *segunda* seria lançar partículas de ferro nos oceanos aumentando sua capacidade de absorção de CO2. Mas este método não é cientificamente aconselhado por danos previsíveis à vida nos oceanos.

Na verdade, não temos soluções viáveis. O certo é que devemos nos adaptar à mudança climática e organizar nossa vida, as cidades oceânicas, os processos produtivos, para minorar os danos inevitáveis. No fundo, temos que volver ao mito do cuidado sobre nós e sobre todas as coisas, como venho insistindo há anos, já que o cuidado pertence à essência do humano e de todos os viventes. E por sermos seres racionais, assumirmos uma responsabilidade coletiva pelo futuro comum nosso e da vida.

Imaginemos, quase por um milagre, se um dia, a humanidade tomasse consciência de que a vida poderá desaparecer e fizesse com que toda a população mundial se propusesse um consumo frugal e solidário e, num fim de semana, se pusesse a plantar árvores em todos os lugares livres. Dessa forma, as plantas sequestrariam o carbono e criariam condições para o sistema-vida e a humanidade sobreviverem. Seria uma tentativa que podemos implementar e quiçá evitar tragédias socioecológicas.

O imponderável e o inesperado sempre podem acontecer como a história tem mostrado, como frequentemente tem afirmado o grande pensador Edgar Morin.

Vale a advertência de um eminente filósofo alemão Rudolf-Otto Apel: "pela primeira vez na história do gênero humano, os seres humanos foram postos, na prática, diante da tarefa de assumir a responsabilidade solidária pelos efeitos de suas ações em um parâmetro que envolve todo o planeta".[6]

6 Cf. ZOHAR, Danah; MARSHALL, Ian. *QS*: a inteligência espiritual. Rio de Janeiro: Record, 2000.

Ou nos responsabilizamos, sem exceção de ninguém, pelo nosso futuro comum, ou poderá acontecer que não contaremos mais entre os viventes do planeta Terra.

1.3 Quais os efeitos do eclipse da ética e da espiritualidade

Seguramente vigora um complexo de causas que subjazem à atual crise sistêmica. Ela tomou todo o planeta e nos colocou numa encruzilhada: seguiremos o caminho inaugurado pela modernidade a partir dos séculos XVII/ XVIII, com o advento do espírito científico que modificou a face da Terra e nos trouxe incontáveis benefícios para a vida, mas que, ao mesmo tempo, deu-se a si mesmo os meios de sua autodestruição. Vamos mais longe: a forma como decidimos habitar o planeta e organizar nossas sociedades com custos altíssimos para os ecossistemas e para as relações sociais, brutalmente desiguais, nos fizeram tocar nos limites da Terra. Ao seguir esse caminho, um abismo aterrador se apresenta à nossa frente.

A Terra viva pode não nos querer mais neste planeta por sermos demasiadamente violentos e destrutivos. Podemos sucumbir pelo *antropoceno*, pelo *necreceno*, pelo *virusceno* e, por fim, pelo *piroceno*, ocasionados por nós mesmos e também pela reação da própria Terra viva, ferida e vitalmente enfraquecida, que reage dessa forma.

Ou então, num momento de aguda consciência face ao possível desaparecimento da espécie, o ser humano dá um salto quântico em seu nível de consciência, cai em si, dá-se conta de que pode realmente chegar ao fim de sua aventura planetária e mudar, forçosamente, em direção a um novo rumo.

Certamente não se fará sem uma fenomenal crise que pode levar porções significativas da humanidade, começando pelos mais vulneráveis, mas não poupando nem os mais afortunados. Assim ocorreu em tempos pré-históricos do planeta, nos quais até 70 a 90% da carga biótica desapareceu definitivamente.

Qual será o rumo? Estimo que nem os sábios, nem os cientistas, nem os mestres espirituais saibam apontar a direção. A humanidade, agora unida pelo medo e pelo pavor, mais do que pelo amor ao futuro, perceberá que poderá ter chegado ao fim do caminho percorrido.

Olhará ao redor e tentará descobrir uma senda a ser percorrida e construída pela colaboração de todos. "*Caminante, no hay camino, se hace camino al andar*" nos ensinou um poeta espanhol desesperado, fugido da perseguição franquista, Antonio Machado. De dentro de nossa essência humana, teremos que tirar as inspirações e sonhos que nos consolidem o novo caminho.

Vale a frase de Einstein: *a ideia que criou a crise atual não pode ser a mesma que nos vai tirar dela*. Temos que sonhar, criar, projetar utopias viáveis e abrir caminhos novos. As ciências da vida nos confirmaram que somos seres de amor, de solidariedade, de cuidado, apesar de uma sombra sempre nos acompanhar e que devemos colocar sob vigilância: nossa capacidade de ódio, de vingança e de morte.

Mas antes, nos interroguemos: por que chegamos a este ponto crítico global? Aqui, mais que somente um saber científico, socorre-nos um pensamento filosofante.

Entre outras causas ou vetores, considero dois fundamentais: a *erosão da ética originária* e a *asfixia da espiritualidade intrínseca* ao humano.

Recuperemos o sentido clássico de *Ethos* dos gregos, pois nos pode iluminar ainda hoje. *Ethos* escrito em maiúscula significa *a casa humana*. Vale dizer, separamos uma parte da natureza, a trabalhamos de forma a ser o espaço de viver bem. O outro modo é o *ethos* em minúsculo (*mos* = a moral na tradição latina), que são as formas como cada povo e nós mesmos organizamos a casa (*Ethos*) para que nos sintamos bem nela e possamos dar hospitalidade a quem nos visitar: enfeitar a sala, colocar corretamente as mesas, cuidar da cozinha, manter a dispensa abastecida e os quartos decentemente arrumados. São as virtudes éticas (*ethos*) que dão concreção ao *Ethos*. Mas não só, pertence ao *Ethos* zelar pelo entorno da casa, do jardim, das luminárias e de boa relação com os vizinhos. Só assim o *Ethos* (viver bem) ganha forma concreta (*ethos*).

Hoje, o *Ethos* não é simplesmente a casa individual, mas a *Casa Comum*, o planeta Terra. Por séculos, alimentou a humanidade. Mas com o advento da ciência e da técnica temos explorados de forma ilimitada e irresponsável seus bens e serviços de forma que hoje ultrapassamos sua capacidade de suporte, *The Earth Overshoot*. É a assim chamada Sobrecarga da Terra. Esta é finita e não suporta o projeto da modernidade de um crescimento infinito.

O *Ethos*, o viver bem na casa, e o *ethos*, as formas de organizá-la, desestruturaram tudo o que é importante para viver bem: poluímos as águas, sobrecarregamos os alimentos com agrotóxicos, envenenamos os solos, contaminamos os ares a ponto de afetar o sistema da vida natural e da vida humana.

Assistimos à erosão geral do *Ethos*, do *ethos*-ética. A Casa Comum deixa de ser comum e vem apropriada por elites que detêm terras, poder, dinheiro e meios de comunicação e conduzem a política do mundo. Até praias querem privatizar, um bem comum de todo o povo. Elas se transformaram no Satã da Terra.

Tão grave quanto à erosão do *Ethos*, do *ethos* e da ética em geral é a *asfixia da espiritualidade humana*. Deixemos claro: espiritualidade não é sinônimo de religiosidade, embora a religiosidade pode potenciar a espiritualidade.

A espiritualidade nasce de outra fonte: do profundo do ser humano. A espiritualidade é parte essencial do ser humano, como a corporalidade, a psique, a inteligência, a vontade e a afetividade.

Neurolinguistas, eminentes cosmólogos como Swimm, Bohm e biólogos como Watson e Collins e outros reconhecem que a espiritualidade é da essência humana. Somos naturalmente seres espirituais, mesmo não sendo explicitamente religiosos.

Essa porção espiritual em nós se revela pela capacidade de nos sentirmos abertos em todas as direções, de solidariedade, de cooperação, de compaixão, de comunhão e de uma total abertura ao outro, à natureza, ao universo, numa palavra, ao Infinito. A espiritualidade propicia ao ser humano intuir que, por detrás de todas as coisas, há uma Energia poderosa e amorosa que tudo sustenta e a mantém aberta a novas formas no processo da evolução.

Alguns neurólogos identificaram um fenômeno excepcional. Sempre que se abordam existencialmente o Sagrado, a experiência de pertença a um Todo maior, verifica-se forte aceleração dos neurônios numa parte do cérebro. Eles, não os teólogos, o chamaram de "*ponto Deus no cérebro*".[7]

Como temos órgãos exteriores pelos quais captamos a realidade circundante, temos um órgão interior que é nossa vantagem evolutiva, de perceber Aquele Ser que faz ser todos os seres, aquela Energia misteriosa que penetra todos os seres e os mantém na existência.

Essa dimensão espiritual de nossa natureza foi sufocada por nossa cultura materialista que venera mais o dinheiro que a natureza, o consumo individual que a repartição entre todos, que é mais competitiva que cooperativa, prefere o uso da violência ao diálogo para resolver conflitos e criou a guerra nuclear e biológica como dissuasão, ameaça sua eventual utilização, o que significaria a devastação do sistema-vida e do sistema-humano. A violência e as guerras implicam a asfixia, além da ética, também da espiritualidade intrínseca à nossa essência.

Atualmente, o eclipse da ética e o sufocamento da espiritualidade humana poderão levar-nos a situações dramáticas, não excluindo tragicamente a possível extinção da espécie *Homo* depois de alguns milhões de anos, amados e nutridos pela *Magna Mater*, mas que não soubemos retribuir-lhe cuidado, reverência e amor.

Nem por isso há de se desesperar. O universo guarda surpresas, e o ser humano é um projeto infinito, capaz de criar soluções para erros que ele mesmo cometeu. É o que tenho escrito em quase todas as minhas obras e textos, especialmente em conjunto com o cosmólogo norte-americano Mark Hathaway, *O Tao da libertação: explorando a ecologia de transformação*.[8]

Mas me sinto como uma voz que clama no deserto. São poucos que atentam para as ameaças, dialogam com outros e fazem suas revoluções moleculares, vale dizer, começam a ter um outro estilo alternativo de vida. Essa transformação é exigida para toda a humanidade se quisermos realmente sobreviver neste belo e pequeno planeta.

7 Cf. ZOHAR, Danah; MARSHALL, Ian. *QS*: a inteligência espiritual. Rio de Janeiro: Record, 2000.

8 BOFF, Leonardo; HATHAWAY, Mark. *O Tao da libertação*: explorando a ecologia de transformação. Trad. Alex Guilherme. Rio de Janeiro: Vozes, 2010.

1.4 A humanidade pode ter ainda um futuro promissor?

A parte mais decisiva da COP26 em Glasgow de 2021 concernente à diminuição dos gases de efeito estufa, causadores do aquecimento global, terminou melancolicamente. O Acordo de Paris de 2015, em que as potências economicamente mais fortes se comprometiam a alcançar a meta de mitigação do aquecimento até 2030 e, assim, não chegar a 1,5ºC, não surtiu efeito.

Em Glasgow se tentou o mesmo propósito. Maior emissor, a China, com 27%, e outro grande emissor, a Índia, recusaram metas e apenas afirmaram que até 2030 iriam mitigar o aquecimento. As mudanças não se fazem da noite para o dia, mas num processo lento e consequente.

Olhando o passado, podemos com relativa certeza afirmar que até 2030 vamos chegar a 1,5ºC ou mais. A própria ONU, com seus consultores especializados, advertiu que, com a entrada do metano, 28 vezes mais danoso que o CO2, e a seguir os planos atuais, o clima pode chegar a 2,7 até 3 graus Celsius.

Isso representa a tribulação da desolação: aumentarão sensivelmente os eventos extremos com tufões, secas severas inundações por todas as partes, especialmente nas cidades costeiras, erosão da biodiversidade, aumento desesperador da pobreza, da miséria com milhões de emigrados climáticos, desestabilizando muitos países, especialmente no Oriente Médio e na África. Esse evento extremo foi desolador nas enchentes que afetaram o Rio Grande do Sul durante todo o mês de maio e junho de 2024, destruindo totalmente algumas cidades ribeirinhas e afetando cerca de dois milhões de pessoas.

Não bastou o alerta feito por António Guterrez, Secretário Geral da ONU, por ocasião da abertura dos trabalhos da COP26 de que aquela seria a "última oportunidade" de mudanças radicais caso não quisermos "cavar a nossa própria sepultura". Aqui ressoam as palavras do Papa Francisco da *Fratelli tutti*: "estamos no mesmo barco, ou nos salvamos todos juntos, ou ninguém se salva" (n. 32; 34).

Ficou claro para os analistas mais sérios: o problema não é o clima, mas o sistema capitalista que produz as perturbações do clima. Os vários projetos para o tempo pós-pandemia como o *Great Reset* (a Grande Reinicialização), o *Capitalismo Verde*, *O futuro que nos espera* e a *Responsabilidade social corporativa das empresas* representam os interesses dos países opulentos e não os gerais da humanidade. As soluções apresentadas são intrassistêmicas, sem jamais questionarem a verdadeira causa das atuais ameaças. Pelo contrário, radicalizam o sistema de acumulação imperante com a cultura consumista que gerou. Sua preocupação ecológica é superficial e são negacionistas das ameaças que pesam sobre o sistema-vida e o sistema-Gaia, super ente vivo.

Assim, vamos gaiamente ao encontro de uma tragédia ecológico-social de proporções inimagináveis. Cabe ainda enfatizar que o avanço sobre as florestas e o aumento da urbanização mundial e consequentemente da população, associados ao aumento da temperatura, poderão liberar – esta é a advertência dos maiores epidemiologistas – uma gama incalculável de vírus mais perigosos que o da Covid-19. Que não seja o *Next Big One* (*o próximo grande*) já advertido, contra o qual nenhuma vacina seria eficaz e poderia levar à morte grande parte da humanidade. *Et tunc erit finis.*

Neste contexto, queremos nos referir ao *Quinto Tribunal Internacional dos Direitos da Natureza*, realizado em 2024. À base de minuciosa investigação científica e jurídica, foram elaborados dois vereditos, um sobre a violação dos direitos da natureza e outro sobre a Amazônia. Restrinjo-me à Amazônia, por ser a mais dolorosamente afetada. Já o título é significativo: "*a Amazônia, uma entidade viva ameaçada*".

O detalhado relatório, sustentado pelos mais seguros dados científicos e jurídicos, acrescidos dos testemunhos vivos dos representantes de todos os países amazônicos, seja de indígenas e de outros habitantes da área, feitos no dia 4 de novembro de 2023, presencialmente ou virtualmente (o meu caso, do corpo de jurados), são de meter medo.

No veredito, de forma contundente, se afirma "*a Amazônia como sujeito de direitos*". Estes são sistematicamente violados. Faz-se a denúncia de que na Amazônia:

> Está em curso um ecocídio tal é a magnitude das cifras de desmatamento, perda da biodiversidade, contaminação e o secamento das fontes de água, desertificação entre outros que afetam gravemente a capacidade de restauração natural dos ecossistemas da vida e vulnera o direito de existir da natureza. É um crime de lesa natureza e de lesa humanidade e não prescreve.

A exposição do especialista em estudos amazônicos Antônio Nobre deixou claro que, na Amazônia brasileira (67% do total), estamos próximos ao ponto de inflexão. Um pouco mais, os danos serão irreversíveis e caminharemos para uma espécie de savanização. Tal fato desestabiliza os climas do país, dos países vizinhos e do próprio sistema mundial.

Só incorporando a sabedoria dos povos originários, que naturalmente cuidam da floresta, pois, se sentem parte dela, assumindo uma bioeconomia adequada àquele ecossistema e ao extrativismo, respeitador da floresta, como conclamava veementemente Chico Mendes, poderemos sustar o processo de degradação. No longo e minucioso relatório, se constata que, na vasta região amazônica, está ocorrendo um ecocídio, um etnocídio e um genocídio. A situação é desastrosa.

Voltando à COP26, verifica-se por parte dos *decision makers*, dos governantes das diversas nações, uma falta clamorosa de consciência das ameaças que pesam sobre a Terra viva e sobre a humanidade. Nunca, em nenhum momento, os países que mais representam risco reconheceram que o sistema socioeconômico político promovido por eles, numa palavra, o capitalismo como modo de produção e o neoliberalismo como sua expressão política, é o principal causador do eventual armagedon ecológico. Não são os pobres do mundo, mas eles.

Não podemos ficar reféns da bolha capitalista. Urge rompê-la. Como? O Papa Francisco nos aponta uma direção: "*não se pode sair dessa crise sem evoluir para as periferias*". De cima, só vem mais do mesmo ou pior. Das periferias, de baixo, a partir dos inúmeros movimentos sociais populares mundiais e nos experimentos alternativos, trabalhando o território com outro tipo de economia solidária, preservando os *commons*, com uma democracia cotidiana e participativa, com outros valores humano-espirituais (amorosidade, solidariedade, cuidado, compaixão etc.), se está gestando uma nova forma de habitar a Casa Comum.

Sem essa viragem necessária, estamos destruindo o futuro de nossos jovens e de nossos netos e até o futuro de nossa civilização. Temos pouco tempo e parca sabedoria. Mas com o sofrimento atual, a amorização pela Mãe Terra e o resgate da inteligência cordial, cada vez mais emergentes, poderemos forjar um futuro promissor.

1.5 Sinais da eventual extinção da espécie humana

Lynn Margulis e Dorian Sagan, notáveis mulheres cientistas, no conhecido livro *Microcosmos: quatro bilhões de anos de evolução microbiana*, afirmam com dados dos registros fósseis e da própria biologia evolutiva que um dos sinais do colapso próximo de uma espécie é sua rápida superpopulação.

Tal colapso pode ser verificado com micro-organismos colocados na *placa de Petri* (placas de vidro sobrepostas com colônias de bactérias e nutrientes). Por uma espécie de instinto, pouco antes de atingirem as bordas da placa e perceberem que os nutrientes vão se esgotar, multiplicam-se de forma exponencial. E de repente todas morrem.[9] Elas comentam: "para a humanidade, o mundo pode ser idêntico a uma *placa de Petri*".[10] Nós não estaríamos nessa rota de crescimento exponencial da população humana e expostos a desaparecer? Os seguintes dados sugerem essa eventualidade.

A humanidade precisou de um milhão de anos para chegar a um bilhão de pessoas em 1850. A marca de 2 bilhões foi atingida em 1927; a de 3 bilhões em 1960; a de 4 bilhões em 1974; a de 5 bilhões em 1987; a de 6 bilhões em 1999; a de 7 bilhões em 2011; e por fim os 8 bilhões em 2023. Estima-se que, por volta de 2050, alcançaremos a meta limite de 10-11 bilhões de habitantes. Isso significa que a humanidade cresceu em 1 bilhão de habitantes a cada 12 a 13 anos, um *crescendo* de fazer pensar.

É o triunfo inegável de nossa espécie. Mas é um triunfo que pode ameaçar a nossa sobrevivência no planeta Terra, por efeito da superpopulação, pelo excessivo aquecimento global e por termos ultrapassado em 64% a capacidade de regeneração do planeta vivo, a Terra.

O romeno matemático e economista heterodoxo *Nicholas Georgescu-Roegen* (1906-1994), um dos primeiros a colocar a questão dos

9 MARGULIS, Lynn; SAGAN, Dorian. *Microcosmos*: quatro bilhões de anos de evolução microbiana. São Paulo: Cultrix, 2011, p. 213.

10 MARGULIS, Lynn; SAGAN, Dorian. *Microcosmos*: quatro bilhões de anos de evolução microbiana. São Paulo: Cultrix, 2011, p. 214.

limites do sistema-Terra e fundador da bioeconomia, disse: "esse ser, o humano, é altamente criativo, agitado, agressivo e pouco afeito à medida. Por esta razão, modificará a face do planeta, mas está destinado a ter vida curta sobre a Terra".[11] Outros aventam que o superpovoamento é um fenômeno do ocaso, quer dizer, o grande jogo de luzes, antes do inevitável fim do espetáculo.

Com efeito, ocupamos quase toda a superfície terrestre, deixando apenas 17% livre, por ser inóspita, como os desertos e as altas montanhas nevadas ou rochosas. Lamentavelmente, segundo vários cientistas, inauguramos uma nova era geológica, o *antropoceno*. De homicidas, etnocidas e ecocidas, nos fizemos biocidas, pois somos os que mais ameaçam e destroem a vida da natureza. Sabemos pelas ciências da vida e da Terra que todos os anos desaparecem naturalmente ou pela agressão humana centenas e centenas de espécies, depois de terem vivido milhões de anos sobre o planeta.

A extinção de espécies pertence à evolução da própria Terra, que conheceu pelo menos seis grandes misteriosas extinções em massa. Conhecidas são as do *Devoniano*, há 370-360 milhões de anos, que varreu do mapa 70-80% de todas as espécies, e aquela do *Permiano*, de há 250 milhões de anos, no último período do Paleozóico, também chamada de "A Grande Morte", na qual 95% dos organismos vivos foram extintos. A última, a sexta, está ocorrendo a nossos olhos sob a nova era geológica do *antropoceno* no qual nós humanos, segundo o grande biólogo falecido E. O. Wilson, extinguimos anualmente entre 70-100 mil espécies de organismos vivos.

O fato é que a superpopulação humana tocou nos limites suportáveis da Terra. Conheceríamos também nós o mesmo destino das bactérias dentro da *placa de Petri* que, alcançado um ponto alto de superpopulação, de repente, se multiplicam exponencialmente e acabam morrendo?

Pergunta-se, será que no processo evolucionário não chegou a nossa vez de desaparecer da face da Terra? A hipótese de que o planeta habitado de forma tão acelerada por tantos bilhões de humanos e ter se tornado, efetivamente, uma *placa de Petri* ganha todo o sentido.

11 GEORGESCU-ROEGEN, Nicholas. *The entropy law and the economic process*. Cambridge: Harvard University Press, 1971, p.127.

Dessa vez, no entanto, a extinção não seria por um processo da evolução natural, mesmo que misterioso, mas pela própria ação humana irresponsável. Nossa civilização industrialista e sem coração, no afã de poder e de dominação, criou algo absolutamente irracional: o princípio de autodestruição por vários tipos de armas letais de toda a vida, inclusive da nossa.

Já temos feito o pior: quando o Filho de Deus se incarnou em nossa carne quente e mortal, nós o rejeitamos, o condenamos por um duplo juízo, um religioso e outro político, e o assassinamos, pregando-o na cruz fora da cidade, como sinal de maldição.

Depois desse ato nefasto e ominoso, tudo é possível, até a nossa própria autodestruição. Exterminar a nós mesmos é menos grave que matar o próprio Filho de Deus que passou por este mundo somente fazendo o bem. "Veio para o que era seu e os seus não o receberam" constata com infinita tristeza o evangelista João (1, 11).

Mas consolemo-nos: ele ressuscitou, mostrou-se como "o ser novo" (*novissimus Adam*, 2 Coríntios 15, 45), já livre de ter que morrer e na plena realização das potencialidades de sua humanidade. Seria uma revolução na evolução e a amostragem antecipada do fim bom de toda a vida.

Para os professantes da fé, cremos e esperamos que o *Spiritus Creator* ainda possa iluminar as mentes humanas para que se conscientizem do risco de desaparecerem e acabem voltando à racionalidade cordial. Decidiriam recuar e definir um caminho de amorosidade, de piedade e de compaixão para com todos os seus semelhantes, para com a natureza e para com a Mãe Terra. E então teríamos ainda futuro. Assim o queremos e ousamos crer que isso está inscrito no imenso processo de evolução.

1.6 Puxar o freio do comboio desenfreado do crescimento?

Encontramo-nos no coração de uma espaventosa e generalizada crise na forma como habitamos e nos relacionamos com o nosso planeta, devastado e atravessado por guerras de grande destruição e movido por ódios raciais e ideológicos. Acresce ainda que a idade da razão científica criou a irracionalidade do princípio de autodestruição: podemos pôr fim, com as armas de destruição em massa já construídas, à nossa vida e à grande parte, senão toda, biosfera.

Não são poucos os analistas da situação mundial que nos alertam sobre o eventual uso de tais armas. A razão de fundo seria a disputa sobre quem detém o controle sobre toda humanidade e quem tem a última palavra no estabelecimento de um mundo com regras (feitas pelos poderosos). Trata-se do possível enfrentamento entre um mundo unipolar sustentado pelos Estados Unidos e o multipolar cobrado pela China, pela Rússia, eventualmente, pelo conjunto dos países que formam os BRICS. Se houver uma guerra nuclear, com ogivas estratégicas, nesse caso, realizar-se-ia a fórmula: 1+1=0: uma potência nuclear destruiria a outra (1+1) e juntas levariam a humanidade ou parte substancial da biosfera (=0).

Dadas essas circunstâncias, vemo-nos na necessidade de puxarmos o freio de segurança do comboio do mundo, dirigido por esses ensandecidos, pois, desenfreado, pode se precipitar num abismo. Tememos que esse freio já esteja oxidado e feito inutilizável. Podemos sair dessa ameaça? Temos que tentar, segundo o dito de Dom Quixote: "antes de aceitar a derrota, temos que dar todas as batalhas". E vamos dá-las.

Sirvo-me de duas categorias para aclarar melhor nossa situação. Uma do teólogo e filósofo dinamarquês Søren Kierkegaard (1813-1885), a *angústia*, e outra do também teólogo e filósofo alemão, discípulo notável de Martin Heidegger, Hans Jonas (1903-1993), o *medo*.

Para Kierkegaard, a angústia[12] não é apenas um fenômeno psicológico, mas um dado objetivo da existência humana. Para ele, como pastor e teólogo, além de exímio filósofo, um dos iniciadores do existencialismo, seria a angústia face à perdição eterna ou à salvação. Mas é aplicável à vida humana. Esta apresenta-se frágil e sujeita a morrer a qualquer instante. A angústia não deixa a pessoa inerte, mas move-a continuamente para criar condições de preservar a vida.

Hoje temos que alimentar esse tipo de *angústia existencial* face às ameaças objetivas que pesam sobre nosso destino e que podem ser

12 KIERKEGAARD, Søren. *O conceito de angústia*. São Paulo: Vozes, 2013.

fatais. Ela é algo saudável, pertencendo à vida, e não algo doentio a ser tratado psiquiatricamente.

Hans Jonas, em seu livro *O princípio responsabilidade*,[13] analisa o *medo* de sermos colocados à beira do abismo e nele cairmos fatalmente. Estaríamos numa situação de não retorno. Não se trata mais de uma ética do progresso ou do aperfeiçoamento. Mas da prevenção da vida contra as ameaças que nos podem trazer a morte.

O medo aqui é saudável e salvador, pois nos obriga a uma ética da responsabilidade coletiva no sentido de todos darem sua colaboração para preservação da vida humana na Terra e do recuo do curso dominante.

A situação atual a nível planetário fugiu ao controle humano. Criamos a Inteligência Artificial Autônoma que já independe de nossas decisões. Quem, com seus bilhões e bilhões de algoritmos, impede que ela possa optar pela destruição da humanidade?

Primeiramente, temos uma tarefa a cumprir: cabe responsabilizarmo-nos pelo mal que estamos visivelmente causando ao sistema-vida e ao sistema-Terra, sem capacidade de impedi-lo ou freá-lo, apenas de minorar os seus efeitos danosos.

O sistema de produção mundial energívoro está de tal modo azeitado que não tem condição nem quer parar. Não renuncia aos seus mantras de base: aumento ilimitado do lucro individual, a competição feroz e a superexploração dos recursos da natureza.

Agora entramos numa nova fase do planeta Terra. Ele se aqueceu a um ponto que produz eventos extremos em todos os lugares. Possivelmente irá se estabilizar em torno de 38-40ºC. Tal aumento para além do previsto no Acordo de Paris em 2015, de evitarmos chegar a 1,30ºC, calculado a partir de 1750 em plena era industrial, foi ultrapassado. Em 2022-2024, em vários lugares do planeta, ocorreu a temperatura de 40ºC, chegando a 52ºC no interior da Índia, o que produziu calamidades incontáveis como incêndios ameaçadores no Canadá, na Amazônia, no Pantanal e em outros países do sudeste da Ásia.

13 JONAS, Hans. *O princípio responsabilidade*. Rio de Janeiro: Contraponto, 2006.

Aqui, foram de grandes proporções as enchentes em maio/junho de 2024, no Rio Grande do Sul, arrasando várias cidades e afetando dois milhões de pessoas. Ao mesmo tempo, ocorria uma seca severa na Amazônia e no Cerrado.

Além disso, importa responsabilizarmo-nos também pelo mal que que não temos sabido evitar no passado, física e espiritualmente, e cujas consequências tornaram-se inevitáveis, como aquelas que estamos sofrendo como o aquecimento crescente do planeta e a erosão da biodiversidade.

O medo do qual somos tomados se relaciona ao futuro da vida e à garantia de ainda podermos continuar vivos sobre este planeta. Em função desse desiderato, Jonas formulou um imperativo ético categórico:

> Aja de modo a que os efeitos de tua ação sejam compatíveis com a permanência de uma vida humana autêntica sobre a Terra; ou, expresso negativamente: aja de modo que os efeitos da tua ação não sejam destrutivos para a possibilidade futura de uma tal vida; ou, simplesmente, não coloque em perigo a continuidade indefinida da humanidade na Terra.[14]

Nós acrescentaríamos: "*não coloque em perigo a continuidade indefinida de todo tipo de vida, da biodiversidade, da natureza e da Mãe Terra*".

Essas reflexões nos ajudam a alimentar alguma esperança na capacidade de mudança dos seres humanos, pois possuímos livre-arbítrio e grande flexibilidade.

Mas como o risco é global, impõe-se uma instância global e plural (representantes dos povos, das religiões, das universidades, dos povos originários, da sabedoria popular) para encontrar uma solução global. Para isso teríamos que renunciar aos nacionalismos e aos limites obsoletos entre as nações. Não parece ser essa a opinião dos governos.

Como se pode observar, as várias guerras hoje em curso são por limites entre as nações; a afirmação dos nacionalismos e a crescente onda de conservadorismo e de políticas de extrema direita afastam

14 JONAS, Hans. *O princípio responsabilidade*. Rio de Janeiro: Contraponto, 2006, pp. 47/48.

para longe essa ideia de um centro coletivo para o bem de toda a humanidade.

Devemos reconhecer: estes conflitos por limites entre as nações estão descolados da nova fase da Terra, tornada Casa Comum, e representam movimentos regressivos e contrários ao curso irresistível da história que unifica cada vez o destino humano com o destino do planeta vivo.

Temos uma Terra só e uma humanidade só a serem salvas. E com urgência, pois o tempo do relógio corre contra nós. Urge mudar nossas mentes e nossas práticas, como condições prévias a todas as mudanças efetivas. E pouco constatamos dessas mudanças, o que agrava os riscos que no assolam. Mas, se houver boa vontade, a única virtude segundo Kant que não possui nenhum defeito senão não seria boa, tais riscos poderiam ser enfrentados e superados.

1.7 Negar as evidências científicas é pôr em risco a vida de todos

A intrusão da Covid-19 revelou a quantidade de negacionistas que existem na face da Terra. A começar com o primeiro-ministro inglês Boris Johnson, que zombava do vírus. Foi acometido e quase morreu. Donald Trump, afeito a *fake news* e a verdades paralelas (eufemismo para mentiras), tratou o vírus como algo passageiro. Atrasou-se no tratamento para a Covid-19. Acometido, mudou de opinião, mas não lhe deu centralidade, a ponto de os EUA se tornarem o país que mais vítimas contou, cerca de um milhão. Por sua vez, o ex-Presidente brasileiro, súcubo de Trump, Jair Bolsonaro (feito inelegível pela justiça) é o campeão absoluto entre os negacionistas.

Considerou a pandemia uma gripezinha, acabou sendo acometido, tomando secretamente a vacina que em público negava, sujeito posteriormente a um processo judicial por falsificação de documentos. Mas como a natureza não o dotou de luzes, continuou negacionista de outra forma: prescrevia a cloroquina, como se médico fosse, confirmada pela ciência sem eficácia contra o vírus. Negacionista contumaz, desestimulava o distanciamento social, ridiculariza o uso das máscaras e, o que é pior, não elaborou nenhum projeto nacional para enfrentar a Covid-19. Por isso, o Brasil ocupa um dos últimos lugares no mundo entre os países que pior enfrentam a Covid-19, o que fez cerca de 700 mil vítimas.

Como forma de desprezo à classe médica, colocou como Ministro da Saúde um general que nada entendia de medicina e não elaborou nenhum plano estratégico de vacinação. Nosso negacionista se transformou em um assassino de seu povo, e possivelmente terão ele e seus cúmplices, pelos crimes de responsabilidade e comuns, que enfrentar um tribunal de crimes contra a humanidade.

Mas não há somente esse tipo de negacionista. Negacionistas são todos aqueles que não aceitam que não estamos indo ao encontro do aquecimento global, quando estamos já bem dentro dele com todos os eventos extremos que causa. Não possuem consciência das graves ameaças que pesam sobre o planeta Terra por termos encostado nos seus limites insuportáveis. Ele que precisa de um ano e meio para repor o que lhe tiramos violentamente no decurso de um ano pela sistemática pilhagem de seus bens e serviços em função do enriquecimento de pouquíssimos (1% da humanidade), deixando as grandes maiorias entre a pobreza e a miséria.

Somos informados sobre a *Sobrecarga da Terra* atingida no dia 1º de agosto de 2024, quer dizer, o dia em que se verificou o esgotamento dos bens e serviços naturais indispensáveis para a continuidade da vida; a erosão crescente das nove fronteiras planetárias que sustentam a vida no planeta, seis das quais já foram ultrapassadas. Se todas, num efeito dominó, caírem, por estarem sistemicamente todas interligadas, poderá ocorrer o colapso de nossa civilização.

Grandes nomes da ciência da vida e da Terra lamentam que a maioria dos chefes de Estado não possuem consciência ecológica suficiente, pois, embora conheçam os graves dados referentes à crise climática em curso, não introduzem as mudanças necessárias por serem antissistêmicas e por prejudicarem a lógica perversa da acumulação ilimitada.

Atinadamente afirmou o Papa Francisco em sua encíclica de ecologia integral *Laudato Si': sobre o cuidado da Casa Comum*: "as previsões catastróficas já não se podem olhar com desprezo e ironia (...) pois nosso estilo de vida insustentável só pode acabar em catástrofe" (n. 161).

Na recente *Fratelli tutti*, adverte, com grande severidade, o que temos citado inúmeras vezes: "estamos todos no mesmo barco; ou nos salvamos todos, ou ninguém se salva" (n. 32). Fica comprovado assim que a grande ameaça à vida não vem de algum meteoro rasante, mas dos próprios seres humanos que, segundo inúmeros cientistas, inauguramos uma nova era geológica, depois do *holoceno*, do *antropoceno*, do *necroceno* (mortes em massa) e até do *piroceno* (grandes e incontroláveis incêndios).

Outro grande e fundacional documento assumido pelo ONU, a *Carta da Terra*, assevera em sua primeira página, no "Preâmbulo":

> Estamos diante de um momento crítico da história da Terra, numa época em que a humanidade deve escolher o seu futuro (...) a nossa escolha é essa: ou formar uma aliança global para cuidar da Terra e uns dos outros, ou arriscar a nossa destruição e a destruição da diversidade da vida.

É neste contexto dramático que nos lembramos da famosa parábola do filósofo e teólogo dinamarquês Sören Kiergegaard (1813-1855), um dos precursores do existencialismo moderno.

Narra ele que estava ocorrendo um incêndio nas cortinas do fundo de um teatro. O diretor enviou então o palhaço (*clown*), que já estava pronto para entrar em cena, a ir à plateia a fim de alertar do risco que todos corriam e pedir ajuda. Suplicava que acorressem para apagar as chamas. Como se tratava de um palhaço, todos imaginavam que era apenas um truque para fazer rir as pessoas. E estas riam que riam. Quanto mais o palhaço conclamava a todos, mais eles riam. Pôs-se sério e começou a gritar: "o fogo acaba de queimar as cortinas e, se não acorrerem, vai queimar todo o teatro e vocês junto". Todos acharam tudo isso muito engraçado, pois diziam que o *clown* estava cumprindo esplendidamente seu papel.

O fato é que o fogo consumiu todo o teatro, com todas as pessoas dentro. Termina Kiergegaard: "*assim, suponho eu, é a forma pela qual o mundo vai acabar no meio da hilaridade geral dos gozadores e galhofeiros que pensam que tudo, enfim, não passa de mera gozação*".

Quantos são hoje entre nós e no mundo inteiro que consideram as ameaças letais uma invenção dos comunistas ou um artifício dos globalistas para dominarem o mundo? Vale a última advertência de Zygmunt Bauman uma semana antes de morrer: "ou nos unimos todos para salvar a Terra e a vida, ou engrossaremos o cortejo daqueles que rumam na direção de sua própria sepultura".

A intrusão da Covid-19 e o isolamento social forçado foram oportunidades que a natureza ou o destino nos brindaram para pensarmos sobre a nossa responsabilidade e sobre que tipo de Casa Comum queremos habitar, a natureza incluída.

Passados já três anos, tudo voltou como era antes e ainda com mais ímpeto. Bem disse o grande pensador italiano Antonio Gramsci: "*a história é uma escola, infelizmente ela quase não possui alunos*".

Ao não querermos tirar as duras lições que a vida nos está dando, podemos incorrer em outros eventos danosos com o risco de que venha o *Next Big One*, o grande vírus letal contra o qual nada pode a nossa medicina. E poderá levar deste planeta grande parte senão toda a humanidade.

Oxalá essa previsão não ocorra e achemos caminhos novos para a natureza e a humanidade. Para isso, mente e coração, racionalidade e sentimento devem funcionar juntos para dar real eficácia a nossas decisões.

1.8 Uma utopia necessária: assumir a Terra como Grande Mãe

Para falar da "Utopia necessária da Terra como Grande Mãe" com um sentido correto, precisamos resgatar o conceito de utopia e de Mãe Terra.

1.8.1 O verdadeiro sentido da utopia

Utopia não deve ser entendida no sentido corriqueiro de algo fantasioso e irreal. Modernamente foi resgatado o sentido positivo de utopia. A utopia não se opõe à realidade, antes pertence à realidade, porque esta não é feita apenas por aquilo que é dado e se vê, mas por aquilo que é potencial, que ainda não se vê, mas que pode um dia se transformar em dado real e visível. O ser humano é um projeto infinito. Dentro dele existe, escondido, um número ilimitado de potencialidades e virtualidades. Elas podem ser desentranhadas e podem ser transformadas em realidade. É em situações de crise como a nossa que elas irrompem. É aqui o nascedouro da utopia.

O filósofo alemão Ernst Bloch cunhou a expressão *princípio esperança*. Princípio esperança, cujo conceito é assumido na encíclica do Papa Francisco *Fratelli tutti*, é mais que a virtude da esperança. Representa um motor interior que sempre está funcionando e alimentando o imaginário e o inesgotável potencial da existência humana e da história. O princípio esperança é o nicho das utopias. Ele permite continuamente projetar novas visões, novos caminhos ainda não trilhados e sonhos viáveis. O sentido da utopia é sempre nos fazer andar, sempre superar dificuldades e melhorar a realidade. Como humanos, somos seres utópicos.

1.8.2 Brevíssima história da Terra como Grande Mãe e Gaia

Temos ainda que resgatar a compreensão da Mãe Terra. O universo já existe há 13,7 bilhões de anos. O sol há 5 bilhões de anos. A Terra há 4,45 bilhões de anos, com a dimensão de 6.400 km de raio e com 40.000 km de circunferência. O ser humano primitivo surgiu há 8 milhões de anos. O *Homo sapiens sapiens*, de quem descendemos, há 100 mil anos.

Se reduzirmos os 13,7 bilhões de anos, a idade do universo, em um ano cósmico, como o fez o cosmólogo Brian Swimme,[15] nós nascemos no dia 31 de dezembro, às 23 horas e 59 minutos e 59,59 segundos. Portanto, no finzinho da evolução. Sendo assim, entramos no processo da evolução nos últimos segundos do ano cósmico. Somos um minúsculo grão de areia no conjunto de todos os seres. Mas nossa grandeza reside no fato de sermos a parte senciente, consciente e inteligente do próprio universo até agora conhecido.

A Terra conheceu várias grandes extinções em massa de espécies de vida. Mas a vida sempre resistiu e nunca desapareceu. Refiro apenas

15 BERRY, Thomas; SWIMME, Brian. *The Universe Story*: From the Primordial Flaring forth to the Ecozoic Era, a Celebration of the Unfolding of the Cosmos. São Francisco: Harper San Francisco, 1992, pp. 268-279.

à última, ocorrida há 65 milhões de anos, causada pelo impacto de um asteroide de quase 10 km de volume que caiu, provavelmente, em Yucatán, no sudeste do México. Provocou incêndios infernais, gigantescos tsunamis, produziu muitos gases venenosos e um longo obscurecimento do sol. Plantas e animais morreram. Os dinossauros, que por 130 milhões de anos dominaram soberanamente sobre a Terra, desapareceram totalmente, embora não de imediato, bem como 50% de todas as espécies de vida.

Mas sobraram algumas espécies pequenas. Entre elas, uma do tamanho de um ratinho e que foi nosso ancestral humano. Esta se desenvolveu ao longo do processo de evolução até chegar ao ponto do ser humano como o conhecemos hoje.

Em mais de 3 bilhões de anos de trabalho, a Terra produziu uma imensa biodiversidade de vírus, bactérias, fungos, plantas e animais. Calcula-se que haja 5.000 tipos de bactérias, 100.000 espécies de fungos, 300.000 espécies de árvores, 850.000 espécies de insetos. Ninguém sabe ao certo. Biólogos supõem a existência de 30 milhões de espécies. Por que cito estes dados? Porque tudo isso está ameaçado e pode desaparecer. É a partir disso que vamos refletir.

Até o advento da ciência moderna, com os pais fundadores do paradigma científico vigente, Descartes, Galileo Galilei e principalmente Francis Bacon, a Terra era sentida e vivida como a Grande Mãe, a *Magna Mater*, Nana, Totanzin e Pacha Mama que tudo nos dá: uma realidade viva e irradiante que inspirava temor, respeito e veneração.

A partir da razão instrumental-analítica dos modernos, tudo mudou. Ela passou a ser vista simplesmente como uma coisa extensa (*res extensa*) e sem propósito, entregue ao ser humano para fazer com ela o que bem quisesse. Esses pais fundadores, pelo fato de usarem somente a matemática e a física, não deram importância ao fato de que a Terra não era só uma "coisa extensa". Nela, havia a natureza e a vida. Mas não viam como inseri-las nos cálculos da matemática e da física. A vida e a natureza não podiam ser mensuradas e acabaram não sendo consideradas objeto de estudo até o advento de Ilya Prigogine no século XX, que mostrou a emergência da vida a partir do caos generativo.

Essa atitude reducionista teve consequências boas e ruins. Boas: com suas invenções, tornaram a vida mais fácil, mais leve e mais longa. Ruins: começou um processo de pilhagem dos bens e serviços da natureza, em função da acumulação e do bem-estar de alguns, com a exclusão das grandes maiorias, entregues à pobreza e às doenças da pobreza. A exploração desmedida da natureza, sem cuidar das consequências negativas, nos levou à crise atual.

A seguir essa lógica de exploração, dizem os cientistas da Terra, podemos assistir, antes de atingir o ano 2050, à danificação da biosfera, com milhões de pessoas ameaçadas em suas vidas por fome, desnutrição, doenças e mortes. O aquecimento global já se instaurou, desequilibrando todos os ecossistemas. O nosso futuro pode estar ameaçado.

Mas a partir dos anos de 1970 surgiu uma nova imagem da Terra que recuperou a visão dos antigos: o cientista da NASA James Lovelock e sua equipe, estudando as condições dos vários planetas vizinhos à Terra, se deram conta de que esta, diferentemente dos demais, é um Superorganismo vivo. Ela articula, com sutil calibragem, todos os elementos fundamentais para a vida, químicos, físicos e ecológicos, de tal forma que surge como uma entidade viva e geradora de vida. Chamou-a de Gaia, nome da divindade grega que representava a vida da Terra.

Assevera J. E. Lovelock:

> Definimos a Terra como Gaia porque se apresenta como uma entidade complexa que abrange a biosfera, a atmosfera, os oceanos e o solo; na sua totalidade, esses elementos constituem um sistema de realimentação que procura um meio físico e químico ótimo para a vida neste planeta.[16]

A prova mais contundente de que a Terra é viva no-la deu o grande biólogo Edward O. Wilson. Num de seus livros, afirma: "num só grama de terra, ou seja, menos de um punhado, vivem cerca de 10 bilhões de micro-organismos: bactérias, fungos e vírus, de 6 mil espécies

16 LOVELOCK, James. *Gaia*: um novo olhar sobre a vida na Terra. Rio de Janeiro: Edições 70, 1987, p. 27.

diferentes".[17] Se em tão pequena porção de terra há tamanha vida, imaginemos no planeta inteiro.

Os astronautas de suas naves espaciais testemunharam a mesma coisa: sentiam a Terra como algo vivo. Diziam não existir separação entre Terra e humanidade. Formam uma única realidade. Isaac Asimov, grande divulgador da nova cosmologia, por ocasião dos 25 anos do lançamento do Spunitik que inaugurou a era espacial, afirmou numa entrevista ao *New York Times*, em outubro de 1982: "o grande legado deste quarto de século é a percepção de que, na perspectiva das naves espaciais, Terra e humanidade formam uma única entidade". "O ser humano", como disse o indígena argentino, grande poeta e cantor Atahualpa Yupanki, "é Terra que caminha".

O ser humano é a própria Terra que, num momento avançado de sua evolução e complexidade, começou a sentir, a pensar, a amar e a venerar. Eis que surgiu o homem e a mulher. Por isso que *Homo* (homem e mulher) vem de *húmus*, terra boa e fértil. Em hebraico, *Adam* também significa filho e filha de *Adamah*, terra fecunda e arável.

Conclusão: hoje é convencimento de grande parte da comunidade científica de que a Terra é um planeta vivo, Gaia. Por que Mãe Terra? Pelo fato de que ela, como uma Mãe, tudo nos dá para vivermos juntos com os demais seres da natureza. Sem a Terra viva, não haveria vida. Por essa razão ela é mãe. Mas como se chegou a formular a expressão *Mãe Terra*?

Havia um projeto na ONU formulado pelos povos originários do mundo inteiro que postulava chamar o "Dia da Terra", 22 de abril, de dia *Dia da Mãe Terra*. O projeto era sempre rejeitado, pois, se dizia, essa era uma visão mítica, própria dos indígenas. Mas os eventos extremos que ocorreram nos últimos decênios, com tufões, tornados, grandes enchentes e secas severas, ondas de calor de um lado e de grande frio do outro, eram sinais de que a Terra entrou em mutação. Ela é efetivamente viva e, por causa das intervenções destrutivas dos seres humanos, está perdendo seu equilíbrio.

17 WILSON, Edward. *A Criação*: como salvar a vida na Terra. São Paulo: Companhia das Letras, 2008, p. 26.

Em função dessa verificação, o tema da Mãe Terra foi incluído nos debates da ONU. No dia 22 de abril de 2008, depois de muitas discussões prévias, houve o momento da votação do projeto Mãe Terra. Foi convocado para falar na grande Assembleia da ONU um indígena, o Presidente da Bolívia Evo Morales Ayma. Ele proferiu um dos discursos mais impressionantes que ouvi em minha vida. Começou dizendo: "irmãos e irmãs, venho de joelhos como representante dos *povos humildes* da Terra para suplicar, não maltratem mais a nossa Grande Mãe Terra". "O tipo de desenvolvimento que temos está sangrando seu corpo e diminuindo sua capacidade de continuar a dar tudo o que precisamos. O século XX foi o século dos direitos humanos individuais e sociais. O século XXI deverá ser o século dos direitos da natureza e da Mãe Terra". E então elenca os principais direitos da Mãe Terra.

Em seguida, encarregaram a mim para fundar cientificamente a denominação da Terra como Mãe Terra. Eu fiz o melhor que pude. Usei vários argumentos, mas o único que convenceu a imensa plateia foi quando eu disse: "se entendemos a Terra como solo, então podemos fazer o que queremos, cavar, cultivar, jogar agrotóxicos, comprar e vender. Com nossas mães, jamais faríamos isso. Ao contrário, nós amamos e cuidamos de nossas mães. O que fazemos a nossas mães, devemos fazê-lo para com nosso planeta vivo que alimenta e dá tudo que precisamos para viver, a Pacha Mama, a Mãe Terra. Devemos amá-la e cuidar dela. Por isso, a Terra deve ser chamada verdadeiramente de Mãe Terra". O aplauso foi geral. A votação, unânime. A partir de agora, oficialmente, o "Dia da Terra", todo 22 de abril, será celebrado como o "Dia da Mãe Terra".

Embora tivesse havido unanimidade, o título Mãe Terra não se impôs nos discursos oficiais, nas empresas, nem nos meios de comunicação. Convém ao sistema imperante depredador continuar sua lógica de pilhagem da natureza e entender a Terra não como mãe, mas simplesmente como solo a ser explorado. Não o poderiam fazer, se a chamassem de Mãe Terra. Não devemos permitir que a Terra-Mãe seja transformada em terra selvagem a ser domesticada pela intervenção destrutiva, como outrora se pensava e se fazia.

Geólogos e biólogos sustentam que, devido à sistemática exploração dos recursos pelo modo de produção capitalista, que não respeita os limites de suportabilidade da Terra, fundamos uma nova era geológica – o *antropoceno* – na qual a grande ameaça à vida vem da atividade irresponsável especialmente dos poderosos que consomem egoisticamente bens e serviços naturais, deixando-os insuficientes para os demais seres humanos.

Por causa do consumismo e do desperdício, a devastação ecológica prossegue devastadora. A partir de 1900, desaparece uma espécie ao dia. No ano 2000, essa perda ocorria a cada hora. Calcula-se que, no período de 1990-2030, terão sumido da face da Terra cerca de 38% das espécies existentes. É consenso que estamos dentro da sexta grande extinção em massa, a primeira provocada por uma espécie, no caso, a espécie humana.[18]

A partir da declaração da ONU, a Mãe Terra é entendida sujeito de dignidade e de direitos. As Constituições do Equador e da Bolívia são as primeiras que introduziram em seu texto a denominação Mãe Terra, na linguagem qúechua, Pacha Mama.

1.8.3 O confronto de dois paradigmas: dominus versus frater

Qual é o nosso problema atual? São as várias ameaças que pesam sobre a Mãe Terra. Cito as principais: a ameaça de uma guerra nuclear, a mudança climática, a sobrecarga da Terra, a escassez de água potável, a crescente desigualdade social no mundo, a invasão de vírus que podem ser letais, a crise geral do sistema de convivência que ainda se rege pelo conceito de soberania nacional, considerado obsoleto, entre outras.

Não se trata de analisar todas essas ameaças. Aqui, cabe a pergunta: temos chance de salvar a vida que está sobre a Mãe Terra? Ela poderá deixar de ser Mãe generosa e geradora da vida?

Cabe a nós a decisão: se quisermos seguir pelo caminho que estamos percorrendo, sem mudar de rumo, provavelmente vamos engrossar o cortejo daqueles que rumam na direção de sua própria sepultura. Se quisermos sobreviver e ter ainda futuro, temos que mudar. É o apelo

18 OBERHUBER, 2004, p. 41; NOVO, María. *El desarrollo sostenible*: su dimensión ambiental y educativa. Madrid: Pearson Prentice Hall, 2006, p. 54.

veemente das duas encíclicas do Papa Francisco, *Laudato Si': sobre o cuidado da Casa Comum* (2015) e *Fratelli tutti* (2020), e da *Carta da Terra*, assumida oficialmente pela UNESCO (2003).

Confrontamo-nos com dois paradigmas: o da modernidade, ainda predominante, que considera o ser humano não como parte da natureza, mas como seu *dominus*, seu senhor e dono. Usa o poder, o punho cerrado, para dominar a tudo e a todos. Esse paradigma, embora tenha trazido benefícios à humanidade, é o principal vetor da perigosa crise sistêmica e existencial.

O outro paradigma, aquele que nos poderá salvar, foi proposto pelo Papa Francisco na *Fratelli tutti*: é o paradigma do *frater* (do irmão e da irmã). Todos, os seres da natureza e nós mesmos, somos irmãos, somos parte da natureza. Viemos igualmente do pó da Terra, como é dito no *Gênesis* 2,7.

Ademais, todos os seres vivos, da célula mais originária, passando pelas grandes florestas, os animais e até nós, temos o mesmo código genético de base (os 20 aminoácidos e as 4 bases nitrogenadas). Somos objetivamente irmãos e irmãs, não só pela mística cósmica de São Francisco, mas por um dado científico.

O grande desafio é fazer a travessia de *dominus*, senhor e dono, para *frater*, irmão e irmã. Se não elaborarmos essa mudança, poderemos ir ao encontro do pior. Podemos também formular em outros termos: como passar da *dominação* para o *cuidado*? *Da mão fechada* da dominação para a *mão aberta* da cooperação?

Antes de qualquer caminho novo a ser definido, temos que desenvolver a consciência coletiva de que todos, ricos e pobres, do Norte e do Sul, corremos o mesmo risco de vida. Se o problema é global, o normal seria criar um centro global plural – com representantes de toda a humanidade – que pense soluções globais e as ponha em prática globalmente para toda a humanidade.

Na atual fase da planetarização da Terra, toda soberania é obsoleta. O vírus da Covid-19 bem o mostrou. Não respeitou os limites das nações. Atacou a todos os países. Até agora não tiramos a lição. Devemos com urgência, se quisermos ter êxito, criar uma Constituição da Terra, preocupação maior do eminente jurista italiano Luigi Ferrajolli, do cientista político Riccardo Petrella e do nicaraguense secretário-geral da ONU nos anos 2000. Ela criaria um consenso coletivo e conferiria um tratamento igualitário para todos. Sem esta governança global, dificilmente, enfrentaremos os desafios das mudanças ocorridas na Terra.

Quando não temos mais razões para crer, aí surge a fé. Quando perdemos as razões para esperar, aí surge a esperança. Cremos naquilo que observou o grande pensador francês Edgar Morin: "*a história várias vezes mostrou que o surgimento do inesperado e o aparecimento do improvável são plausíveis e podem mudar o rumo dos acontecimentos*". Cremos que o inesperado e o improvável podem acontecer.

O ser humano, face aos graves riscos à sua sobrevivência, pode se conscientizar e traçar outro rumo. Pelo fato de ser um projeto infinito e habitado pelo princípio da esperança, estão dentro dele virtualidades que, desentranhadas, poderão instaurar uma saída salvadora.

As grandes narrativas do passado (as grandes ideologias, o iluminismo, o capitalismo, o socialismo e outras) não nos vão tirar da crise. Temos que auscultar a nossa própria natureza. Nela estão os princípios e valores que, ativados, mesmo sob grandes dificuldades, nos poderão salvar.

Antes de mais nada, temos que definir o ponto de partida. É o território, o biorregionalismo. É na região, assim como a natureza a configurou, que podemos construir sociedades sustentáveis e mais igualitárias, com uma agricultura agroecológica, o cultivo das grandes tradições locais, uma democracia participativa, e, assim, garantir um futuro para a Mãe Terra. Do local passamos para o global. Elenquemos os valores que estão em nós.

1.8.4 Beber de nossa própria natureza humana

Como os bioantropólogos mostraram, o *amor* pertence ao DNA humano. Amar significa estabelecer uma relação de comunhão, de reciprocidade, de entrega desinteressada e de sacrifício de si em função do outro. Amar a Terra e a natureza implica criar um laço afetivo com elas: sentir-se unido a elas. Somos irmãos e irmãs de fato, entre nós e com todos os demais seres. Não basta sabê-lo, mas senti-lo e vivenciar o laço de comunhão.

Depois, devemos urgentemente viver a *ética do cuidado* de tudo o que existe e vive. Cada ser, por minúsculo que seja, possui um valor em si mesmo e ocupa o seu lugar no processo de evolução. O cuidado, já foi dito e aprofundado pelos filósofos, é da essência de todo vivente, especialmente do ser humano. Somos seres de cuidado: cuidamos e queremos ser cuidados. O cuidado é uma relação amigável para com a natureza e a Terra. É preocupar-se com elas para que possam continuar a existir. Tudo o que amamos também cuidamos. Tudo o que cuidamos também amamos. Um fator de nossa crise atual consiste na falta total de cuidado e da justa medida em relação para com os limites suportáveis da natureza e da Terra como um todo.

Além disso, o estudo da evolução do ser humano (ele tem cerca de 8 milhões de anos e como *sapiens/demens*, por volta de 100 mil anos) revelou que foram *a solidariedade e a cooperação* na busca e no consumo dos alimentos, juntas criando a comensalidade, que permitiram o salto da animalidade à humanidade. Somos seres naturalmente solidários, como se tem mostrado nas milhões de ajudas aos desabrigados e afetados pelas enchentes no Sul do país. Somos também seres de *compaixão*: podemos nos colocar no lugar do outro, chorar com ele, partilhar suas angústias e nunca o deixar só.

Ainda somos seres de *cultura*, da criação do belo, nas artes, na música, na pintura, na arquitetura. Podemos fazer aquilo que a natureza por si jamais faria, como uma canção de Chico Buarque ou uma pintura de Portinari. Como disse Dostoiévski: "*será a beleza que salvará o mundo*". Não a beleza como mera estética, mas a beleza como atitude de sentir-se solidário com as pessoas, como a um moribundo, segurando-lhe a mão e dizendo-lhe palavras de consolação: "se teu coração te acusa, saiba que Deus é maior que teu coração" (cf. 1 João 3, 20).

Somos, desde a mais alta ancestralidade, quando emergiu o cérebro límbico nos mamíferos, há 125 milhões de anos, *seres de afeto, de sensibilidade e de empatia*. No coração sensível, reside o enternecimento, a ética e o mundo das excelências. Toda modernidade, em nome da pretensa objetividade da análise, recalcou o sentimento, os direitos do coração.

O genocídio que ocorrido em Gaza mostra a falta de coração do governo israelense sob Netanyahu e dos países da Comunidade

Europeia que vergonhosamente o apoiaram. Aqui, só funciona a racionalidade irracional do extermínio de inocentes, por bombas inteligentes, sem sentir com o coração o sofrimento que causam.

Por fim, é necessário reconhecer que, no mais profundo de nossa humanidade, somos *seres espirituais*. Somos capazes de identificar aquela Energia vigorosa e amorosa que se esconde dentro de cada criatura e em nosso interior (entusiasmo) e a faz continuamente existir e coevoluir.

Pela espiritualidade nos sentimos parte do Todo e ligados a todas as coisas. Elas são mais que coisas. São símbolos de mensagens da realidade, transmitindo-nos um sentido e um valor. A espiritualidade humana que vai além da religiosidade, ganha corpo no amor incondicional, no cuidado necessário da vida, na cooperação solidária e na convicção de que a vida tem sentido, aberta a um Supremo Sentido.

Somos conscientes de que também acompanham-nos *sombras* que podem reverter o amor em indiferença, a solidariedade em insensibilidade, o cuidado em desleixo. Mas dispomos de uma força interior que nos impede de negá-las e nos impele a mantê-las sob controle e fazê-las uma energia para a maturidade e o crescimento.

Só uma civilização que dá centralidade à vida, seja da natureza e principalmente da Mãe Terra, fundada nos valores intrínsecos à natureza universal dos seres humanos, poderá garantir que o planeta continue a ser Mãe Terra. Sem essa conversão, *do senhor e dono* para *o irmão e a irmã universais*, não teremos futuro. Conheceremos tragédias de dimensões bíblicas e até apocalípticas.

Livres dos constrangimentos de nosso tipo de civilização consumista e predatória, podemos conviver humanamente como irmãos e irmãs, capazes de articular o local com o global, a parte com o todo e de conjugar trabalho com poesia, eficiência com gratuidade, sentindo-nos cidadãos terrenais, habitando juntos a Casa Comum.

Temos a convicção de que iremos atravessar "*questa selva selvaggia e aspra e forte*"[19] confiantes nas palavras da revelação contidas no livro da Sabedoria: "Deus, tu amas todos os seres e nada detestas, porque se odiasses alguma coisa não a terias criado (...) a todos poupas porque

19 *Divina Comédia*, Inferno, cântico 1, de Dante Alighieri.

te pertencem ó soberano amante da vida" (Sabedoria 11, 24-26). Essa declaração nos dá esperança, negada no "Inferno" de Dante, em cujo portal estava escrito: "deixai para trás toda esperança, vós que entrais".

Um Deus apaixonado, amante da vida jamais deixaria perecer miseravelmente o ser humano, a vida da Mãe Terra, o único planeta vivo que temos, nossa Casa Comum, a natureza incluída.

Essa é a nossa utopia com referência à Mãe Terra.

CAPÍTULO II

A urgência de um novo humanismo

2.1 Qualidades de um humanismo básico

Meu sentimento do mundo me diz que possivelmente nunca na história dos últimos séculos tenhamos vivido, a nível universal, tanta desumanidade. Quando falo em desumanidade, quero expressar o desprezo total pelo valor do ser humano para com outro ser humano diferente, seja de etnia (negros, indígenas, palestinos), seja político (fundamentalistas, conservadores), seja de religião (muçulmanos, candomblé), seja de gênero (mulheres e LGBTQIA+). Por um tênis, alguém é morto. Uma pequena discussão de trânsito pode terminar num assassinato a bala.

Sem falar das atuais 18 zonas de guerra com grande devastação de vidas humanas, refiro-me à espantosa desumanidade sendo assistida, a céu aberto, por toda a humanidade, através das mídias digitais: a dizimação de todo um povo, palestinos da Faixa de Gaza, com centenas de mulheres e milhares de crianças inocentes sacrificadas pela fúria vingativa do atual primeiro-ministro israelense, de extrema-direita, Benjamin Netanyahu.

Seu ministro da Defesa declarou explicitamente que os palestinos da Faixa de Gaza (especialmente o ramo militar Hamas, que perpetrou um ato terrorista contra Israel a 7 de outubro de 2023, com cerca de 1.200 vítimas) são como animais, são sub-humanos e assim devem ser tratados, eventualmente, exterminados.

Cercados por todos os lados, como num campo de extermínio, os que vivem na Faixa de Gaza são permanentemente atacados dia e noite por ar, terra e mar pela máquina de guerra do governo israelense. Muitos morrem de sede, de fome ou sob os escombros e por causa de seus ferimentos. Na verdade, tudo lhes foi e é negado.

Nem de longe se alimenta aí a ideia de que somos todos humanos, da mesma espécie, e que vigora, portanto, um inegável laço de irmandade entre todos. Todos respiram, todos comem, todos pisam o mesmo solo, todos recebem os mesmos raios de sol e as gotas de chuva. Todos, por mais altos que sejam seus cargos, têm que atender as necessidades da natureza. O rei da Inglaterra não pode dizer ao seu serviçal: vá fazer minhas necessidades fisiológicas no meu lugar. Nesse ponto, reina a mais radical democracia em grau zero, incluindo, reis, rainhas, papas, milionários, simples gente do povo, homens e mulheres, crianças e idosos.

O pensador francês Edgar Morin se perguntava: como é possível que as três trilhões de células de nosso corpo se harmonizem entre si para garantir a nossa saúde e nós, humanos, sendo apenas 8 bilhões, não podemos nos colocar de acordo entre nós? Por que somos incapazes de nos tratar humanamente? Vale dizer, nos acolher como membros da mesma espécie *Homo*, nos respeitar nas formas diversas de organizar a vida social e pessoal, nos hábitos, nas tradições e nas expressões religiosas e práticas sexuais?

O que existe em nós que nos torna inimigos uns dos outros, homicidas, fratricidas, etnocidas e ultimamente biocidas? Há alguns que afirmam que o homem de Neandertal, também um humano pensante, teria sido exterminado pelo *Homo sapiens*.

Já foi observado por bioantropólogos que somos uma espécie extremamente ativa, irrequieta, violenta e possivelmente com pouca duração sobre este planeta. Por outro lado, geneticistas e neurólogos constatam que pertencem ao nosso DNA o amor, a solidariedade, a cooperação e o sentimento de pertença (conferir, por exemplo, Watson, Crick, Maturana). Há modos de equacionar estes dados aparentemente contraditórios? Por que chegamos aos níveis atuais de desumanidade?

Não conheço nenhuma resposta satisfatória. O que podemos dizer, como tantos pensadores o têm sustentado, é que o ser humano, por sua condição existencial, é simultaneamente *sapiens* e *demens*. É movido por impulsos contraditórios, mas que convivem na mesma pessoa, um de destruição e outro de construção, um de luz e outro de sombra. Tenho trabalhado com duas categorias: a dimensão *sim*-bólica do ser humano (a que une e congrega) e a dimensão *dia*-bólica (a que desune e desagrega). Ambas convivem, se confrontam e trazem dinamismo à história.

Por um tempo, por razões múltiplas que não cabe aqui aventar, predomina a dimensão *sim*-bólica. Assim surge uma sociedade de convivência pacífica e cooperativa. Num outro, impera a dimensão *dia*-bólica, que dilacera o tecido social, produz violência e até guerras.

Temo que estamos, nestes tempos, sob o domínio do *dia*-bólico, recalcando o *sim*-bólico, pois prevalece o pensamento fundamentalista, fascista, de ódio e de uso da violência para resolver os problemas sociais.

Não basta descrever essa fenomenologia de dualidade. Temos que cavar mais fundo. Estimo que a causa principal da desumanidade atual e histórica reside na erosão da Matriz Relacional (*Relational Matrix*). Quer dizer, ao longo da história, lentamente, mas por fim de forma cabal, rompemos com o sentimento de que somos parte da natureza, de que todos estamos interligados, de que relações se instauram entre todos os seres, formando o grande todo do ambiente, da Terra e até do cosmos.

Com a irrupção da razão e de seu uso como poder de dominação, rompemos com a Matriz Relacional. Temos nos considerado senhores e donos das coisas. Podemos usá-las inescrupulosamente em nosso benefício, com o pressuposto falso de que elas não possuem valor em si mesmas e, por isso, são destituídas de propósito, inclusive o planeta Terra. Assim se fundou o paradigma da modernidade.

Essa ruptura mostra-se hoje extremamente danosa, pois a natureza e a Terra estão se voltando contra nós. Estão nos enviando eventos extremos, uma gama de vírus letais e, nos últimos tempos, o aquecimento global que já se tornou sem retorno. Este introduziu uma nova e perigosa fase do planeta Terra e da história humana.

A ruptura da Matriz Relacional com os seres da natureza levou a uma ruptura com sua origem, com o Criador de todas as coisas. O que se chamou de "a morte de Deus" não quer expressar que Deus morreu, pois, se morresse, não seria Deus. A morte de Deus significa que perdemos aquele Elo que dava coesão e sentido de plenitude ao nosso viver e aquela existência de um Sentido último da vida e da história.

A proclamação da morte de Deus (sua ausência na consciência pessoal e coletiva) deu origem a muitos humanos desenraizados e mergulhados numa profunda solidão. O oposto a uma visão humanístico-espiritual do mundo que afirma que a vida tem sentido e a história não termina no pó cósmico não é o materialismo ou o ateísmo. É o desenraizamento e o sentimento de que estamos sós no universo e perdidos, coisa que uma visão humano-espiritual do mundo impedia.

Hoje, temos que voltar à nossa própria essência para refundar um humanismo mínimo. Quer dizer, colocar como marcos orientadores de nossa existência e coexistência neste planeta:

O *amor* como a maior força congregadora e humanizadora de todas as relações.

O *cuidado* de uns para com os outros e para com a comunidade de vida, pois tudo que vive precisa ser cuidado.

Resgatar os *direitos do coração*, pois nele vigora o cérebro límbico, surgido há milhões de anos com a aparição dos mamíferos. No coração estão o sentimento profundo, a capacidade da compaixão por aquele que sofre, a ética e a espiritualidade, numa palavra, o mundo das excelências.

Desentranhar de nosso interior nossa potência de *cooperação* e de *solidariedade* especialmente para com os que ficaram para trás.

Uma opção coletiva pela *corresponsabilidade* pelo destino comum da espécie humana e da vida da Mãe Terra.

Por fim, abrirmo-nos àquela *Energia* poderosa e amorosa que intuímos em nosso íntimo como razão e sustentáculo de toda a realidade. Podemos dar-lhe mil nomes ou nenhum. As religiões chamam-na de Deus, os cosmólogos, de "*Abismo alimentador de todos os seres*", ou o que prefiro, "*Aquele Ser que faz ser todos os seres*". Esqueçamos os nomes e concentremo-nos nessa *Energia Inteligente e Suprema* que sustenta e subjaz a todos os seres e fenômenos. É uma visão *humano-espiritual* das coisas.

Sobre esses pressupostos básicos, poderemos fundar um humanismo mínimo, pelo qual todos se reconhecerão como companheiros na mesma caminhada sobre este planeta que repartem o pão e a água entre si e como irmãos e irmãs de todos as coisas (pois temos a mesma base genética) e uns dos outros. Para sermos realistas, o dado *sim*-bólico e *dia*-bólico estará presente, mas sob a regência do *sim*-bólico.

Dessa forma, construiremos uma convivência humana na qual não será tão difícil a acolhida de uns e de outros e na qual poderão florescer a solidariedade essencial, a cooperação e o amor "que move o céu, todas as estrelas" e os nossos corações. Ou daremos esse passo, ou nos devoraremos uns aos outros.

2.2 Uma perda fatal: a nossa própria humanidade

Nietzsche repetiu muitas vezes que o desumano (*allzumenschlich*) pertence também ao humano. Isso se deriva do fato de nossa condição humana ser simultaneamente racional e irracional, caótica e harmoniosa, tomada pela pulsão de morte (*thanatos*) e simultaneamente pela pulsão de vida (*eros*). Não como defeito de criação, mas como dado de nossa realidade histórica. Também o processo cosmogênico mostra a mesma característica, pois caos e cosmos, ordem e desordem, andam juntos. Temos a ver, portanto, com uma constante cosmológica, social e individual.

Que isso é verdade temos visto na pérfida guerra Israel-Hamas. Este último praticou atos cruéis de terrorismo, de matanças indiscriminadas de habitantes de Israel e sequestro de duas centenas de pessoas. Israel, por sua vez, retaliou com dobrada violência, matando também indiscriminadamente pessoas, especialmente crianças e mães, arrasando hospitais, escolas, universidades e lugares sagrados. Mostrou-se um Estado terrorista. Em ambos os lados, verdadeiros crimes de guerra e, em alguns casos, um verdadeiro genocídio, especialmente de milhares de crianças inocentes.

Todos ficamos estarrecidos: como é possível tanta desumanidade? O que somos finalmente? Por que Deus se cala diante de tanta maldade? Não são poucos os que desesperam da humanidade. Merecemos ainda viver sobre este planeta? Uma sombra de tristeza e de abatimento marca o rosto de chefes de Estado, de jornalistas e de praticamente todos que aparecem nas telas de televisão para relatar atos de guerra e de matanças.

De modo comovedor, de nos fazer chorar, comparecem as figuras ensanguentadas de palestinos, carregando em seus braços filhinhos e filhinhas assassinadas.

Ficamos abatidos e indignados porque dentro de nós se faz ouvir o outro lado de nossa realidade: somos principalmente seres de amor, de empatia, de solidariedade, de compaixão e de renúncia a toda vingança. Contra toda a maldade (sombra), reafirmamos essa dimensão de bondade (luz).

De forma impactante, deixou por escrito pouco antes de ser morta sob os escombros em Gaza a romancista e poeta palestina Heba Abu Nada: "somos pessoas justas e do lado da verdade". Sim, ela nos confirma que somos principalmente justos e do lado da verdade, do amor e da compaixão.

Cabe reconhecer, no entanto, que o lado irracional e perverso (embora nunca se perca totalmente o momento racional pertencente à natureza humana) é predominante naqueles que conduzem a guerra, especialmente Israel, os EUA e seus aliados europeus, a comunidade internacional (quem são?) que se mantém calada e inerte face à morte de milhares de civis, crianças inocentes nos bombardeios israelenses. Parece que se decretou a morte lenta com o fechamento de todas as fronteiras, de comida, de água, de medicamentos e de energia.

Este é o cenário dos poderes dominantes, dos donos da guerra, mais interessados na disputa geopolítica e no bilionário negócio das armas do que em salvar vidas humanas. Afinal, dizem, "são palestinos, sub-humanos", tidos por grupos extremados de Israel e até pelo ministro da Defesa como "animais" e, assim, devem ser tratados, eventualmente, exterminados.

Tal cenário é contrastado pelas multidões que, no mundo inteiro, no mundo árabe, nos EUA, na França, na Alemanha, em outros países e também no Brasil, se manifestam aos milhares nas ruas é se colocam ao lado dos castigados coletivamente, dos mais fracos, dos palestinos da Faixa de Gaza, mostrando que querem humanidade e não ataques de desumanidade.

Mesmo em situação de guerra, existem leis (*ius in bello*) que, se violadas, configuram crimes de guerra, crimes contra a humanidade e até genocídio, como matar milhares inocentes crianças, atacar hospitais, ambulâncias da Cruz Vermelha. É o que vem sistematicamente ocorrendo nos bombardeios.

O que nos diz a melhor ciência contemporânea, a ciência da vida, da Terra e do cosmos? Ela nos convence de que o nosso lado humano e luminoso pertence ao DNA (manual de instruções da criação humana) de nossa natureza. James Watson e Francis Crick descreveram a estrutura em hélice da molécula DNA em 1953.

Watson, em seu livro *DNA: o segredo da vida*,[20] confirmando o que São Paulo escreveu sobre o amor na primeira epístola aos Coríntios, assevera:

20 WATSON, James D. *DNA*: o segredo da vida. São Paulo: Companhia das Letras, 2005, p. 434.

> Tão fundamental é o amor à natureza humana que estou certo de que a capacidade de amar está inscrita em nosso DNA – um São Paulo secular (Watson) diria que o amor é a maior dádiva de nossos genes à humanidade (...) esse impulso, creio, salvaguardará nosso futuro.

Não outra coisa sustentam os neurocientistas e biólogos:[21] "no altruísmo um se sacrifica pelo outro. Na *cooperação* muitos se unem em vista do bem comum". O conhecido neurobiólogo Joachim Bauer, do famoso Instituto Max Planck, nos livros *Princípio humanidade: porque nós, por natureza, cooperamos* e *O gene cooperativo*, comprova:

> Os gens não são autônomos e de modo algum "egoístas" (como quer falsamente Richard Dawkins), mas se agregam uns aos outros nas células da totalidade do organismo (...) todos os sistemas vivos se caracterizam pela *permanente cooperação e comunicação* molecular para dentro e para fora.[22]

Tais afirmações, que poderíamos multiplicar com outros grandes cientistas, mostram que toda violência e guerra são contra a nossa natureza mais essencial, feita de cooperação, amor, solidariedade e compaixão, embora, como afirmamos anteriormente, exista também o impulso de morte e de agressão. Mas este – como, aliás, sugeria Sigmund Freud respondendo a Albert Einstein – pode ser mantido sob controle pela civilização, pelas religiões, pela ética, pela participação política de todos (democracia ecológico-social), pelo esporte e pela arte.

O que estamos assistindo é à falta total de controle sobre essa dimensão obscura e desumana (também *demasiadamente humana*) que está produzindo mortes e destruição. Aqueles que poderiam se empenhar na contenção da desumanidade e na manutenção de nossa humanidade mínima estão ignominiosamente inertes face à limpeza

21 TOMASELLO, Michael. *Warum wir kooperieren* [*Por que nós cooperamos?*]. Berlim: Suhrkamp, 2010, p. 14.

22 BAUER, Joachim. *Das kooperative Gen* [*O Gen cooperativo*]. Hamburgo: Hoffman und Campe, 2008, pp.183/184.

étnica perpetrada pelo Estado de Israel. Enquanto isso, milhares estão sendo mortos sob escombros produzidos pelos implacáveis ataques da força aérea israelense.

Curiosamente, os EUA estão gastando bilhões e bilhões de dólares para produzir armas de morte e sustentar a guerra na Ucrânia e a guerra Israel-Hamas, apoiando incondicionalmente o Estado de Israel e dando luz verde para um desproporcional contra-ataque. Enquanto isso, a China está empenhando 100 bilhões de dólares para implementar pacificamente o Cinturão e a Rota da Seda.

São duas modalidades contrárias de política, uma propiciando melhoria dos países, especialmente dos mais pobres, pelo caminho da paz, e a outra incentivando a guerra, sempre usada pelos EUA no Iraque, Afeganistão, Síria, Líbia e em outros tantos lugares para assegurar sua excepcionalidade e seu poder unipolar.

Basta. O que as maiorias da humanidade desejam desesperadamente é um mundo onde todos possam caber em paz, com o suficiente e o decente para todos, na mesma Casa Comum, sem guerras e não sob fogo.

2.3 A demência da razão e a falta de coração

Em pleno século XXI, estamos assistindo àquilo que foi chamada "a era da guerra infinita", levada a efeito particularmente pelos Estado Unidos da América em todas as partes onde seu domínio sobre o mundo todo é colocado em xeque. Vivem a ideologia do "Destino Manifesto", assumida por todos os Presidentes, de serem "o novo povo de Deus", para levarem ao mundo a democracia (burguesa), os direitos humanos (individuais, esquecendo os sociais e ecológicos) e o valor supremo do indivíduo (base da acumulação capitalista). Nessa crença sustentam a ferro e fogo ser o único polo de poder no mundo consoante o motto: "um só mundo/um só império", o deles. Farão guerra para impedir a multipolaridade.

Enquanto estamos escrevendo, está acontecendo um massacre cruel de todo um povo, o palestino da Faixa de Gaza, denunciado como um verdadeiro genocídio, perpetrado sob o sionista primeiro-ministro, de extrema direita política, Benjamin Netanyahu, com o incondicional apoio dos EUA. Está operando a razão ensandecida sem nenhum coração e sem sensibilidade humana, exercendo sua lógica fria e sem quaisquer escrúpulos e limites éticos.

Sabemos que a razão sensível e cordial é mais ancestral que a razão pensante. A primeira surgiu há 125 milhões de anos quando, no processo da evolução, irromperam os mamíferos com o assim chamado cérebro límbico, sede do mundo dos afetos e da cordialidade.

Nós, seres humanos, esquecemos que somos mamíferos racionais, portanto, portadores de sensibilidade, de cuidado, de afeto e de amor. Tal fato pertence ao DNA de nossa natureza. Somente a partir de 8 milhões de anos atrás, formou-se o cérebro neocortical, base do pensamento e da racionalidade conceptual. Apenas nos últimos 100 mil anos, emergiu o *Homo sapiens sapiens* do qual somos herdeiros.

Note-se que o mais ancestral não é o *logos*, mas o *pathos*, a razão emocional, cordial e sensível. Somos seres racionais, mas assentados sobre o universo dos afetos, da sensibilidade, numa palavra: a mente lança raízes no coração.

Neste se hospedam os grandes valores que nos orientam, como o amor, a empatia, a amizade e a compaixão. Como afirmava um representante da etnia Pueblo do Novo México (EUA) ao grande psicanalista C. G. Jung, que visitou aquele povo: "vocês são loucos porque presumem que pensam com a cabeça. Nós, no entanto, pensamos com o coração".[23]

Esta resposta fez o grande psicanalista mudar sua percepção da psique humana que ele tanto estudava. Jung entendeu o porquê de os europeus terem conquistado o mundo pela violência e pelas guerras: porque usaram só a cabeça sem o coração.

Haviam perdido a dimensão da sensibilidade e da compaixão. Por isso, cometeram o maior holocausto da história. Em menos de um século, consoante pesquisa mais recente de Marcelo Grondin e Moema Viezzer (*Abya Yala: genocídio dos povos originários das Américas*, de 2021), eliminam cerca de 61 milhões de habitantes das Américas (os

23 Cf. JUNG, Carl Gustav. *Memórias, sonhos, reflexões*. Rio de Janeiro: Nova Fronteira, 1989, p. 219.

EUA a partir de 1607). Foi o nosso injustamente olvidado holocausto, o maior da história.

O drama do homem atual é ter perdido a capacidade de sentir o outro como seu semelhante, de viver um sentimento de pertença à mesma humanidade, coisa que as religiões e as éticas humanitárias sempre ensinaram.

O que se opõe à religião não é o ateísmo ou a negação de Deus. O que se opõe é a incapacidade de ligar-se e religar-se com os diferentes e com a natureza com um laço de afeto e de reconhecimento.

Hoje, grande número de pessoas estão desenraizadas, desconectadas dos seus semelhantes humanos, da natureza e da Mãe Terra. Na linguagem de Jung, recalcaram a dimensão da *anima* que responde pela expressão da sensibilidade, do cuidado, da relacionalidade com os outros e com a espiritualidade.

Se não articularmos razão e sensibilidade, mente e coração, dificilmente nos movemos para defender quem está sendo sacrificado e martirizado, como as milhares de crianças assassinadas e mais de 1.500 sob os escombros dos ataques aéreos e terrestres por parte do exército do insensível e sem coração de Netanyahu.

A mera razão analítico-instrumental não acompanhada da inteligência emocional se torna irracional e insana a ponto de praticar o Holocausto de 6 milhões de judeus pelos nazistas e os 61 milhões de representantes de nossos povos originários. Uma ciência com consciência, cuidadosa, sensível a tudo o que existe e vive e que une mente e coração é precondição para evitarmos massacres e o genocídio como temos assistido na Faixa de Gaza e em outros lugares na África. Além do mais, garantiremos que não vamos nos devorar mutuamente e salvaguardaremos a vitalidade do planeta Terra. Caso contrário, ele pode continuar girando ao redor do sol, mas sem estarmos sobre nele.

2.4 Como viver na prática a justa medida

A falta da justa medida pertence ao DNA de nossa cultura dominante, individualista, consumista, socialmente injusta e devastadora dos bens e serviços, necessários para a continuidade da natureza e de nossa vida. Faz-se mister assumir urgentemente a justa medida para equilibrar o planeta e permitir uma convivência minimamente humana e justa entre todos os humanos.

A justa medida, o sentido do limite, a moderação, a ausência de todo o excesso estão presentes em todas as éticas mundiais. Nos pórticos dos templos gregos e romanos, estava sempre escrito: "nada de excesso". A experiência transcultural tem mostrado que a vivência da justa medida e a busca do caminho do meio foram os segredos da paz, da superação de tensões e conflitos e da felicidade pessoal e coletiva. Observando a justa medida, tudo dá certo. Por isso, ela é fundamental em todo processo civilizatório e mesmo na construção da própria identidade. Vejamos alguns passos no rumo da justa medida.

2.4.1 Comece consigo mesmo

Fundamentais são as mudanças pessoais, as assim chamadas *revoluções moleculares* que marcam o primeiro passo para qualquer processo de mudança. Esta só será efetiva se a pessoa se dispuser a operar a transformação em sua própria vida. Se quero subir uma escada de 20 degraus, devo começar pelo primeiro. Caso contrário, nunca chegarei ao vigésimo.

Constituem princípios da física quântica ver toda a realidade, também a matéria, como formas de energia em distintos graus de densidade e sempre em teias de relações. Consoante essa compreensão, nada existe fora das relações, nenhum ato feito pela pessoa fica retido nela. A energia que emite circula por todas as teias, fortalecendo-as e, dessa forma, acelera o processo de mudanças paradigmáticas. Ou pode dar-se também o contrário, energias que retardam ou freiam tais mudanças.

Disso se deriva o fato de que nenhum ato humano se reduz ao pessoal, mas sempre implica o social e o global, porque estamos permanentemente conectados com eles. Vejamos algumas expressões dessa dimensão da *justa medida* no âmbito pessoal.

Antes de mais nada, cada pessoa deve minimamente conhecer-se a si mesma, suas pulsões, suas energias interiores, se positivas ou negativas. Há pessoas que, por natureza, são mais impulsivas e dadas a rompantes. Há outras, por natureza, mais tranquilas e que, face a situações conflitivas, não perdem a calma.

Manter a *justa medida* representa um ato sapiencial: saber quando falar e quando calar; aprender a dominar seus impulsos e pensar e repensar antes de agir. Outros conscientemente fazem um esforço significativo para se conterem e renunciarem a palavras duras e carregadas de rancor.

É uma conquista que demanda tempo e paciência até alguém se assenhorear de si mesmo, não perder e controle e manter o equilíbrio nas palavras e no ânimo interior. Tal comportamento expressa a conquista da *justa medida*. Revela, outrossim, maturidade e a capacidade de autodomínio.

Poderíamos identificar a *justa medida* também no âmbito do exercício do poder, na condução de uma comunidade, na liderança política e mesmo nos embates de ideias.

2.4.2 Trabalhar o território: o biorregionalismo

Uma das formas de escapar da lógica voraz do capitalismo, garantir a sustentabilidade e, assim, uma medida justa é o trabalho no território. Ao invés de pensar no sistema dominante, reconhecido como injusto e insustentável, começa-se a valorizar o território, a partir de onde as pessoas têm os pés.

Trata-se do território delimitado pela configuração feita pela própria natureza, com sua fauna e flora, com as montanhas, com o tipo de florestas, com os rios e os lagos e especialmente com a população que aí vive.

Mais e mais, o pensamento ecológico e principalmente o Papa Francisco, na sua encíclica *Fratelli tutti*, dedicam muitos parágrafos ao trabalho a partir do território.

O pressuposto geral é que tudo deve começar de baixo, das pessoas concretas e das comunidades locais. Na região, podem-se criar modos sustentáveis de produção. Ao invés de obrigar a natureza a adaptar-se a nossos propósitos, somos nós que nos adaptamos à natureza, aos seus ritmos, ao seu alcance e limites. Daí surge uma economia circular, agroecológica, comunitária, amigável para com o meio ambiente.

Ao se trabalhar o território, pode-se evitar a montagem de grandes empresas, cuja lógica intrínseca demanda mais energia, explora bens e serviços naturais e tende a se expandir mais e mais para outros territórios. Ao contrário, no território, criam-se oportunidades de o processo produtivo ser feito por empresas familiares, por cooperativas de produção, distribuição e consumo. Tudo se realiza nos limites do território. Não se precisa mais dos grandes deslocamentos que exigem mais energia, evita-se a emissão de gases de efeito estufa, o que, sabemos, aumenta o aquecimento global.

Na região, torna-se mais fácil e menos dispendioso criar plataformas de comunicação de todos com todos, utilizando-se as mídias sociais disponíveis, o WhatsApp, o e-mail, o Instagram o Facebook, o jornal comunitário e outros. Emerge naturalmente uma democracia popular e participativa que a todos envolve. Com isso, diminuem-se as desigualdades que são injustiças sociais. O resultado é uma sociedade de harmonia e paz.

Os valores culturais, as religiões e as igrejas, as tradições, as festas, a celebração das personalidades notáveis que ficaram na memória do povo são cultivadas e celebradas. A cultura é integrada no processo do desenvolvimento, realmente sustentável.

Aqui, pode-se realizar a proposta da Carta da Terra enfatizada nas encíclicas de ecologia integral do Papa Francisco de "*um modo sustentável de vida*" local, regional e nacional com reverberação no internacional. Este *modo sustentável de vida* representa um outro nome para a concreta *justa medida* de todos os fatores que entram na composição da realidade.

Em outras palavras, o ideal andino do "*bem viver e conviver*", cujo valor inspirador é em tudo buscar a harmonia, o equilíbrio, a moderação e a justa medida, pode se concretizar efetivamente. É o segredo da felicidade.

2.5 "Eu só sou eu através de você": Ubuntu, uma saída da barbárie

A pandemia mostrou uma abissal desigualdade mundial e uma falta cruel de solidariedade para com aqueles que não podem fazer o distanciamento social e deixar de trabalhar senão não têm o que comer. Para sermos concretos: não abandonamos ainda o mundo da barbárie e, se já o havíamos deixado, retornamos a ele.

O nosso mundo não pode ser chamado de civilizado porque um ser humano não reconhece e acolhe outro ser humano, independentemente do dinheiro que carrega no bolso ou tem depositado no banco, ou de sua visão de mundo e de sua inscrição religiosa.

A civilização surge quando os seres humanos se entendem iguais e decidem conviver pacificamente. Se isso não é assim, estamos ainda na antessala da civilização e caminhamos rumo à barbárie. Esse cenário é dominante no mundo de hoje, agravado ainda mais pela intrusão da Covid-19. Ele ganhou sua mais perversa expressão pela cultura do capital, competitiva, pouco solidária, individualista, materialista e sem nenhuma compaixão para com a natureza.

Neste contexto vexaminoso, duas alternativas nos podem salvar: a solidariedade e o internacionalismo.

A *solidariedade* pertence à essência do humano, pois, se não tivesse havido um mínimo de solidariedade e de compaixão, ninguém de nós estaria aqui falando destas coisas. Foi necessário que nossas mães nos tivessem solidariamente acolhido, nos abraçado, alimentado e amado para podermos existir. Sabemos pela bioantropologia da solidariedade de nossas ancestrais antropoides que se tornaram humanos e, com isso, civilizados, quando começaram a trazer a comida ao grupo, repartirem-na solidariamente entre si e exercerem a comensalidade. Essa ação continua ainda hoje, quando muitos grupos, especialmente os Sem Terra, se mostraram solidários distribuindo dezenas de toneladas de alimentos e muitas centenas de marmitas para saciar a fome de milhares nas ruas e periferias de nossas cidades.

O *internacionalismo* acompanha a solidariedade. Ele parece óbvio: se o problema é internacional, deveria haver também uma solução internacionalmente consertada. Mas quem cuida do internacional?

Cada país cuida de si mesmo como se não houvesse nada para além de suas fronteiras nacionais. Ocorre que atualmente inauguramos a fase nova da história da Terra e da humanidade: a fase planetária, a da única Casa Comum.

Os vírus não respeitam as fronteiras nacionais. A Covid-19 atacou a Terra inteira e ameaçou a todos os países sem exceção. As soberanias mostraram-se obsoletas. Que seria dos velhinhos da Itália, gravemente infectados pela Covid-19, se não fosse a solidariedade da primeira-ministra da Alemanha Angela Merkel, que salvou a grande maioria deles? Mas isso foi uma exceção para mostrar que é pela superação do nacionalismo envelhecido em nome do internacionalismo solidário que poderá ser encontrado um caminho de saída para a nossa barbárie.

É nessa perspectiva que consideramos inspiradora uma categoria fundamental, vinda da África. Muito mais pobre que nós, ela é mais rica em *solidariedade*. Esta vem expressa pela palavra *Ubuntu*, que significa: *eu só sou eu através de você*.

O outro, portanto, é essencial para que eu exista enquanto humano e civilizado. Inspirado pelo *Ubuntu*, o recém-falecido arcebispo anglicano Desmond Tutu encontrou, para a África do Sul, uma chave para a reconciliação entre brancos e negros que se odiavam e se excluíam, na Comissão da Verdade e da Reconciliação.

A visão Ubuntu está enraizada nas culturas africanas. Consideremos este pequeno testemunho: um viajante europeu e branco se extasiou com o fato de que, sendo mais pobres que a maioria, os africanos eram menos desiguais. Quis saber o porquê. Idealizou um teste.

Viu um grupo de jovens jogando futebol num campo cercado de árvores. Comprou uma bela cesta de diversos e coloridos frutos e a colocou no alto de um pequeno morro. Chamou os jovens e lhes disse:

> lá no alto há uma cesta cheia de saborosos frutos. Vamos fazer uma aposta: vocês se coloquem todos em fila horizontal e, quando der o sinal, comecem correr. Quem chegar primeiro lá no alto, ganhou a cesta de frutos e, como vencedor, poderá comer sozinho quanto quiser.

Deu o sinal de partida. Coisa curiosa: todos se deram as mãos e juntos correram para o alto, onde estava a cesta. Começaram a saborear solidariamente os frutos.

O europeu, estupefato, perguntou: por que fizeram isso? Não era o primeiro a chegar e poder comer sozinho os frutos? Todos gritaram unanimemente: Ubuntu! Ubuntu! E um jovem, um pouco mais idoso, lhe explicou: "*como um de nós poderia ficar feliz sozinho se todos os demais ficariam tristes?*" E acrescentou:

Meu senhor, a palavra Ubuntu significa isto para nós: "eu só posso ser eu por meio do outro". Sem o outro, eu não sou nada e ficaria sempre sozinho. Sou quem sou porque sou através dos outros. Por isso que repartimos tudo entre nós, colaboramos uns com os outros e ninguém fica de fora e triste. Assim fizemos com a sua proposta. Comemos todos juntos os saborosos frutos. Todos ganhamos a corrida e juntos desfrutamos do presente que nos trouxe. Entendeu agora?

Este pequeno relato é o contrário da cultura capitalista. Esta imagina que alguém é tanto mais feliz quanto mais pode acumular individualmente e usufruir sozinho. Por causa dessa atitude reina a barbárie, há tanto egoísmo, falta de generosidade e ausência de colaboração entre as pessoas. A alegria (falsa) é de poucos ao lado da tristeza (verdadeira) de muitos. Para viver bem, em nossa cultura, muitos têm que viver mal.

Entretanto, por todas as partes na humanidade, estão fermentando grupos e movimentos que ensaiam viver essa nova civilização da solidariedade entre os humanos e também para com a natureza. Cremos que começou a construção de uma nova Arca de Noé. Ela nos poderá salvar se o Universo e o Criador nos concederem o tempo necessário.

Fora da solidariedade e o do sentido internacionalista, pereceremos em nossa barbárie.

2.6 Que caminho estamos percorrendo: tragédia ou regeneração?

Nos anos de 2023 e 2024, ocorreram fatos que nos assombram e nos obrigam a pensar: houve no Brasil uma tentativa frustrada de golpe de Estado e dois eventos extremos assustadores, as grandes enchentes no Sul e as devastadoras secas no Norte, seguidas de imensos incêndios. Tudo indica que essa situação vai se repetir com frequência.

No nível internacional, temos a prolongação da guerra Rússia-Ucrânia e o atentado terrorista da facção militar do Hamas que provocou um revés violentíssimo por parte do governo de extrema-direita israelense e seus aliados sobre a inteira população da Faixa de Gaza, com viés de genocídio. E o mais grave, com irrestrito apoio do Presidente católico Joe Biden.

Talvez um fato que não pode de jeito nenhum ser desconsiderado é a *Sobrecarga da Terra* (*The Earth Overshoot*), anunciado pelo ONU em 1º de agosto de 2024. Quer dizer, todos aqueles bens e serviços naturais e renováveis que a Terra oferece para a continuidade da vida chegaram ao seu limite. Precisamos de mais de uma Terra e meia para atender o consumo humano, mas especialmente dos países ricos e consumistas.

Como é viva, a Terra reage a seu modo, enviando-nos mais enfermidades viróticas, mais eventos extremos e aquecendo-se cada vez mais. Este último fato é de consequências imprevisíveis, pois ultrapassamos o ponto crítico. O ano de 2023 foi o mais quente depois dos últimos 125 anos. A ciência e a técnica apenas nos ajudam a prevenir e minorar os efeitos danosos, mas não podem mais evitá-los.

Essa mutação climática é sobretudo de responsabilidade dos países industrialistas e consumistas e pouquíssima das grandes maiorias pobres do mundo. Portanto, é um grave problema ético.

Há ainda o risco de um conflito nuclear, pois os EUA não renunciam a ser o único poder a controlar todos os espaços do planeta, não aceitando a multipolaridade. Os mantras básicos que orientam a política externa dos Estados Unidos da América, levados a efeito especialmente pelos órgãos de segurança e pela Secretaria de Estado, são: "um mundo, um império; dominar todo o espectro espacial com cerca de 800 bases militares, algumas com ogivas nucleares; desestabilizar os governos que se opõem a essa estratégia, não mais de forma militar, mas por uma articulação jurídico-policial-mediática". Isso foi praticado mundo afora e no Brasil, com a destituição da Presidenta Dilma Rousseff mediante um *impeachment*.

Mesmo assim, se uma guerra nuclear generalizada ocorrer, será o fim da espécie humana e de grande parte da biosfera. Alguns analistas acham que ela será inevitável; vai ocorrer, não sabemos quando nem como, mas as condições já estão dadas.

Ademais, importa reconhecer que estamos do auge da crise do modo de habitar o planeta (devastando-o) e de organizar as sociedades, nas quais reinam desumanas injustiças. Sabiamente, nos tem advertido inúmeras vezes o Papa Francisco: temos que mudar, caso contrário, estamos todos no mesmo barco, ninguém se salvará.

Estes cenários tenebrosos têm levado muita gente na humanidade à desesperança e à consciência do fracasso da espécie humana, particularmente com o ocaso completo do senso ético e humanístico, o que permite assistir, a céu aberto e na visão de todos, ao extermínio de um povo na Faixa de Gaza, principalmente, milhares de crianças diretamente assassinadas ou mortas sob os ininterruptos bombardeios da máquina de guerra israelense.

Não são poucos que se perguntam: merecemos ainda estar sobre a face da Terra? Estamos sistematicamente saqueando a Casa Comum e maltratando sem escrúpulos os que nela vivem, os seres humanos e os organismos da natureza que nos sustentam. Ou isso não é o prenúncio de nosso fim como espécie? Cabe lembrar que entramos nos últimos momentos no longo processo de evolução, com grande agressividade. Será que entramos para destruir tragicamente este nosso mundo?

Neste contexto, emudecem as grandes utopias. A razão moderna se mostrou irracional ao construir o princípio de autodestruição. As próprias religiões, fontes naturais de sentido, participam da crise de nosso paradigma civilizacional e, em muitas delas, vigem o fundamentalismo violento, a satanização do outro e a pregação do ódio.

Em que se agarrar? O espírito humano recusa o absurdo e sempre busca um sentido que torne a vida apetecida. Resta-nos um único sustentáculo: a esperança. Ela é como uma árvore: se verga, mas não se quebra.

Como nos foi mostrado antropologicamente, a esperança é mais que uma virtude ao lado das outras. Ela representa, independentemente do espaço e do tempo histórico, aquela energia interior que, sem cessar, nos faz projetar sonhos, dias melhores, utopias viáveis, caminhos ainda não andados que podem significar uma saída para um outro tipo de mundo. Não basta cruzar os braços e esperar. Paulo Freire nos ensinou o *esperançar*, vale dizer, criar as condições concretas para a esperança acontecer.

É atribuída a Santo Agostinho, o maior gênio intelectual e cristão do Ocidente, africano do século V da Era Cristã, a seguinte afirmação que nos poderá, eventualmente, alentar:

Todo ser humano é habitado por três virtudes: a fé, o amor e a esperança. Diz o sábio: se perdemos a fé, nem por isso morremos. Se fracassamos no amor, sempre podemos arranjar outro. O que não podemos é perder a esperança. Pois a alternativa à esperança é o suicídio por absoluta falta de sentido de viver.

Entretanto, a esperança possui duas formosas irmãs: a *indignação* e a *coragem*. Pela indignação, rejeitamos tudo o que nos parece mau e perverso. Pela coragem, empenhamos todas as nossas forças para mudar o que é mau em bom e o que é perverso em benéfico. Não temos alternativa senão nos enamorarmos dessas duas formosas irmãs da esperança.

Indignarmo-nos e rejeitarmos firmemente esse tipo de mundo que impõe tantos sofrimentos à Mãe Terra, a todos da humanidade e à natureza.

Se não podemos superá-lo, pelo menos resistir a ele e desmascarar sua desumanidade. E ter a *coragem* de abrir caminhos, sofrer pelo parto de algo novo e alternativo. Mesmo derrotados, importa manter a coerência e a fidelidade àquela causa que é invencível: o amor que todos merecem, a justiça aos pobres e a compaixão aos sofredores. E jamais deixar de crer que a vida tem sentido e a ela cabe escrever a última página de nossa peregrinação por esta Terra.

2.7 A força histórica dos humilhados e ofendidos

É impressionante e cheia de lições uma pequena história relatada no livro do Eclesiastes do Primeiro Testamento (ou o Antigo). O Eclesiastes se assume como sendo o sábio rei Salomão. Seria o que chamaríamos hoje um mestre, com uma sabedoria de experiências feitas (em hebraico, *Qohelet*). É conhecido pela expressão “vaidade, pura vaidade; tudo é vaidade” (1, 2). Algumas traduções modernas traduzem: “ilusão, pura ilusão; tudo é ilusão”.

Todo livro é uma busca incansável da felicidade, mas se confronta com a morte inevitável que torna todas as buscas ilusões, puras ilusões. Nem por isso deixa de ser temente a Deus e ético ao se indignar face às opressões: “quantas são as lágrimas dos oprimidos sem ninguém que os console quando estão sob o poder dos opressores (...) feliz é aquele que não chegou a nascer porque não viu a maldade que se comete debaixo do sol" (4, 1-3).

A pequena história reza assim:

> Havia uma cidade de poucos habitantes. Um rei poderoso marchou sobre ela, cercou-a e levantou contra ela grandes rampas de ataque. Havia na cidade um homem pobre, porém sábio, que poderia ter salvado a cidade com sua sabedoria. Mas ninguém se lembrou daquele homem pobre. A sabedoria do pobre é desprezada e suas palavras nunca são ouvidas (9, 14-16).

Essa constatação me reporta à teologia latino-americana da libertação. É uma teologia cujo eixo articulador é a opção não excludente pelos pobres, contra a pobreza e por sua libertação. Ela confere centralidade aos pobres como está no Evangelho do Jesus histórico: "felizes os pobres porque de vós é o Reino de Deus" (Lucas 6, 20). Mas há algo de inédito na Teologia da Libertação que supera o assistencialismo e o paternalismo tradicionais que faziam caridade para com os pobres, mas os deixavam em sua situação de pobres.

A Teologia da Libertação acrescentou algo singular: reconhecer a força história dos pobres. Eles começaram a se conscientizar de que sua pobreza não é querida por Deus, nem é natural, mas consequência de forças sociais e políticas que os exploram para se enriquecerem à custa deles, fazendo-os, assim, empobrecidos. Então, não são simplesmente pobres, são oprimidos. Contra toda opressão vale a libertação. Conscientizados desse fato e organizados, constituem-se forças sociais, capazes, juntamente com outras forças, de mudar a sociedade para que esta seja melhor, não tão injusta, perversa e desigual.

Os cristãos se inspiraram na tradição do Êxodo (3, 7: "ouvi o clamor de meu povo oprimido, desci para libertá-lo") e naquela dos profetas (Isaías, Amós, Oséias e Jeremias) que, contra os opressores dos pobres e das viúvas, denunciavam as elites dominantes e os reis, fazendo Deus dizer: "quero misericórdia e não sacrifícios; procurai o direito, corrigi o opressor, julgai a causa do órfão e defendei a viúva" (Isaías, 1, 17).

Mas se inspiraram também e principalmente na prática do Jesus histórico, que claramente estava sempre do lado da vida sofrida, especialmente dos pobres, dos doentes, dos marginalizados, das mulheres, curando e exercendo uma prática verdadeiramente libertadora dos padecimentos humanos. Anunciava-lhes o projeto de Deus, uma revolução absoluta: um Reino de amor, de paz, de perdão, de compaixão e também de domínio sobre a natureza rebelada.

Essa é a base da Teologia da Libertação. Marx não foi nem pai nem padrinho desse tipo de teologia, como muitos ainda hoje a acusam. Ela se fundamenta na tradição profética e da prática do Jesus histórico. Não esqueçamos que ele foi julgado, condenado e erguido numa cruz pelos religiosos daquele tempo, associados ao poder político romano. Por causa da liberdade que tomava face às leis opressoras e à imagem de um Deus vingador. Tudo colocou sob o crivo do amor e da misericórdia. Se não servia ao amor e não levava à misericórdia, rompia com costumes e tradições que oneravam a vida de todo um povo.

A Teologia da Libertação deu um voto de confiança aos humilhados e ofendidos, considerando-os protagonistas de sua própria libertação e atores na sociedade como a nossa, que cria mais e mais pobres e, vergonhosamente, os despreza e relega à marginalidade, como tem mostrado o sociólogo Jessé Souza em toda a sua vasta obra. Ela se funda sobre exploração das pessoas, sobre competição e não sobre a solidariedade, e sobre depredação irresponsável da natureza e não sobre seu cuidado.

A experiência que fizemos é exatamente aquela contada no livro do Eclesiastes: os pobres e os povos originários são sábios, nos ensinam, pois seu saber é de experiências feitas e vem de longa tradição; fazemos uma troca de saberes, entre o nosso científico e o experiencial deles, e, assim, somamos forças.

Descobrimos que, quando se organizam em comunidades, em movimentos, especialmente as várias etnias indígenas, ou como cidadãos, participam de partidos que buscam a justiça social, revelam sua capacidade de pressão e até de impor transformações sociais. Mas quem dos políticos nos Parlamentos, quais dos governos os escutam e atendem a suas reivindicações? Geralmente, só são considerados quando há eleições, seduzidos para seus projetos, quase sempre, fictícios.

Conto, não sem certo constrangimento, o que ocorreu comigo. O grande filósofo e jurista Norberto Bobbio da Universidade "degli Studii" de Turim quis honrar a Teologia da Libertação, concedendo-me o título de *doutor honoris causa* em política. Setores do Vaticano e o Cardeal de Turim fizeram forte pressão para que esse evento não acontecesse, o que irritou sobremaneira o filósofo-jurista Bobbio.

O evento aconteceu com a presença dele, já velhinho e adoentado. No diploma universitário, se dizia:

> A personalidade do franciscano Leonardo Boff se destaca seja na pesquisa em ciências políticas e teológicas, seja no empenho ético e social. Seus escritos e sua reflexão, altamente originais e movidos por paixão cívica, estão no centro de um debate político e eclesiástico fervoroso no mundo contemporâneo.

No dia 27 de novembro de 1990, me foi concedido o referido título.

Noberto Bobbio, impressionado com a aula magistral que ministrei como agradecimento ao título, comentou: "*nós, da esquerda, devíamos esperar de um teólogo para nos lembrar de que os pobres são sujeitos da história*".[24]

Para mim era a confirmação da verdade da história do Eclesiastes: temos que ouvir os pobres (por causa deles me honraram com o título), os quais, antes de lerem as letras, leem o mundo com acerto. Sem a sabedoria deles e dos povos originários, não salvaremos nossas sociedades e também não evitaremos as catástrofes de nossa civilização.

2.8 Num mundo de fundamentalismos: o diálogo inter-religioso

O diálogo inter-religioso é uma das demandas mais urgentes nesta fase planetária da humanidade. O fundamentalismo e o terrorismo atuais se enraízam profundamente em convicções religiosas mais do que em ideologias. Só motivações que se fundam num sentido radical que transcende os sentidos históricos imediatos sustentam a coragem de pessoas dispostas a se sacrificarem e a virarem pessoas-bombas para

24 Cf. LOSANO, Mario G. *Norberto Bobbio*: uma biografia cultural. São Paulo: Unesp, 2022, pp. 460-463.

destruir outras, tidas como inimigas. Esse sentido é, normalmente, produzido pelas religiões.

2.8.1 Transfundo religioso dos conflitos atuais

Atrás dos principais conflitos do final do século XX e do início do século XXI há um transfundo religioso. Assim, no passado, na Irlanda, em Kosovo, na Kachemira; atualmente, na Síria, no Afeganistão, no Congo, de forma violenta entre a Ucrânia e a Rússia, no ato terrorista do Hamas em 7 de outubro de 2024 e na retaliação desproporcional contra os palestinos da Faixa de Gaza por parte do Estado de Israel, chefiado por um primeiro-ministro de extrema direita.

Não sem razão escreveu Samuel P. Huntington, um dos observadores mais atentos do processo de globalização:

> No mundo moderno, a religião é uma força central, *talvez **a** força central* que motiva e mobiliza as pessoas (...). O que em última análise conta para as pessoas não é a ideologia política nem o interesse econômico; mas aquilo que com que as pessoas se identificam são as convicções religiosas, a família e os credos. É por estas coisas que elas combatem e até estão dispostas a dar a sua vida.[25]

Efetivamente, não obstante o processo de secularização e do eclipse do sagrado com a introdução da razão crítica a partir do Iluminismo do século XVIII, a religião sobreviveu a todos os ataques. As últimas décadas assistiram a uma volta poderosa do fator religioso e místico em todas as sociedades mundiais, volta propiciada principalmente pelos filhos e filhas dos mestres da suspeita e da crítica devastadora da religião como Marx, Freud, Nietzsche, Popper e outros.

A religião é a cosmovisão comum da maioria da humanidade. Nela encontra orientação para a vida e dela deriva atitudes éticas. Bem formulou Ernst Bloch, o filósofo marxista que resgatou o sentido

25 HUNTINGTON, Samuel P. *O choque de civilizações*. Rio de Janeiro: Objetiva, 1997, p. 79.

profundo do fator religioso bem sentenciou: "onde há religião, aí há esperança". E onde há esperança surgem incontáveis razões para lutar, para sonhar, para projetar utopias salvacionistas e dar sentido à vida e à história.

2.8.2 Pluralismo religioso: de fato e de direito

Então, há se partir do fato incisivo da religião, melhor, do pluralismo religioso. Há tantas religiões quantas culturas há. Quando uma cultura produz sua religião é sinal de que chegou ao seu amadurecimento. Ela ajuda a conferir a identidade e a coesão cultural.

Todas as religiões trabalham com um sentido último e com valores que orientam a vida. Por isso, possuem um alto valor humanizador e civilizatório. Mas importa não desconhecer que elas correm o risco permanente de fundamentalismo, de se imaginarem absolutas e as melhores. Essa atitude está a um passo da guerra religiosa, coisa que ocorre com frequência na história. As religiões precisam, então, se reconhecer mutuamente, entrar em diálogo e buscar convergências mínimas que lhes permitam conviver pacificamente. Eis a importância do diálogo entre todas.

Antes de mais nada, importa reconhecer o pluralismo religioso, como *de fato* e como *de direito*. O fato é inegável, basta constatá-lo. Não temos nenhuma dificuldade de aceitar a biodiversidade, a multiplicidade de plantas e flores, de animais, de insetos, de paisagens e de etnias humanas. Quanto se trata da religião, muitos querem que haja uma só e só esta seria a verdadeira. Nisso mais e mais vigora o consenso.

A questão maior é sua legitimação de *direito*. Nesse ponto há divergências profundas, especialmente, na igreja hierárquica católica, em outras igrejas cristãs, em certas tendências do islamismo e de outras religiões. Aqui, algumas igrejas cristãs mostram seu fundamentalismo explícito, pois julgam-se as portadoras exclusivas da revelação divina e as únicas herdeiras da gesta salvadora de Deus na história pela vida, morte e ressurreição de Jesus.

Mas não se pode negar a pluralidade que existe em todos os campos, especialmente na natureza como já consideramos. Por isso, importa defender o direito a essa pluralidade de fato. Em primeiro lugar, por uma razão interna à própria religião. Nenhuma religião pode pretender enquadrar Deus, o Mistério, a Fonte originária de todo ser ou qualquer nome que se queira dar à Suprema Realidade, nas malhas de seu discurso e de seus ritos. Se assim fora, Deus seria um pedaço do mundo, na realidade, um ídolo. Perderia totalmente sua transcendência a qualquer objetivação humana. Ele está sempre para além do que pudermos representá-lo. Então, há espaços para outras expressões e outras formas de celebrá-lo que não sejam exclusivamente através desta igreja ou daquela religião concreta. Como dizia um pensador franciscano do século XIII Duns Scotus, "se Deus existe como as coisas existem, então Deus não existe". Ele não está na ordem das coisas, mas do fundamento de sua existência e da permanência nessa existência.

Assim, por exemplo, as religiões de matriz africana presentes no Brasil não são cartesianas e ocidentais. Possuem outra forma própria de sentir, de interpretar e viver o Sagrado. São religiões profundamente ecológicas, ligadas às energias da natureza e do cosmos. O próprio AXÉ é uma energia cósmica presente em todos os seres e mais fortemente em pessoas carismáticas como pais e mães de santo. Seu modo de cultivar o Sagrado deve ser acolhido como uma das formas legítimas de caminhar para Deus (Olorum) e de sermos visitados pelas divindades.

2.8.3 O equívoco da pretensão de exclusividade

Na verdade, não é o pluralismo religioso que deve ser questionado, mas *a pretensão* de uma das religiões de se considerar a única verdadeira. Nem vale o sofisma: se há um só Deus, deve haver uma só religião. Ora, a natureza de Deus e a natureza da religião são profundamente distintas. A natureza de Deus é o Mistério, o Inefável, o Infinito. Ademais, ele não é a solidão do Uno, mas a comunhão das três divinas Pessoas, Pai, Filho e Espírito Santo.

A natureza da religião é o limitado, o histórico, o finito, aquilo que foi criado pela cultura humana. Então, Deus nunca poderá ser identificado com alguma doutrina. Ele está dentro e também fora e para além, pois esta é a sua natureza. Ademais, se aceitarmos que Deus é diversidade de divinas Pessoas, Pai, Filho e Espírito Santo em permanente relação de amor e de diálogo, isso fornece um fundamento maior para justificar a diversidade religiosa.

Daí é importante reconhecermos o fato das muitas religiões e igrejas, para que cada uma delas possa dizer algo do Inefável e revele dimensões que a outra não pode expressar. Todas juntas sinfonicamente acenam para a Realidade Sagrada e todas se calam, reverentes, diante dela, porque Ela as desborda por todas as formas e lados.

Esta última reflexão nos obriga a introduzir uma distinção de fundamental importância para que o diálogo inter-religioso seja possível e ganhe alguma eficácia: a *distinção entre espiritualidade e religião*.

2.8.4 Distinção entre religião e espiritualidade

Por espiritualidade entendemos o encontro com o Mistério do mundo, com o Inefável, com o Tao, com Olorum, com o Numinoso, com aquilo que se convencionou chamar de Deus (embora haja tradições que não se sintam bem, como o budismo, que é antes uma sabedoria que uma religião). Esse encontro não é inventado nem imposto. Ele ocorre simplesmente, como uma experiência originária.

O ser humano é um ser de abertura ao outro, ao mundo e ao Todo. Ele simplesmente é um sistema aberto e dialogante. Ele coloca questões radicais sobre sua origem e destino, sobre o sentido do universo, sobre o significado de sua vida, de seu sofrimento e de sua morte. Ele é um grito lançado ao infinito. Experimentar essa realidade perfaz aquilo que chamamos espírito. É um modo de ser, de relacionar-se, de sentir-se inserido num Todo maior. Cientistas contemporâneos chamam-na de "espiritualidade natural" por pertencer à natureza humana.[26]

Essa espiritualidade natural não é monopólio das religiões ou de algum caminho espiritual. Ele é anterior a tudo. Possui o mesmo direito de cidadania antropológica como a libido, a vontade, a inteligência e a sensibilidade. Assim como existe a inteligência intelectual e a

26 Cf. ROCKEFELLER, Steven. *Spiritual democracy and our schools*. Nova York: Polyprint & Design llc, 2022.

inteligência emocional, existe também a inteligência espiritual pela qual captamos, além dos fatos e das emoções, os contextos globais de nossa vida, totalidades significativas, valores e nossa inserção num Todo maior.

É próprio da espiritualidade captar visões globais e se orientar por um sentido transcendental. Neurólogos e neurolinguistas detectaram uma base empírica dessa inteligência na biologia dos neurônios. Alguns neurocientistas, o psiquiatra I. Marshall e sua esposa Danah Zohar, física quântica, entre outros nomes de peso,[27] chegam a falar do "*ponto Deus*" no cérebro. Numa perspectiva evolucionária, quer dizer, o universo evoluiu até o ponto de produzir um ser de inteligência que dispõe de uma capacidade de perceber, a partir de certa aceleração de neurônios, o Mistério deste universo, Mistério que penetra e resplende em tudo. Esse "ponto Deus" representa uma vantagem evolutiva da espécie *Homo*, presente em todos os representantes. Logicamente, Deus não está apenas presente num ponto do cérebro, mas em todo o ser humano e cada uma de suas dimensões. Mas é a partir de um ponto dos neurônios que ele se deixa perceber fenomenologicamente.

Essa experiência espiritual está na base de todas as religiões e caminhos espirituais. A forma como essa experiência se expressou historicamente varia de acordo com as culturas, seja na Índia, na China, no Tibet, no Japão, entre os Maias, Astecas, Tupi-Guarani, Yanomami, entre outros. As religiões são construtos culturais, os mais diversos; tentativas de expressar essa espiritualidade originária numa doutrina, numa celebração, num texto sagrado, num código ético.

As religiões são diferentes e muitas, mas a espiritualidade originária é a mesma. É ela que permite o entendimento e o diálogo entre as religiões, porque todas bebem da mesma fonte de águas cristalinas: a espiritualidade natural. As religiões são canalizações dessa fonte originária.

27 Cf. ZOHAR, Danah; MARSHALL, Ian. *QS*: a inteligência espiritual. Rio de Janeiro: Record, 2000.

2.8.5 *Importância das religiões para a paz mundial*

Se tal é a importância das religiões na configuração da humanidade concreta, então são decisivas para a convivência e a paz mundial. Por isso, entendemos a relevância que o Papa Francisco dá a elas nas duas encíclicas ecológicas, *Laudato Si': sobre o cuidado da Casa Comum* (2015) e *Fratelli tutti* (2020), no sentido da salvaguarda da vida e do futuro da Mãe Terra. Muito conhecida e sempre citada é a tese fundamental (com o a qual concordamos) do teólogo alemão Hans Küng, recentemente falecido, o melhor estudioso das religiões na fase planetária: "*não haverá paz entre as nações, se não existir paz entre as religiões. Não haverá paz entre as religiões, se não existir diálogo entre as religiões*".[28]

O diálogo entre as religiões segue um caminho singular. Não pode começar pela discussão das doutrinas que logo geram discussões intermináveis e divisões, mas pela conscientização da espiritualidade que une a todas. E isso se faz pela oração ou meditação. O diálogo começa quando todos começam a rezar juntos ou a meditar. Rezar e meditar é mergulhar na espiritualidade. Aí as pessoas começam a se conhecer, a descobrir a bondade de um e de outro, a piedade, a reverência e a busca sincera do Mistério de todas as coisas, de "Deus".

As doutrinas ficam relativizadas em nome da vida concreta, inspirada pela respectiva religião. Logicamente, tudo o que é sadio pode ficar doente. Todas as religiões podem incorporar desvios, endurecimentos, atitudes fundamentalistas de grupos. Aqui, há um vasto campo de recíproca crítica e de processos de purificação. Assim como a doença remete à saúde, de forma semelhante a experiência espiritual devolverá saúde às religiões. Desse diálogo orante nascem os pontos de convergência que fundam a paz possível entre as religiões, um dos fatores da paz mundial.

Mas há igrejas – entre nós, especialmente as neopentecostais – que seguem a lógica do mercado e fazem da religião um grande negócio, não raro explorando os pobres com a teologia da prosperidade e

28 KÜNG, Hans. *Religiões do mundo*: em busca dos pontos comuns. São Paulo: Verus, 2004, p. 280; BOFF, Leonardo. *Ethos mundial*: um consenso mínimo entre os humanos. Rio de Janeiro: Sextante, 2003, p. 137.

ultimamente com a teologia do domínio. Por procurarem vantagens econômicas, facilmente se aliam a partidos políticos de vertente mais conservadora. Dessa forma, desnaturam a religião e a igreja, pois estas não foram feitas para o mercado, mas para atender às demandas espirituais das pessoas.

2.8.6 Pontos de convergência no diálogo inter-religioso

O diálogo continuado permitiu estabelecer entre as religiões pontos comuns elencados ainda em 1970, na Conferência Mundial das Religiões em favor da Paz, em Kyoto. Esses pontos convergentes foram assim formulados e reforçados anos depois no grande encontro, em Chicago.

1. Há uma unidade fundamental da família humana em igualdade e dignidade de todos os seus membros.
2. Cada ser humano é sagrado e intocável, especialmente, em sua consciência.
3. Toda comunidade humana representa um valor.
4. O poder não pode ser igualado ao direito. O poder jamais se basta a si mesmo, não é jamais absoluto e deve ser limitado pelo direito e pelo controle da comunidade.
5. A fé, o amor, a compaixão, o altruísmo, a força do espírito e a veracidade interior são, em última instância, muito superiores ao ódio, à inimizade e ao egoísmo.
6. Deve-se estar, por obrigação, do lado dos pobres e oprimidos e contra seus opressores.
7. Alimentamos profunda esperança de que no final a boa vontade triunfará.

Como se depreende, esse diálogo não se exaure em si mesmo. Ele se ordena a algo maior: à paz entre os povos, à paz com a Terra, à paz com os ecossistemas, à paz do ser humano consigo mesmo e à paz com a Fonte originária de onde veio e para onde vai. Essa paz é, como bem a definiu a Carta da Terra, “a plenitude criada por relações corretas consigo mesmo, com outras pessoas, com outras culturas, com outras vidas, com a Terra e como o Todo maior da qual somos parte".

O diálogo aberto entre as religiões significa, portanto, a convivência pacífica e alegre entre os mais diversos caminhos espirituais que veem, em sua diversidade, uma riqueza do único e mesmo Mistério fontal do qual viemos e para o qual rumanos. Sua contribuição é fundamental para a paz entre os diversos povos habitando a mesma Casa Comum.

2.9 O sentido da festa e do humor em tempos sombrios

Os tempos atuais não são bons. A humanidade é conduzida por líderes negativos e medíocres em sua maioria. As religiões, quase todas, estão doentes de fundamentalismo, arrogância e dogmatismo, não excluídos setores da Igreja Católica Romana contaminados pelo pessimismo cultural do Papa Bento XVI (com clara exceção do Papa Francisco, cheio de humor, de simplicidade franciscana e de surpreendentes inovações que escandalizam os grupos sem senso de humor e conservadores).

Mesmo assim, há ainda lugar para o humor e o sentido da festa? Creio positivamente que sim. Apesar dos absurdos existenciais, a maioria das pessoas não deixa de confiar na bondade fundamental da vida. Levanta-se pela manhã, vai ao trabalho, luta pela família, procura viver com um mínimo de decência (tão traída pelos políticos) e aceita enfrentar sacrifícios por valores que realmente contam. O que se esconde por detrás de tais gestos cotidianos? Aí se afirma de forma pré-reflexa e inconsciente: a vida tem sentido. Aceito morrer, disse o Presidente francês François Mitterand, mas viver é tão bom.

Sociólogos como Peter Berger e Eric Vögelin têm insistido em suas reflexões que o ser humano possui uma tendência inarredável para a ordem. Onde quer que ele emerja, cria logo um arranjo existencial com ordens e valores que lhe garantam uma vida minimamente humana e pacífica.

É essa bondade intrínseca da vida que permite a festa e o sentido de humor. Através da festa, no sacro e no profano, todas as coisas se reconciliam. Como afirmava Nietzsche, "festejar é poder dizer: sejam bem-vindas todas as coisas". Pela festa, o ser humano rompe o ritmo monótono do cotidiano, faz uma parada para respirar e viver a alegria do "estar-juntos", na amizade e na satisfação de comer e de beber.

Na festa, o beber e o comer não têm uma finalidade prática de matar a fome ou a sede, mas de gozar do encontro e de celebrar a amizade. Na festa, o tempo do relógio não conta e é dado ao ser humano, por um momento, vivenciar o tempo mítico de um mundo reconciliado consigo mesmo.

Por isso, inimigos e desconhecidos são estranhos no ninho da festa, pois esta supõe a ordem e a alegria na bondade das pessoas e das coisas. A música, a dança, a gentileza e a roupa festiva pertencem ao mundo da festa. Por tais elementos, o ser humano traduz seu *sim* ao mundo que o cerca e a confiança em sua harmonia essencial. Esta última confiança dá origem ao senso de humor.

Todos os seres vivos superiores possuem acentuado sentido lúdico. Basta observar os gatinhos e os cachorros de nossas casas. Mas o humor é próprio só dos seres humanos. O humor nunca foi considerado tema "sério" pela reflexão teológica, sabendo-se que ele se encontra presente em todas as pessoas santas e místicas que são os únicos cristãos verdadeiramente sérios. Na filosofia e na psicanálise, teve melhor sorte.

Humor não é sinônimo de chiste, pois pode haver chiste sem humor e humor sem chiste. O chiste é irrepetível. Repetido, perde a graça. A historieta cheia de humor conserva sua permanente graça, e gostamos de ouvi-la repetidas vezes.

O humor só pode ser entendido a partir da profundidade do ser humano. Sua característica é ser um projeto infinito, portador de inesgotáveis desejos, utopias, sonhos e fantasias. Tal dado existencial faz com que haja sempre um descompasso entre o desejo e a realidade, entre o sonhado e a sua concretização. Nenhuma instituição, religião, Estado e lei conseguem enquadrar totalmente o ser humano, embora existam exatamente para enquadrá-lo a um certo tipo de ordem. Mas ele desborda as determinações. Daí a importância da violação do interdito para a vivência da liberdade e para que surjam coisas novas. Isso na arte, na literatura e também na religião.

Quando se dá conta dessa diferença entre a lei e a realidade – veja-se, por exemplo, a esdrúxula moral católica sobre a proibição do uso da camisinha em tempos em que grassa a aids –, surge o sentido do humor. Dá vontade de rir, pois é tudo tão fora do bom senso, é tanto discurso proferido em pleno deserto, que ninguém escuta nem observa que só podemos ter humor. Essas pessoas vivem na lua, não na Terra.

No humor se vive o sentimento de alívio do peso das limitações e do prazer de vê-las relativas e sem a importância que elas mesmas se dão. Por um momento, a pessoa se sente livre dos superegos castradores, das injunções impostas pela situação e faz uma experiência de liberdade, como forma de plasmar seu tempo, dar sentido ao que está fazendo e construir algo novo.

Por detrás do humor, vigora a criatividade, própria do ser humano. Por mais que haja constrangimentos naturais e sociais, sempre há espaço para se criar algo. Se não fosse assim, não haveria gênios na ciência, na arte e no pensamento. Inicialmente são tidos por "loucos", excêntricos e anormais.

Quando tudo passou, um novo olhar descobre a genialidade de um van Gogh, a criatividade fantástica de Bach, quase despercebidas no seu tempo. De Jesus, se disse que "os seus saíram para agarrá-lo, pois diziam 'ele está louco'" (Mc 3, 21). De São Francisco, se disse a mesma coisa: ele é um "*pazzus*", um louco, coisa que ele aceitava como expressão da vontade de Deus. E era um santo cheio de humor e alegria a ponto de o chamaram "frade-sempre-alegre".

Em palavras mais pedestres: o humor é sinal de que nos é impossível definir o ser humano dentro de um quadro estabelecido. Em seu ser mais profundo e verdadeiro, é um criador e um livre.

Por isso, pode sorrir e ter humor sobre os sistemas que o querem aprisionar em categorias estabelecidas. E o ridículo que constatamos em senhores sérios (por exemplo, professores, juízes, diretores de escola e até monsenhores) que querem, solenemente e com ares de uma autoridade superior, quase divina, fazer dos outros cegos e submissos ou quais ovelhas obedeçam a suas ordens. Isso também causa humor.

Acertado estava aquele filósofo[29] que escreveu: "a essência secreta do humor reside na força da atitude religiosa. Pois o humor vê as coisas humanas e divinas na sua insuficiência diante de Deus".

29 Th. Lersch. *Philosophie des Humors*. Munique: [s.n.], 1953, p. 26.

A partir da seriedade de Deus, o ser humano sorri das seriedades humanas com a pretensão de serem absolutamente verdadeiras e sérias. Elas são um nada diante de Deus. Como dizia o bispo Dom Pedro Casaldáliga, sempre com bom humor, no interior de sua Amazônia: "só Deus e a fome são absolutos; o demais é relativo". Existe ainda toda uma tradição teológica que nos vem dos padres da Igreja Ortodoxa que falam do *Deus Ludens* ("Deus lúdico"), pois este teria criado o mundo como um jogo para o seu próprio entretenimento. E o fazia, sabiamente, unindo humor com seriedade.

Quem vive centrado em Deus tem motivos de cultivar o humor. Relativiza as seriedades terrenas, até os próprios defeitos, e é um livre de preocupações. São Thomas Morus, condenado à guilhotina, cultivou o humor até o fim: pedia aos algozes que lhe cortassem o pescoço, mas lhe poupassem a longa barba branca. São Lourenço sorria com humor dos algozes que o assavam na grelha e os incitava a virá-lo do outro lado, porque de um lado estava bem cozido já. Santo Inácio de Antioquia, bispo, ancião e referência de toda a Igreja dos primórdios, com humor, suplicava aos leões que viessem devorá-lo para passar mais rapidamente à felicidade eterna.

Conservar essa serenidade, viver em estado de humor e compreendê-lo a partir das insuficiências humanas é uma graça que todos devemos buscar e pedir ao Criador.

CAPÍTULO III

A vida do espírito

3.1 A emergência da espiritualidade natural

Há muitos que estão fartos de bens materiais e do consumismo de nossa cultura. Como contraponto a essa situação, estamos captando a emergência do mundo espiritual, da assim chamada espiritualidade natural e verificamos sua premente atualidade face às muitas crises que assolam a inteira humanidade.

Em momentos assim críticos, o ser humano mergulha em seu Profundo e se coloca questões básicas: *o que estamos fazendo neste mundo? Qual é o nosso lugar no conjunto dos seres? Como agir para garantirmos um futuro que seja esperançador para todos e para nossa Casa Comum?*

Essa preocupação pelo mundo espiritual não é monopólio das religiões. Ela se dá também no âmbito das buscas humanas tanto dos jovens quanto dos intelectuais, de famosos cientistas e – para surpresa nossa – de grandes empresários que se mostraram interessados acerca do tema.

O fato de eles mostrarem interesse acerca do mundo espiritual, vale dizer, da espiritualidade, atesta as dimensões da crise que nos acomete. Significa que os bens materiais que eles produzem, as lógicas produtivistas e concorrenciais que praticam, o universo de valores comerciais (tudo virou mercadoria e ganha o seu preço) que inspira suas práticas não dão conta das interrogações sérias da vida humana. Há um vazio profundo, um buraco imenso dentro do seu ser. Estou convencido de que o mundo espiritual, ou a espiritualidade natural, inerente à nossa natureza, tem a capacidade de preenchê-lo.

É importante, no entanto, sermos críticos, porque há verdadeiras empresas que manejam os discursos da espiritualidade que, não raro, falam mais aos bolsos do que aos corações. Há líderes religiosos que são expressão do mercado com sua pregação do Evangelho da prosperidade material e, recentemente, do domínio. Conquistam muitos fiéis de boa-fé, para os interesses monetários de si próprios como pastores.

Entretanto, os portadores permanentes do mundo espiritual são geralmente pessoas comuns que vivem a retidão da vida, o sentido da solidariedade e cultivam o espaço do Sagrado, seja em suas religiões e igrejas, seja no modo como pensam, agem, interpretam a vida e cuidam no meio ambiente.

O que importa, porém, é reconhecer que mundialmente há uma demanda por valores não materiais, porque os materiais se mostram insuficientes para apaziguar a ânsia do ser humano por algo mais alto e melhor. Em toda parte, encontramos pessoas, especialmente jovens, indignadas com o destino previamente definido em termos de economia, quando se diz que "não há outra alternativa" (TINA = *there is no alternative*). Elas se recusam a aceitar os caminhos que os poderosos definem para a humanidade trilhar. Esses jovens dizem: "não permitiremos que nos roubem o futuro. Merecemos um destino melhor, precisamos beber de outras fontes para encontrar um novo caminho".

Por isso, resulta importante, desde o início, introduzir uma distinção – sem separar, mas distinguir – entre o mundo religioso e o mundo espiritual, entre a espiritualidade natural e a religião. Aliás, Dalai Lama o fez de forma brilhante no livro *Uma ética para o novo milênio*.[30] Permito-me citar um tópico do livro de cuja compreensão participo e faço minha.

> Julgo que *religião* (mundo religioso) esteja relacionada com a crença no direito à salvação pregada por qualquer tradição de fé, crença esta que tem como um de seus principais aspectos a aceitação de alguma forma de realidade metafísica ou sobrenatural, incluindo possivelmente uma ideia de paraíso ou nirvana. Associados a isso estão ensinamentos ou dogmas religiosos, rituais, orações, e assim por diante.
>
> Considero que *espiritualidade* (mundo espiritual) esteja relacionada com aquelas qualidades do espírito humano – tais como amor e compaixão, paciência e tolerância, capacidade de perdoar, contentamento, noção de responsabilidade, noção de harmonia – que trazem felicidade tanto para a própria pessoa quanto para os outros.

30 LAMA, Dalai. *Uma ética para o novo milênio*. Rio de Janeiro: Sextante, 2000.

> Ritual e oração, junto com as questões de nirvana e salvação, estão diretamente ligados à fé religiosa, mas essas qualidades interiores não precisam ser. Não existe portanto nenhuma razão pela qual um indivíduo não possa desenvolvê-las, até mesmo em alto grau, sem recorrer a qualquer sistema religioso ou metafísico.[31]

Como se depreende, alguém pode ser religioso sem necessariamente ser espiritual. Bem como pode ser espiritual sem ser religioso. O ideal seria ser religioso e simultaneamente espiritual. Mas não necessariamente.

Há toda uma pesquisa, feita especialmente nos EUA, que envolve psicólogos, educadores e a *new science* que tem aprofundado a *espiritualidade natural*, vale dizer, a espiritualidade como um dado objetivo da natureza humana. Famoso ficou o *Manual de Psicologia e de Espiritualidade*, do Prof. Miller, no qual reúne os principais estudos sobre a psicologia e a espiritualidade natural. Aí se enfatiza que, independentemente da religião,

> cada criança nasce com a capacidade inata para um desenvolvimento espiritual, capacidade que deve ser entendida como uma dimensão natural, da integralidade do ser humano; ela garante um suporte importante e vital para a resiliência, provê significado e propósito para o desenvolvimento da cognição emocional, social e moral da pessoa; essa capacidade *inata* pode madurar tanto dentro quanto fora da religião institucional.[32]

À base desses estudos, Steven Rockefeller, filósofo e um dos principais redatores da Carta da Terra, propõe uma "*democracia espiritual*",

31 LAMA, Dalai. *Uma ética para o novo milênio*. Rio de Janeiro: Sextante, 2000, pp. 32/33.

32 Apud ROCKEFELLER, Steven. *Spiritual democracy and our schools*. Nova York: Polyprint & Design llc, 2022, pp. 83/84.

portanto, um dado originário que deveria estar presente na democracia, desde a mais tenra infância e no currículo escolar.[33]

Viver a espiritualidade natural, um dado de nossa natureza humana, com os valores referidos acima, que são também os mesmos do Jesus histórico, poderá sinalizar caminhos que nos apontam para uma eventual saída bem-sucedida das muitas crises dos tempos atuais. O invisível do espírito faz parte do visível.

3.2 Como protelar o fim do mundo

A crise de nosso modo de viver neste único planeta envolve a todos, até as nações tecnicamente mais desenvolvidas, o que não significa mais civilizadas e felizes.

Alguém pode negar que está havendo uma severa erosão dos valores democráticos nesses países? Por exemplo, o sonho original americano, repetem seus melhores,

> implicava um novo mundo no qual o povo vivia livre para realizar seus sonhos, no interior de um ambiente social que gerava cidadãos esclarecidos, responsáveis e comprometidos, com uma apaixonada preocupação com a dignidade e os direitos individuais e dos outros na perspectiva do bem comum.[34]

Evidentemente, esse era o sonho da população, não dos órgãos governamentais e do aparato industrial-militar de segurança que buscavam e ainda buscam, por todos os meios, mesmo os bélicos, o monopólio do poder mundial. Aqui, vigora outro sonho, distinto do tradicional.

O que está ocorrendo a partir dos anos 1960, diz-nos Steven Rockefeller, da família dos bilionários Rockefellers, um dos idealizadores da Carta da Terra, de opção budista, uma das pessoas mais dialogáveis

33 ROCKEFELLER, Steven. *Spiritual democracy and our schools*. Nova York: Polyprint & Design llc, 2022.

34 ROCKEFELLER, Steven. *Spiritual democracy and our schools*. Nova York: Polyprint & Design llc, 2022.

com quem pude conviver por ocasião dos trabalhos na redação da referida Carta, constata que a atual juventude norte-americana esqueceu os referidos valores, vive centrada no próprio eu, perdeu o apreço de seu próprio país e o sentido da solidariedade. Conclui dizendo: “a América é uma nação à procura de sua própria alma”.[35]

O que se diz dos Estados Unidos vale praticamente para todos ou os principais países, mesmo para os nossos do Sul Global. O fato é que somos todos interdependentes e também reféns da cultura do capital, acumuladora, materialista consumista, excludente e insensível ao destino das maiorias pobres. Como o professor e pedagogo Steven Rockefeller escreveu no referido livro, “para renovar o espírito americano através da educação desde a mais tenra infância”.

Para reavivar o espírito, temos que buscar um novo paradigma e um outro estilo de educação: a espiritualidade, a ética e o cuidado da Casa Comum.

A espiritualidade deve ser vista como uma dimensão essencial do ser humano com o mesmo direito de cidadania que o corpo, a inteligência, a vontade e a psique. Por isso, é natural. Não se há de identificar a espiritualidade com a religião, embora possa haver inter-relações entre elas. A espiritualidade natural é inata. Dela nascem as religiões como canalizações culturais desse dado originário.

Como já nos têm mostrado a filosofia, a psicologia do profundo e as neurociências, a “espiritualidade é uma capacidade inata no ser humano que, quando alimentada e desenvolvida, gera um modo de ser feito de relações consigo mesmo e com o mundo, promove a liberdade pessoal, o bem-estar e o florescimento do bem coletivo”.[36]

A espiritualidade natural coloca as questões inadiáveis do ser humano referidas anteriormente. Ela se expressa pelo amor incondicional, pela reverência face ao Universo, pela solidariedade, pelo cuidado com tudo o que existe e vive e pela compaixão por quem sofre.

35 ROCKEFELLER, Steven. *Spiritual democracy and our schools.* Nova York: Polyprint & Design llc, 2022, p. 15.

36 ROCKEFELLER, Steven. *Spiritual democracy and our schools.* Nova York: Polyprint & Design llc, 2022, p. 10.

Essa compreensão nos faz recordar a fala de Michail Gorbachev ao se encerrar a redação da Carta da Terra nos espaços da UNESCO, em Paris, no ano 2000: "se quisermos salvar a vida no planeta, precisamos de novos valores e de uma outra espiritualidade". Quer dizer, não são suficientes a acumulação de nossos bens materiais e a tecnociência. Tudo isso deve vir impregnado dos valores do coração, sede do amor, da afeição, da empatia, da ética, do cuidado e da espiritualidade.

Só assim se consegue estabelecer um laço afetivo e solidário para com todos os seres e para com a Terra e, assim, salvá-los. Todo ser possui um valor em si mesmo, para além do uso humano. A espiritualidade natural nos permite sentir tudo isso. Apresenta-se como uma espécie de órgão natural de nossa vida que nenhuma porção de nossa natureza pode desempenhar adequadamente.

A humanidade se encontra numa encruzilhada: ou segue o caminho do poder, que implica uma exploração ilimitada dos recursos naturais a ponto de ter afetado o equilíbrio da Terra, haja vista a mudança climática irreversível; esse caminho pode levar-nos a um armagedon ecológico. Ou segue o caminho do cuidado, que significa uma relação amigável e cooperativa com a natureza.

A humanidade para, reflete sobre os riscos para sua sobrevivência e, então, define um rumo mais benevolente, marcado pelo cuidado para com a natureza, de uns para com os outros e com a Terra. Caso contrário, diz a Carta da Terra, "arriscamos a nossa destruição e a da diversidade da vida" ("Preâmbulo"). Não disse outra coisa o Papa Francisco na *Fratelli tutti*: "estamos no mesmo barco, ou nos salvamos todos ou b-ninguém se salva" (n. 32). Se ainda tivermos tempo para essa guinada de nosso rumo diante da Mãe Terra, iremos sobreviver e inaugurar outra forma de habitar o planeta, com sentimento de pertença e com a consciência de sermos seus guardiães fiéis.

A educação possui essa missão messiânica de desentranhar, desde a nascença, a espiritualidade natural, a ética da Terra e o cuidado pela criação. Por esse caminho brilhará uma luz no fim do túnel.

3.3 Que fazer diante dos desastres ecológicos?

Várias ameaças pairam sobre o sistema-vida e o sistema-Terra: o holocausto nuclear; os infortúnios ecológicos do aquecimento global e da escassez de água potável; a catástrofe econômico-social sistêmica com a radicalização do neoliberalismo que produz extrema acumulação à custa de uma pobreza espantosa; a erosão moral com a falta generalizada de sensibilidade para com as grandes maiorias sofredoras; o flagelo da política com a ascensão mundial da direita e a corrosão das democracias. Assim como se encontram a Terra e a humanidade não poderão continuar sob o risco de um armagedon ecológico-social.

Concentremo-nos no panorama recente no Brasil, pois serve de exemplo: as grandes chuvas de fevereiro de 2020 em São Sebastião, no Estado de São Paulo, com deslizamento de toda uma encosta, e as inundações desastrosas de 2024 no Sul do país que arruinaram várias cidades e atingiram cerca de dois milhões de pessoas além de terem provocado mais de duzentas mortes. Paralelamente, ocorreram incêndios fenomenais na Amazônia, no Pantanal, no Canadá e na Austrália, seguidos imediatamente de inesperadas inundações. A mais espantosa se deu na Arábia Saudita, na qual em pleno deserto se formou um caudaloso rio, o que trouxe muitos danos.

Tais eventos extremos constituem sinais inequívocos de que a Terra já perdeu o seu equilíbrio e está buscando um novo. E esse novo poderá significar a devastação de importantes porções da biosfera e de parte significativa da espécie humana. Isso vai inevitavelmente ocorrer, apenas não sabemos quando nem como. O fato é que já estamos dentro da sexta extinção em massa. Inauguramos, segundo alguns cientistas, uma nova era geológica, a do *antropoceno*, pela qual a atividade humana se revela a responsável pela destruição das bases que sustentam a vida.

Os diferentes centros científicos que sistematicamente acompanham o estado da Terra atestam que, de ano para ano, os principais itens, os famosos "limites planetários (*planetary bounderies*) que perpetuam a vida (água, solos, ar puro, fertilidade, climas e outros), estão se deteriorando dia a dia. Quando isso vai parar?

O *Dia da Sobrecarga da Terra* (*Overshoot Day*) foi atingido no dia 1º de agosto de 2024. Isto significa: até essa data, foram consumidos todos os recursos vitais naturais disponíveis. Agora, a Terra entrou no cheque especial. Todos os sinais vermelhos se acenderam. Como chegar até dezembro?

Se teimarmos em manter o excessivo consumo atual, temos que aplicar violência contra a Terra, forçando-a a nos dar o que já não tem ou não pode mais repor. Sua reação a essa violência se expressou pelo coronavírus, outros vírus e pelos vários fenômenos ecológicos e sociais já referidos, especialmente o aumento do dióxido de carbono e do metano (28 vezes mais danoso que o CO2), o aquecimento das águas oceânica e o crescimento da violência social, uma vez que Terra e humanidade constituem uma única entidade relacional.

Ou mudamos nossa relação para com a Terra viva e para com a natureza, ou estamos cavando a fossa na qual todos cairão. Dessa vez, não dispomos de uma Arca de Noé universal e salvadora.

Não temos alternativa senão mudarmos. Quem acredita no messianismo salvador da ciência está iludido: a ciência pode muito, mas não tudo: ela detém os ventos, segura as chuvas, limita o aumento dos oceanos? Não basta diminuir a dose e continuar com o mesmo veneno, ou apenas limar os dentes do lobo na ilusão de tirar-lhe a ferocidade. Esta não reside nos dentes, mas em sua natureza de lobo.

Precisamos assumir urgentemente um outro tipo de relação para com a natureza e a Terra, contrário daquele dominante. Vale dizer, faz-se mister um novo paradigma de produzir, distribuir, consumir e conviver na mesma Casa Comum. A mudança demanda construir algumas pilastras que equivalem ao fundamento que sustenta o edifício do novo paradigma. Caso contrário, repetiremos sempre a mesma cantilena e de forma pior. É como se quiséssemos curar as feridas da Terra cobrindo-as de curativos do tipo *Band-Aid*.

Primeiro: uma visão espiritual diferente do mundo e sua correspondente ética. Isso não tem, necessariamente, a ver com a religiosidade, mas com uma nova experiência da realidade, uma determinada sensibilidade e um espírito de cuidado, de solidariedade e de sinergia. A alternativa é esta:

Ou nos relacionamos com a natureza e a Terra segundo o paradigma vigente como um baú cheio de recursos para a nossa exploração e uso, querendo submetê-las aos nossos propósitos;

Ou nos relacionamos sentindo-nos parte da natureza e da Terra, adaptando-nos a seus ritmos, não acima, mas ao pé de todas as criaturas, com uma consciência de cuidado e proteção, para que continuem existindo e dando à comunidade de vida, da qual somos membros, tudo aquilo que precisamos para viver e elas para continuar a coevoluir.

Esse é o paradigma alternativo que implica cuidado, respeito e veneração, pois formamos um todo orgânico dentro do qual cada ser possui um valor em si mesmo, independentemente do uso que fazemos dele, mas sempre relacionado com todos os demais.

Essas novas sensibilidade e espiritualidade diferentes poderão dar origem a um outro tipo de civilização, integrada no todo, e a um outro modo de habitar a Casa Comum. Sem essa sensibilidade-espiritualidade e sua tradução numa ética ecológica de respeito e cooperação, não superaremos o caos "caótico" atual. Enfatizamos firmemente: *tudo dependerá do tipo de relação que estabeleceremos com a Terra e a natureza: ou de uso e exploração, ou de pertença e convivência respeitosa e cuidadora.*

Segundo: resgatar o coração, o afeto, a empatia e a compaixão. Essa dimensão do *pathos* foi descurada em nome da objetividade da tecnociência. Mas nela se aninha o amor, a sensibilidade para com os outros, a ética dos valores e a dimensão espiritual. Porque não se dá lugar ao afeto e ao coração não há por que respeitar a natureza e escutar as mensagens que ela nos envia, no caso, pelas enchentes e pelo aquecimento global.

A tecnociência operou uma espécie de lobotomia nos seres humanos, que já não sentem clamores da Terra devastada e dos pobres desprezados. Imaginam ser a Terra uma simples dispensa de recursos infinitos a serviço de um projeto de enriquecimento infinito. Um planeta finito não suporta um projeto infinito.

Devemos, forçosamente, passar de uma sociedade industrialista e consumista que exaure a natureza para uma sociedade que conserva e cuida de toda a vida e vive um consumo responsável e compartido. Devemos articular coração e razão para dar conta da complexidade de nossas sociedades.

Essa perspectiva do coração e do afeto é vivida diuturnamente em Brumadinho, Minas Gerais, onde, criminosamente, 272 pessoas foram vitimadas pelo rompimento da barragem e pela falta de sensibilidade dos administradores da mineradora Vale S.A. Os 272 balões significando os tragados pela lama traziam a seguinte inscrição: "*dói demais o jeito que vocês foram embora*". Foram lançados ao infinito do céu, onde eles estarão em Deus.

Terceiro: tomar a sério o princípio de *cuidado* e de *precaução*. Ou cuidamos do que restou da natureza, regeneramos o que temos devastado e impedimos novas depredações – como o MST que se propôs, no ano de 2020, plantar um milhão de árvores nas áreas assoladas pelo agronegócio –, ou então nosso tipo de sociedade terá dias contados.

A precaução exige que não se coloquem atos nem se façam experimentos cujas consequências não possam ser controladas. Ademais, a filosofia antiga e moderna já viu que o cuidado é da essência humana, mais ainda, a precondição necessária para que surja qualquer ser. É também o norteador antecipado de toda ação. Se tudo for feito sob a inspiração do cuidado, tudo resultará bem-sucedido.

Se a vida, também a nossa, não for cuidada, adoece e morre. A prevenção e o cuidado são decisivos no campo da nanotecnologia e da inteligência artificial autônoma. Esta, com seu algoritmo de milhões e milhões de dados, sem sabermos, pode tomar decisões e penetrar em arsenais nucleares, ativar as ogivas, lançá-las, pondo fim à nossa civilização.

Quarto: o respeito a todo ser. Cada ser tem valor intrínseco e tem seu lugar no conjunto dos seres. Mesmo o menor deles revela algo do mistério do mundo e do Criador. O respeito impõe limites à voracidade de nosso sistema depredador e consumista. Quem melhor formulou uma ética do respeito foi o médico e pensador Albert Schweitzer (falecido em 1965). Ensinava: *ética é a responsabilidade e o respeito ilimitado por tudo o que existe e vive*. Esse respeito pelo outro nos obriga à tolerância e a uma compreensão benevolente, particularmente à população negra e mestiça, aos indígenas, aos quilombolas, às mulheres e aos demais com outra opção sexual.

Quinto: atitude de *solidariedade e de cooperação*. Essa é a lei básica do universo e dos processos orgânicos. Todas as energias e todos os seres cooperam uns com os outros para que se mantenha o equilíbrio dinâmico, se garanta a diversidade, e todos possam coevoluir. O propósito da evolução não é conceder a vitória ao mais adaptável, mas permitir que cada ser, mesmo o mais frágil, possa expressar virtualidades que emergem daquela Energia de Fundo ou da Fonte que faz ser tudo o que é, que, em cada momento, tudo sustenta, da qual tudo saiu e para qual tudo retorna.

Hoje, devido à degradação geral das relações humanas e naturais, devemos, como projeto de vida, ser *conscientemente* solidários e cooperativos. Caso contrário, não salvaremos a vida nem garantiremos um futuro promissor para a humanidade. O sistema econômico e o mercado não se fundam na cooperação, mas na competição, a mais desenfreada. Por isso, criam tantas desigualdades a ponto de 1% da humanidade possuir o equivalente aos 99% restantes.

Sexto: fundamental é a *responsabilidade coletiva*. Ser responsável é dar-se conta das consequências de nossos atos. Hoje, construímos o *princípio da autodestruição*. O ditame categórico é então: *haja de forma tão responsável que as consequências de suas ações não sejam destrutivas para a vida e seu futuro e não ativem a autodestruição.*

Sétimo: envidar todos os esforços na consecução de uma *biocivilização* centrada na vida e na Mãe Terra. Tudo o mais se destina a esse propósito. O tempo das nações já passou. Agora, no contexto de um novo paradigma, é o tempo da construção e da salvaguarda do destino comum da Terra e da humanidade. Sua realização só se fará, se o construirmos sobre as pilastras acima referidas. Então, poderemos viver e conviver, conviver e irradiar, irradiar e desfrutar da alegre celebração da vida.

3.4 Sustentabilidade e cuidado: chaves da ecologia

O tema do cuidado se apresenta como epocal, dada a situação crítica pela qual passa a humanidade e a Terra. A crise de nosso tempo possui uma singularidade que não era dada nas crises paradigmáticas anteriores. Nestas se pressupunha a integridade do planeta Terra, o infinito de seus recursos e a subsistência da vida humana como algo garantido evidente em si mesmo. Na atual, não se pode mais ter semelhante pressuposição.

O nível de agressão sistemática que se fez nas últimas décadas contra a natureza, radicalizando o projeto de dominação elaborado nos albores da modernidade no século XVII, e as ameaças aterradoras que pesam sobre a espécie humana, especialmente com a inauguração de uma mudança no regime climático, mais quente, colocam em questão o futuro da vida como a conhecemos e a sobrevivência da espécie humana.[37]

A consciência de um princípio de autodestruição já em curso irrompeu pela primeira vez quando ocorreu o maior atentado terrorista da história por ocasião do lançamento de duas bombas atômicas sobre Hiroshima e Nagasaki em 1945 pelas forças militares estadunidenses. A consciência coletiva se deu conta de que a partir de então nos assenhoreamos de nossa própria morte. No testemunho do eminente historiador Arnold Toynbee, em sua autobiografia, consta o seguinte: "*vivi para ver o fim da história humana tornar-se uma possibilidade real que pode ser traduzida em fato não por um ato de Deus mas do homem*".[38]

A partir do ano de 2023, assistimos, aterrados, ao genocídio de todo um povo que habita na Faixa de Gaza por um Estado sionista e autoritário, Israel, que agora está representado pelo primeiro-ministro Benjamin Netanyahu. Há centenas de crianças inocentes, de mães e civis que são assassinados ou morrem sob os escombros dos ataques aéreos de Israel, bem como da invasão israelense da Faixa de Gaza.

Essa situação é de todo singular e reclama uma séria reflexão de todos, especialmente dos pensadores e cientistas filosofantes que buscam as causalidades radicais dessa situação. Como evitar uma possível catástrofe ecológica e humanitária? A *Carta da Terra*, documento nascido da sociedade civil mundial, fruto de um trabalho que durou 8 anos (1992-2000) e assumido já em 2003 pela UNESCO, diz em seu preâmbulo: "*ou fazemos uma aliança global para cuidar uns dos outros*

37 WILSON, Edward. *A Criação*: como salvar a vida na Terra. São Paulo: Companhia das Letras, 2008; LOVELOCK, James. *A vingança de Gaia*. Rio de Janeiro: Intrínseca, 2006; MONOD, Théodore. *Et si l'aventure humaine devait échouer*. Paris: Grasset, 2000.

38 TOYNBEE, Arnold J. *Experiências*. Petrópolis: Vozes, 1970, p. 422.

e da Terra, ou corremos o risco de nossa autodestruição e da devastação da diversidade da vida".

A categoria *cuidado* é aqui invocada como o eixo estruturador de uma nova relação para com a natureza e para com a sociedade.[39] Ou cuidamos da vida em todas as suas formas, especialmente da vida humana e de nossa Casa Comum, a Terra, ou podemos pôr em risco a nossa presença neste planeta.

Não creio que garantiremos um futuro de esperança apenas com medidas da política e da tecnociência. Elas podem ser úteis, mas sua eficácia é limitada porque caudatárias do paradigma de dominação vigente. O que causa a crise não pode conter sua solução. Somente uma coalizão de forças ao redor de alguns valores imprescindíveis nos poderá garantir um horizonte com futuro. Dois valores considero axiais, verdadeiras pilastras a sustentar um novo ensaio civilizatório: a *sustentabilidade* e o *cuidado.*

A *sustentabilidade*, termo já introduzido por Carl von Carlowitz em 1713, com seu livro *De sylvicultura oeconomica*,[40] significa o uso racional dos recursos escassos da Terra, sem prejuízo do capital natural, e a atenção à solidariedade para com as gerações futuras que também têm direito a um planeta habitável. Trata-se de uma diligência complexa que vem sob a sigla de *qualidade de vida* ou de *bem viver*, buscados pela ecologia ambiental e social ou, como sugere o Papa Francisco em sua encíclica *Laudato Si': sobre o cuidado da Casa Comum* (2015), uma ecologia integral que recobre todos os âmbitos da realidade natural e social.

A sustentabilidade – segundo Carlowitz, *Nachhaltendes Wirtschaften* – não se restringe ao desenvolvimento. Sua abrangência alcança a sociedade, a política, a arte, a natureza, os ecossistemas, o planeta e a vida de cada pessoa. Fundamentalmente, importa garantir a sustentabilidade

39 BOFF, Leonardo. *Cuidado e compaixão*: encontro entre Oriente e Ocidente. Petrópolis: Vozes, 2009.

40 CARLOWITZ, Hans Carl von. *Sylvicultura oeconomica.* [S.l.]: [s.n.], 2006, pp. 152/153.

das condições físico-químicas e ecológicas que garantem a reprodução da vida.

O *cuidado* representa uma relação amorosa e respeitosa para com a realidade e por isso não destrutiva, pressupondo que os seres humanos são parte da natureza e membros da comunidade biótica e cósmica com a responsabilidade de protegê-la, regenerá-la e cuidar dela. Mais que uma técnica, o cuidado é uma arte, um paradigma novo de relacionamento para com a natureza, para com a Terra e para com os seres humanos.[41]

Se a sustentabilidade representa o lado objetivo, ambiental e social da questão ecológica, o cuidado denota seu lado subjetivo e vem articulada pela ecologia mental e profunda.

Sustentabilidade e cuidado devem ser assumidos conjuntamente para impedir que a crise se transforme em tragédia e para conferir eficácia às práticas que visam enfrentar com sucesso a crise que está em curso e fundar um novo paradigma de convivência ser-humano-vida-Terra.

A crise atual, com as severas ameaças que pesam sobre o sistema-vida, coloca a questão da natureza do ser humano, de seu lugar no conjunto dos seres e de sua missão na sociedade como cidadão e também no universo. É aqui que, novamente, se evoca o cuidado como definição ontológica (essencial) do ser humano que inclui seu modo de ser no mundo e uma determinada práxis salvadora.

Deixaremos de aprofundar a temática da sustentabilidade para nos concentrar naquela do cuidado, pois a consideramos de maior urgência.

3.4.1 O cuidado em tempos de crise

O tema do cuidado é recorrente na reflexão cultural dos últimos tempos.[42] Primeiramente, ele foi veiculado pela medicina e pela

41 BOFF, Leonardo. *Saber cuidar*: ética do humano – compaixão pela Terra. Petrópolis: Vozes, 1999, pp. 131-133.

42 WALDOW, Vera Regina. *Cuidado humano*: o resgate necessário. Porto Alegre: Sagra-Luzatto, 1998; WALDOW, Vera Regina. *O cuidado na saúde*: as relações

enfermagem, pois representa a ética natural dessas atividades.[43] Depois foi assumido pela educação[44] e feito paradigma por filósofas e teólogas feministas[45] que veem nele um dado essencial da dimensão da anima. Produziu e continua produzindo uma acirrada discussão nos EUA entre

---

entre o eu, o outro e o cosmos. Petrópolis: Vozes, 2005; WALDOW, Vera Regina. *Cuidar, expressão humanizadora da enfermagem*. Petrópolis: Vozes, 2006; WALDOW, Vera Regina. *Bases e princípios do conhecimento e da arte da enfermagem*. Petrópolis: Vozes, 2008; ROSELLÓ, Francesc Torralba. *Antropologia do cuidar*. Petrópolis: Vozes, 2009.

43 CAMPOS, Eugenio Paes. *Quem cuida do cuidador*. Petrópolis: Vozes, 2005; ARRUDA, Eloita Neves; GONÇALVES, Lúcia H. Takase. *A enfermagem e a arte de cuidar*. Florianópolis: Editora da UFSC, 1998; BERMEJO, José Carlos. *Humanizar a saúde*: cuidado, relações e valores. Petrópolis: Vozes, 2008; HEIDEMANN, Miriam. *Adolescência e saúde*: uma visão preventiva. Petrópolis: Vozes, 2006; APPLETON, C. "The Meaning of Human Care and the Experience of Caring in a University School of Nursing". *In*: LEININGER, Madeleine M.; WATSON, Jean. *The Caring Imperative in Education*. Nova York: National League for Nursing, 1990, pp. 77-94; WATSON, Jean. *Nursing*: human science and human care – a theory of nursing. Norwalk: Appleton-Century-Crofts, 1985.

44 ANTUNES, Celso; GARROUX, Dagmar. *Pedagogia do cuidado*. Petrópolis: Vozes, 2008; TORO, Bernardo. *La educación desde las éticas del cuidado y la compasión*. Bogotá: Editorial Pontificia Universidad Javeriana, 2005; NODDINGS, Nel. *The challenge of care in schools*: an alternative approach to education. Nova York: Teachers College Press, 1992, p. 202.

45 NODDINGS, Nel. *Caring*: a feminine approach to ethics and moral education. Berkely: University of California Press, 1984; LEININGER, Madeleine M. *Ethical and Moral Dimensions of Care*. Detroit: Wayne State University Press, 1990; LEININGER, Madeleine M. *Caring*: An Essential Human Need. Nova Jersey: Thorofare, 1981; LEININGER, Madeleine M. *Care*: The Essence of Nursing and Health. Nova Jersey: Thorofare, 1984; LEININGER, Madeleine M. *Transcultural Care Diversity and Universality*: A Theory of care and nursing. Nova York: National League for Nursing, 1985.

a ética de base patriarcal centrada no tema da justiça e a ética de base matriarcal articulada pelo cuidado essencial.[46]

Ganhou força especial na discussão ecológica constituindo uma peça central da Carta da Terra.[47] Cuidar do meio ambiente, dos recursos escassos, da natureza e da Terra se tornou imperativo do novo discurso. Por fim, viu-se o cuidado como essencial na compreensão do ser humano no mundo com os outros.[48]

Aí surgiu uma brilhante ontologia do cuidado que tem em Martin Heidegger seu principal formulador, prolongando uma tradição que remonta aos gregos, aos romanos e aos primeiros pensadores cristãos, como ainda veremos.

Suas reflexões repercutiram em vários campos, da enfermagem, da educação e da própria filosofia.[49]

Constata-se, outrossim, que a categoria *cuidado* vem tematizada sempre que emergem situações críticas. É o cuidado que permite que as crises se transformem em oportunidades de purificação e de crescimento e não em tragédias.

46 MESA, 2005, pp. 21-33.

47 BOFF, Leonardo. *Cuidado e compaixão*: encontro entre Oriente e Ocidente. Petrópolis: Vozes, 2009, pp. 181-200.

48 ROSELLÓ, Francesc Torralba. *Antropologia do cuidar*. Petrópolis: Vozes, 2009; FRY, Sara T. "The Philosophical Foundations of Caring". *In*: LEININGER, Madeleine M. *Ethical and Moral Dimensions of Care*. Detroit: Wayne State University, 1990, pp. 113-123; MAYEROFF, Milton. *On Caring*. Nova York: Harper & Row, 1971; ROACH, M. Simone. *The Human Act of Caring*: blueprint for the health. [S.l.]: Professional League for Nursing, 1991; WATSON, 1979.

49 GRIFFIN, Anne P. "A Philosophical Analysis of Caring in Nursing". *Journal of Advanced Nursing*, vol. 8, 1983; GAYLIN, Willard. *Caring*. Nova York: Avon Books, 1976; PELLEGRINO, 1985; FRY, Sara T. *A Global Agenda for Caring*. São Francisco: Harper, 1990; SCUDDER, J. "Dependent and Authentic Care: Implications of Heidegger for Nursing Care". *In*: LEININGER, Madeleine M.; WATSON, Jean. *The Caring Imperative in Education*. Nova York: National League for Nursing, 1990.

Florence Nightingale (1820-1910) é o arquétipo da moderna enfermeira. Em 1859, com 38 colegas, partiu de Londres para um hospital militar na Turquia, onde se travava a Guerra da Crimeia, que fazia muitas vítimas devido às bombas de fragmentação. Os feridos, sem os devidos cuidados, pereciam às dezenas. Imbuída da ideia do cuidado, em dois meses, conseguiu reduzir a mortalidade dos feridos de 42% para 2%.

A Primeira Grande Guerra (1914-1918) destruiu o glamour ilusório da era vitoriana e as certezas da cultura dominante, produzindo profundo desamparo metafísico. Foi quando Martin Heidegger (1889-1976) escreveu seu genial *Ser e Tempo* (1927), cujos parágrafos centrais (§ 39-44) são dedicados ao cuidado como ontologia (essência) do ser humano.

Durante a Segunda Guerra Mundial (1939-1945) despontou a figura do pediatra e psicólogo Donald Woods Winnicott (1896-1971),[50] encarregado pelo governo inglês de acompanhar crianças órfãs ou vítimas dos horrores dos bombardeios nazistas sobre Londres. Desenvolveu toda uma reflexão e uma prática ao redor dos conceitos de cuidado (*care*), de preocupação pelo outro (*concern*) e de conjunto de cuidados e apoios a crianças ou a pessoas vulneráveis (*holding*),[51] aplicáveis também aos processos de crescimento e educação.

Em 1972, o Clube de Roma lançou o alarme ecológico sobre o estado doentio da Terra. Identificou a causa principal: o nosso padrão de desenvolvimento consumista, predatório e perdulário. Como solução, postulou-se o desenvolvimento sustentável, como expressão do cuidado humano pelo meio ambiente.

O Programa das Nações Unidas para o Meio Ambiente (PNUMA), o Fundo Mundial para a Natureza (WWF) e a União Internacional para a Conservação da Natureza (UICN) elaboraram uma estratégia minuciosa para o futuro do planeta sob o signo *Cuidando do Planeta Terra* (*Caring*

50 WINNICOT, Donald. *Natureza humana*. Rio de Janeiro: Imago, 1990; WINNICOT, Donald. *Tudo começa em casa*. São Paulo: Martins Fontes, 1999; WINNICOT, Donald. *Os bebês e suas mães*. São Paulo: Martins Fontes, 1999.

51 CAMPOS, Eugenio Paes. *Quem cuida do cuidador*. Petrópolis: Vozes, 2005, pp. 75-86.

for the Earth, de 1991). Aí se diz: *a ética do cuidado se aplica tanto a nível internacional como a níveis nacional e individual; nenhuma nação é autossuficiente; todos lucrarão com a sustentabilidade mundial e todos estarão ameaçados se não conseguirmos atingi-la.*[52]

Em março de 2000, recolhendo essa tradição, termina em Paris, depois de oito anos de trabalho a nível mundial, a redação da Carta da Terra. As categorias *cuidado* e *modo sustentável de viver* constituem os dois eixos articuladores principais do novo discurso ecológico, ético e espiritual proposto por esse documento.[53]

Em 2003, a UNESCO assumiu oficialmente a Carta da Terra e a apresentou como um substancial instrumento pedagógico para a construção da responsabilidade coletiva da humanidade por nosso futuro comum. Figuras seminais de cuidado foram Francisco de Assis, Gandhi, Arnold Leopold, Madre Teresa de Calcutá, dona Zilda Arns, Dom Helder Câmara e Chico Mendes, entre tantos e tantas, a começar por nossas mães e avós. São arquétipos que inspiram o caminho da cura e do salvamento da vida e da Terra.

3.4.2 A fenomenologia do cuidado

Antes de detalharmos mais precisamente o cuidado, faz-se mister introduzir uma reflexão fenomenológica. A fenomenologia procura captar a realidade assim como ela se entrega à nossa experiência e irrompe em nossa consciência. É quando surge o sentido da vida vivida concretamente. O cuidado se mostra a nós na maneira como o exercitamos e experimentamos. Trata-se de um fenômeno complexo e de múltiplas valências.

52 UNEP; WWF; UICN. *Caring for the Earth*: A Strategy for Sustainable Living. Gland: [s.n.], 1991, p. 13.

53 CORCORAN, Peter Blaze; WOHLPART, A. James. *A voice for Earth*: American writers respond to the Earth Charter. Athens: The University of Georgia Press, 2008; FRY, 1993.

Talvez seu significado etimológico já nos abra uma porta de entrada para a sua compreensão.[54] Cuidado remete às palavras latinas *cogitatus* e *cura* (ou *coera*); usada de forma erudita, também em português, *cura* significa exatamente tratar e cuidar, como se pode ler nos dicionários: "os nossos maiores curavam (cuidavam, tratavam) mais de praticar façanhas do que de conservar os monumentos delas" (Alexandre Herculano).

Conhecida é a expressão "cura d'almas" para designar o pastor que cuida da vida espiritual de uma comunidade. Há também a palavra "curador", que é a pessoa que zela pelos bens e pelos interesses de alguém que não pode fazê-lo por si mesmo (menores, órfãos e outros). Há o curador de família, de menores, de órfãos, de massas falidas ou o curador de uma bienal de livros ou de um festival. Trata-se sempre de uma pessoa que cuida e zela pelos interesses e pelos direitos das referidas pessoas ou que se responsabiliza pela montagem e pelo bom fluir de um evento.

Duas significações são preponderantes no cuidado. A *primeira* designa o desvelo, a solicitude, a atenção, a diligência e o zelo que se devota a uma pessoa ou a um grupo ou a algum objeto de estimação. O cuidado mostra que o outro tem importância porque está envolvido com sua vida e o seu destino. É o cuidado pela Casa Comum que nos abriga, alimenta e sustenta.

Por causa desse envolvimento afetivo, surge o *segundo* significado básico: a preocupação, a inquietação, a perturbação e até o sobressalto pela pessoa amada ou com a qual se está ligado por laços de parentesco, de amizade e de proximidade. Aqui é a preocupação com as ameaças que pesam sobre a Casa Comum, pelo excesso de exploração, pelo aquecimento já estabelecido e por outros riscos que podem comprometer sua vitalidade e o futuro da vida.

Efetivamente, perturbamo-nos e nos inquietamos por algo de sinistro que lhe possa acontecer. Mas também emerge um sentimento de mútua pertença: participamos satisfeitos de seus sucessos e vitórias. Se não nos inquietássemos, não amaríamos, e se não nos rejubilássemos,

54 BOFF, Leonardo. *Saber cuidar*: ética do humano – compaixão pela Terra. Petrópolis: Vozes, 1999, pp. 90-92.

viveríamos na indiferença e até na completa incúria e negligência. Por isso, é fundamental o laço afetivo para com a Mãe Terra.

Todos somos filhos e filhas da Mãe Terra e do cuidado com que ela nos trata para podermos viver. Se, ao nascer, não tivéssemos sido cuidados por nossas mães, poucas horas depois, teríamos morrido. À diferença dos patinhos, por exemplo, que, independentes, vão nadar no lago, nós não saltamos do berço e buscamos nosso próprio alimento. Dependemos dos cuidados de nossas mães. A Terra, da mesma forma, na nova fase do antropoceno e do aquecimento global, precisa ser cuidada.

Existe o cuidado *natural*. O natural é aquele que é dado com a própria existência. Assim, naturalmente, cuidamos de nosso corpo, de nossa higiene, de nossas roupas, de nossa comida, de nosso sono e de nossa vida no ato mesmo de viver.[55]

O cuidado revela que não somos seres independentes. Somos profundamente ecodependentes, portadores de uma carência fundamental que é suprida pelas pessoas, pela cultura e pelos recursos e serviços da natureza. Como já foi assinalado por eminentes biólogos (Gehlen, Plessner), não possuímos nenhum órgão especializado que cuidasse de nossa subsistência. O cuidado se impõe para garantirmos a vida e sua continuidade.

Existe também o cuidado como *ética*. Trata-se do cuidado natural assumido como valor, interiorizado de forma consciente e feito atitude e propósito de vida. Então, cuidamos atentamente de tudo, de nossas palavras, de nossos gestos, de nossos pensamentos, de nossos sentimentos e de nossas relações para que sejam benfazejos para nós, para os outros e para a Mãe Terra.[56] Com cuidado, tudo flui melhor e nos

55 BISHOP, Anne H. "Nursing Education as Authentic Nursing Care". *In*: LEININGER, Madeleine M.; WATSON, Jean. *The Caring Imperative in Education.* Nova York: National League for Nursing, 1990, pp. 67-75.

56 APPLETON, C. "The Meaning of Human Care and the Experience of Caring in a University School of Nursing". *In*: LEININGER, Madeleine M.; WATSON, Jean. *The Caring Imperative in Education.* Nova York: National League for Nursing, 1990, pp. 77-94.

equivocamos menos. Se não tivermos um cuidado atento ao atravessarmos uma rua de tráfego intenso, podemos ser atropelados e até ser mortos.

3.4.3 Situações privilegiadas de cuidado

Vejamos alguns fenômenos densos em que o cuidado e o seu sentido vital aparecem à nossa consciência, pois é disso que se trata numa diligência fenomenológica.

Antes de mais nada, emerge a figura da *mãe*. É ela que gera a vida e é por seu cuidado que esta vida é acolhida e se desenvolve. É próprio de todos os mamíferos – não esqueçamos que somos mamíferos conscientes e racionais, portadores do cérebro límbico – cuidar de sua cria, enchê-la de ternura, nutri-la e defendê-la até com a própria vida. A mãe é biologicamente apetrechada para cuidar de quem precisa de cuidado. A criança sente necessidade de ser cuidada. A mãe sente o impulso de cuidar.[57] É da natureza da mãe e da criança o cuidado na forma de ser cuidado e de cuidar.

É nessa conjunção que se estabelece a relação harmônica que propicia um desenvolvimento bem-sucedido.

O cuidado feminino é diferente daquele masculino, como Noddings[58] finamente analisou. O cuidado feminino se orienta no sentido de infundir na criança o sentimento de ser querida, de ter um ninho protegido no qual a vida ainda não conhece conflitos e dilacerações e, assim, cria a base para a autossegurança.[59]

57 WINNICOT, Donald. *Os bebês e suas mães*. São Paulo: Martins Fontes, 1999; CAMPOS, Eugenio Paes. *Quem cuida do cuidador*. Petrópolis: Vozes, 2005, pp. 55-60.

58 NODDINGS, Nel. "Two Concept of Caring". *In*: ______. *Philosophy of Education*. Boulder: Westview Press, 2000.

59 GILLIGAN, Carol. "Woman's Place in Man's Life Cycle". *Harvard Educational Review*, vol. 49, 1979.

O *pai* tem seu modo singular de cuidar. Cabe a ele ser a ponte entre mundo materno, íntimo e aconchegante e o mundo social onde vigem disputas, conflitos, leis e a necessidade de respeitar os outros e os limites impostos pela ordem social. Com seu cuidado, o pai confere segurança e coragem ao filho/filha para que possam enfrentar a condição humana com suas contradições e suas oportunidades.

O *educador/educadora* são outras figuras seminais de cuidado.[60] Elas formam e informam. Formam para valores essenciais ao convívio humano como o amor à verdade, o sentido de justiça e de cooperação, a lealdade, a transparência. Mas informam também repassando aos educandos o saber arquitetônico acumulado pela humanidade ao longo do tempo e animando-os a acrescentar algo ao recebido, com fantasia e criatividade.

O *médico* é o portador privilegiado do cuidado na forma de zelo pela saúde e de cura das doenças.[61] Seu cuidado não se restringe à saúde ou à doença, mas ao ser humano como um todo, o que envolve seu modo de ser no mundo, sua interioridade e o sentido que confere à existência. O cuidado integral destina-se à saúde do corpo, mas também ao bem-estar psicológico e espiritual que se condensa na expressão "bem viver".

A *enfermeira* e o *enfermeiro* são os ícones do cuidado. Sua missão não é curar, mas cuidar para que os procedimentos médicos de cura sejam efetivos e acabem por prevalecer sobre a doença.[62] O cuidado comparece como a ética natural da enfermagem e vem cercado das virtudes da presença calorosa, da compaixão, ao colocar-se na situação do paciente, em assisti-lo em tudo o que não puder fazer por si mesmo,

60 TORO, Bernardo. *La educación desde las éticas del cuidado y la compasión*. Bogotá: Editorial Pontificia Universidad Javeriana, 2005, pp. 127-146; NODDINGS, Nel. *The challenge of care in schools*: an alternative approach to education. Nova York: Teachers College Press, 1992.

61 WALDOW, Vera Regina. *O cuidado na saúde*: as relações entre o eu, o outro e o cosmos. Petrópolis: Vozes, 2005.

62 WALDOW, Vera Regina. *Bases e princípios do conhecimento e da arte da enfermagem*. Petrópolis: Vozes, 2008.

em suscitar-lhe esperança de cura, em devolver-lhe a capacidade de autoajudar-se e assim ser autônomo e, por fim, em casos extremos, em cuidar de sua travessia, de forma digna, abençoando e agradecendo a vida e não lastimando-a e amaldiçoando-a.

Por fim, não se há de esquecer da *cura d'almas*, dos sacerdotes, pastores, dos conselheiros, psicoterapeutas e diretores espirituais que se propõem cuidar da dimensão espiritual das pessoas, despertando-lhes a capacidade de relacionar-se com seu eu profundo, de definir um rumo na vida, de ressignificar situações penosas, de fazer uma experiência de encontro com Deus e, assim, conferir uma significação transcendente à vida.[63] Esse cuidado exige *esprit de finesse*, testemunhar com o próprio exemplo os valores que prega e irradiar uma existência significativa.

3.4.4 O outro como oportunidade para o cuidado natural e ético

É no *encontro* com o outros que se realiza o fenômeno do cuidado, seja na sua forma natural, seja na sua expressão social e ética. Somos seres de convivência. A qualidade das relações decide se o cuidado é autêntico ou inautêntico. Face ao outro, cabem várias atitudes sem as quais o cuidado não se realiza.

Em primeiro lugar, com o cuidado comparece o *respeito*. Pelo respeito, deixamos o outro ser, reconhecendo-lhe um valor intrínseco independentemente da relação que estabelecemos com o outro. O outro traça um limite intransponível, por isso, é inviolável e sagrado em sua dignidade e direitos.

Em segundo lugar, com o cuidado surge a *acolhida*. Pela acolhida, dizemos ao outro: seja bem-vindo. Ela cria a aura que minimiza os constrangimentos e cuida da fluidez da comunicação.

Em terceiro lugar, com o cuidado se estabelece a *reciprocidade*. Pela reciprocidade, nos descobrimos iguais e fraternos, pisando no mesmo chão e respirando do mesmo ar. Com isso, se relativizam as diferenças

63 LELOUP, Jean-Yves. *Cuidar do ser*: Filon e os terapeutas do deserto. Petrópolis: Vozes, 1996.

sociais e tudo se concentra no ser do humano como portador da mesma natureza, como ser de linguagem e de comunicação.

Em quarto lugar, com o cuidado se reforça a *cooperação* e a *solidariedade*. Ninguém cuida efetivamente se não se abre ao outro para caminhar juntos e para corroborar no seu crescimento. A cooperação é da essência do ser social, sempre entretido numa teia de relações, pois um ajuda o outro a existir e a coevoluir. É cuidando do desenvolvimento do outro que também nos desenvolvemos, pois ninguém vive só e isolado. Estamos sempre ligados e religados por inter-retro-conexões de toda ordem, fora das quais não se pode imaginar a vida como a conhecemos.

Em quinto lugar, o cuidado vem acompanhado de *tolerância* face àquilo que não entendemos no outro ou até face àquilo que nos desagrada. Podemos ser humanos de muitas formas que vão além daquela de nossa cultura. A relação de cuidado implica acolher jovialmente o outro assim como é e naquilo que se diferencia, não permitindo que a diferença se transforme em desigualdade.

Em sexto lugar, o cuidado se mostra como *compaixão* com aquele que sofre sob o peso a existência ou é afetado por algum dano físico, psíquico ou espiritual. A compaixão, mais que qualquer outra atitude, revela a essência do cuidado como um vergar-se sobre o caído da estrada para levantá-lo, como a mão que se estende ou o ombro que se oferece para se solidarizar e aliviar a dor. Pela compaixão, vamos além da simples assistência que pode se mostrar meramente exterior (estar para o outro). Cuidar implica acolher a dor do outro e fazê-la nossa, estando junto dele e com ele.

3.4.5 O cuidado face à vulnerabilidade humana

Pertence à condição humana o fato de sermos vulneráveis e de estarmos expostos a toda sorte de riscos e de ameaças. Somos inteiros, mas não prontos. Estamos ainda construindo a nossa identidade que se constitui à medida que olhamos para frente e para cima e nos confrontamos com o diferente, superamos desafios, passamos por retrocessos e avanços e nos mantemos sempre abertos para acolher, rejeitar, incorporar e nos enriquecer em nosso próprio ser. Somos vulneráveis também porque estamos sujeitos a enfermidades físicas, psicológicas e espirituais. Mas também expostos à humilhação, à ofensa, inclusive, ao desamparo e ao fracasso existencial.[64]

Tais situações lançam uma súplica por cuidado. É em tais vicissitudes que o cuidado ganha toda a sua vigência enquanto cuidado: cuidado que sana feridas passadas, cuidado que previne feridas futuras, cuidado na forma da compaixão, esperando que alguém sofra conosco; cuidado como assistência na fraqueza para nos fortalecer; cuidado como reforço na resiliência, vale dizer, na determinação de dar a volta por cima e de aprender do sofrimento; cuidado como solidariedade para descobrir uma saída e um caminho melhor; cuidado como ato amoroso e incondicional de estar para o outro e com o outro, porque, quer queiramos ou não, participamos de uma mesma comunidade humana de destino, junto com os demais seres e com a mãe Terra.

Esse cuidado ganha as mais variadas versões consoantes com os hábitos das diferentes culturas. A pesquisadora norte-americana M. M. Leininger, produziu um minucioso estudo sobre a diversidade cultural do cuidado e ao mesmo tempo seu caráter universal. Constata três pontos decisivos:

> Em primeiro lugar, o ato de cuidar se apresenta fundamental para o nascimento, o desenvolvimento e sobrevivência dos seres humanos durante milhões de anos. Em segundo lugar, importa compreender as formas diferentes de dar e receber cuidado consoante as várias culturas. Em terceiro lugar, considerar as estratégias culturais de organização e de manutenção dos cuidados já que são essências para a continuidade da vida e das próprias culturas, no sentido de prevenir enfermidades, manter a saúde, aliviar os sofrimentos e curar as doenças.[65]

64 ROSELLÓ, Francesc Torralba. *Antropologia do cuidar*. Petrópolis: Vozes, 2009, pp. 129-131.

65 LEININGER, Madeleine M. *Care*: The Essence of Nursing and Health. Nova Jersey: Thorofare, 1984, p. 7.

Ela define assim o cuidado, em sua perspectiva transcultural: "é o ato de assistência, de apoio, de facilitação ao outro ou ao grupo com necessidades evidentes ou antecipadas, para melhorar sua condição humana ou seu modo de vida".[66]

Enfatizamos a importância do cuidado por parte dos operadores da saúde física, mental e espiritual. Ai o cuidado se dá na forma de *presença*; presença significa sempre uma densificação do ser; a presença exorciza o medo, cria confiança e repouso, estabelece uma relação de mútuo envolvimento.

A presença se torna calorosa e humana pela *palavra* carinhosa, pelo *olhar* que transmite empatia e enternecimento; pelo *toque* que suscita a percepção de que pertencemos à mesma humanidade.

Cuidado é um *estar com* estabelecendo comunicação e comunidade a dois de forma a superar a solidão, o sentimento de desamparo e de estranheza face ao próprio corpo enfermo.

Cuidado pode ganhar a forma de *estar para*, que significa, então, a disposição de ajudar e de fazer aquilo que o outro não pode mais fazer autonomamente e diminuir-lhe a angústia e o sentimento de impotência. O outro percebe que está sob uma sombra benfazeja e que pode confiar-se a ela.

Cuidado se manifesta também na *assistência* técnica, colocando as medicinas e os aparelhos a serviço da saúde do enfermo, não de modo mecanístico, mas com desvelo para que não surja a sensação de desconforto e de estranhamento.

O cuidado maior é aquele que se ordena a conferir confiança e energia para que o outro assuma seu próprio cuidado e se sinta sujeito de seu próprio destino.

Por fim, o cuidado ganha sua excelência quando caminhamos juntos e lentamente vamos conhecendo o mistério do outro, suas buscas fundamentais, seus grandes sonhos, seu mistério cuja última profundidade é inalcançável aos humanos e que remete à Última Realidade, portadora de todas as vidas e decifradora de todos os segredos.

66 LEININGER, Madeleine M. *Care*: The Essence of Nursing and Health. Nova Jersey: Thorofare, 1984, p. 7; ou LEININGER, Madeleine M. *Caring*: An Essential Human Need. Nova Jersey: Thorofare, 1981, p. 34.

Como tudo o que é sadio pode ficar doente, assim também sucede com o cuidado. Ele conhece patologias. Não é cuidar de alguém quando invadimos seu espaço com prepotência, quando lhe determinamos arrogantemente o comportamento com a pretensão de saber sempre o que é melhor para a pessoa, quando lhe impomos um itinerário de vida e, com isso, lhe privamos do dom mais precioso da existência que é a liberdade de fazer seu próprio caminho e cuidar de si e do sentido de sua vida.

3.4.6 Cuidado, cidadania e movimentos sociais

Entendemos por cidadania o processo histórico-social que capacita a massa humana a forjar as condições de consciência, de elaboração de um projeto no sentido de deixar de ser massa e de passar a ser povo, como sujeito histórico protagonista de seu próprio destino.

Seis são as dimensões de uma cidadania plena:

A dimensão econômico-produtiva: a massa é mantida intencionalmente como massa e na pobreza. Portanto, a pobreza material e política é produzida e cultivada pelas oligarquias, as quais, assim, podem dominar e explorar melhor. Nesse sentido, essa situação é profundamente injusta.

A cidadania política é esvaziada ou reduzida à minoridade se não vier acompanhada pela econômica; o pobre que não for contra a pobreza e não optar por outros pobres não tem condições de comportar-se como sujeito social e realizar sua emancipação. A luta é por justiça social e econômica, caso contrário, a cidadania fica como mera palavra.

A dimensão político-participativa: só os interessados se fazem cidadãos; estes podem e devem contar com apoios públicos e do Estado, mas, se as pessoas mesmas não lutarem em prol de sua autonomia e por sua participação social, nunca serão cidadãs plenas. Portanto, mais do que o Estado, que deve assumir essa tarefa é a sociedade em suas várias formas de organização e de luta.

A dimensão popular: o tipo de cidadania vigente é de corte liberal-burguês, por isso, inclui os que têm uma inserção no sistema produtivo e não considera os demais. É uma cidadania reduzida. Não se reconhece ainda o caráter incondicional dos direitos independentemente de posse, de instrução e de condição social ou ideológica.

A cidadania deve ser alargada pelos lados e para o fundo. Por isso, a construção da cidadania deve começar pela base social, deve ter um cunho popular e incluir intencionalmente a todos. Ela já é exercida nos inúmeros movimentos sociais e nas associações comunitárias em que os excluídos constroem um novo tipo de cidadania e de democracia participativa.

A dimensão de concidadania: a cidadania não define apenas a posição do cidadão face ao Estado, como sujeito de direitos e não como um pedinte. Não se há de pedir nada ao Estado, mas reivindicar; os cidadãos devem organizar-se não para substituir o Estado, mas para fazê-lo funcionar; define também o cidadão face a outro cidadão mediante a solidariedade e a cooperação, como paradigmaticamente foi mostrada no Brasil na Campanha contra a Fome, a Miséria e pela Vida, herança imorredoura deixada por Herbert de Souza, o Betinho. Contra as políticas pobres do Estado para com os pobres, surgem as organizações dos pobres para fazerem valer seus direitos.

A dimensão ecológica: cada cidadão e toda a sociedade têm o direito de gozar de uma qualidade de vida decente. Isso só é possível se houver uma relação de sinergia, cuidado e respeito para com a natureza. Isso se mostra pela não poluição do ar, das águas, dos solos e a não quimicalização dos alimentos. Cada cidadão deve se conscientizar no sentido de garantir um futuro à Casa Comum para que as gerações futuras herdem-na habitável.

A dimensão terrenal: a concidadania se abre hoje a uma dimensão planetária, na consciência do cuidado com a única Casa Comum que temos para habitar, o planeta Terra, de bens e serviços limitados, em grande parte não renováveis. Importa viver os vários "Rs" do pensamento ecológico: reduzir, reusar, reciclar, rearborizar, rejeitar a propaganda enganosa, respeitar todos os seres etc. Não somos apenas cidadãos nacionais, mas também terrenais, do planeta Terra.

A cidadania é um processo inacabado e sempre aberto a novas aquisições de consciência, de participação e de solidariedade. Só cidadãos ativos podem fundar uma sociedade democrática como sistema aberto (democracia sem fim no dizer de Boaventura de Souza Santos) e que se sente imperfeita, mas ao mesmo tempo sempre perfectível. Por isso, o diálogo, a participação, a vivência da correção ética e a busca da transparência constituem suas virtudes maiores.

Fundamental para uma democracia integral é a participação dos movimentos sociais. Geralmente, eles se organizam ao redor de direitos negados pela sociedade ou pelo Estado, como os direitos em relação a terras, direitos humanos, saúde, educação, preservação do ambiente, entre outros. Não se deve pedir nada ao Estado, senão pressioná-lo para que cumpra o que está na legislação. Por isso, é importante a articulação entre todos os movimentos sociais, inclusive aqueles que nascem das igrejas e buscam a participação e as transformações sociais. Cada um preserva sua identidade, mas formam uma frente coesa para pressionar o poder seja do Estado, seja das classes dominantes.

O que se busca é uma cultura social do cuidado pela sociedade, pelo lugar em que se habita, pelo ambiente preservado e por uma alimentação saudável. Sem o cuidado essencial, corremos o risco de sermos vítimas do juridismo e dos embates sem o horizonte do bem comum e não apenas dos grupos articulados. Cada cidadão deve operar em si mesmo uma *revolução molecular*, vale dizer, fazer o que faz a molécula: ela se mantém viva na medida em que se relaciona com o meio, se transforma quando necessário para garantir a continuidade da vida. Todos devem se sentir a semente da sociedade que querem construir; daí há que se começar por si mesmo e sempre de baixo para cima e de dentro para fora.

3.4.7 O cuidado no processo evolucionário

O cuidado não é apenas essencial nos processos vitais, especialmente nos relacionamentos pessoais e sociais, mas também está presente em todo o processo evolucionário. Poderíamos dizer que ele se conta entre as constantes cosmológicas, pois nunca está ausente em qualquer momento da evolução.

Há um vasto consenso na comunidade científica de que o universo é consequência da primeira e originária singularidade representada pelo *Big Bang*. Este teria ocorrido há 13,7 bilhões anos quando aquele ponto pequeníssimo, repleto de energia e de informação, se inflacionou e depois explodiu.

Cosmólogos como S. Reeves e S. Hawking[67] calcularam o que ocorreu nos momentos iniciais do processo cosmogênico. Ocorreu misteriosamente um choque de mútua aniquilação entre a matéria e a antimatéria, restando apenas uma fracção mínima de matéria da qual se originou tudo o que hoje existe.

A misteriosa Energia de Fundo que preside a todos os eventos, de ponta a ponta da evolução, aquele Ser que faz ser todos os seres, se desdobrou nas quatro interações fundamentais que sustentam tudo o que existe: a gravitacional, que provoca a atração mútua entre os seres dotados de massa; a eletromagnética, que produz atração ou rejeição entre os objetos com carga elétrica; e as duas forças nucleares, a fraca e a forte, que atuam sobre os constituintes do núcleo atômico. Todos os eventos resultam da ação simultânea e articulada dessas quatro forças.

Após a grande explosão, a energia e a matéria foram projetadas em todas as direções, criando o espaço e o tempo. Começou a expansão, a autocriação e a auto-organização de ordens, no princípio, das mais simples, e depois de bilhões de anos, das mais complexas.

Mas tudo ocorreu dentro da constante do cuidado sutil de todos os elementos. Se, por exemplo, a força gravitacional fosse demasiadamente forte, ela atrairia tudo a si, se sucederiam explosões sobre explosões, ou teria surgido um buraco negro e o universo teria sido impossível. Se a gravidade fosse demasiadamente fraca, tudo se diluiria e não haveria o adensamento dos gases, criando a matéria, as estrelas, a Terra e nós mesmos.

Se, ao contrário, a força eletromagnética tivesse sido demasiadamente intensa, teriam surgido apenas moléculas estáveis como a da água e a do gás carbônico.

Se, por fim, as energias nucleares fossem também desproporcionalmente poderosas, apenas emergiriam átomos estáveis como os do ferro. Todo o universo seria extremamente homogêneo e rígido, o que efetivamente não ocorreu.

67 HAWKING, Stephen. *A nova história do tempo*. Rio de Janeiro: Ediouro, 2005.

E nada disso ocorreu porque tudo se processou com finíssimo cuidado para que as coisas se tornassem o que atualmente são; caso contrário, não estaríamos aqui para comentar tudo isso.

Para criar alguma luz sobre essa convergência, fruto do jogo cuidadoso de todos os fatores, cientistas se referem ao *princípio antrópico fraco*, segundo o qual, tudo ascendeu na direção de cada vez mais complexidade, o que tornou possível a emergência de Gaia, a Terra viva, a biodiversidade e a vida consciente dos seres humanos. Na perspectiva quântica, essa seria uma entre tantas possibilidades, não necessitantes (*princípio antrópico fraco*), mas foi aquela que efetivamente ocorreu. Caso contrário, teria surgido outro mundo, mas não o nosso. Por isso, dentro de outra dosagem de cuidado, poderíamos admitir o surgimento de múltiplos universos, paralelos ao nosso.

Esse cuidado estava presente, originalmente, também quando a matéria alcançou um grau elevado de complexidade e organização, permitindo surgir a vida há 3,8 bilhões de anos. A primeira bactéria com cuidado singularíssimo dialogou quimicamente com o entorno, logrou um equilíbrio dinâmico que lhe possibilitou sobreviver e continuar a evoluir.

Por volta de 125 milhões de anos atrás, a evolução alcançou um grau mais elevado de complexidade. Foi quando surgiram os mamíferos, e, com eles, entrou no universo conhecido algo até então inexistente: o sentimento, o cuidado essencial da mãe com sua cria. O cuidado se transforma numa exigência da vida, pois sem o cuidado, ela não consegue se produzir e reproduzir.

Esse cuidado atingiu o seu grau mais alto quando, há 8 milhões de anos, no cenário da evolução, irrompeu o ser humano. Aqui, o cuidado ganha uma qualidade nova: não é só natural, ligado aos processos ecológicos da vida, mas é também propósito consciente. O ser humano se propõe cuidar conscientemente do outro. O cuidado se faz amor, reconhecimento e comunhão. Ele entra na definição do próprio ser humano como existência no mundo com os outros, aberto à totalidade do ser e ao futuro.

O fenômeno do cuidado demanda um tipo de inteligência e de razão bem diverso daquele que prevaleceu nos últimos séculos em nossa cultura: o instrumental-analítico-funcional. Este representa um uso utilitarista, um olhar distanciado e objetivante da realidade, mais interessado nos meios que nos fins. O cuidado se inscreve no mundo dos fins, das excelências e dos valores. A sede de tais realidades não é a razão, mas o coração.

É a inteligência sensível e cordial que complementa a razão instrumental.[68] O *pathos*, o afeto e a paixão mais do que o *logos*, a racionalidade e a ciência, ganha centralidade. Isso não significa que a razão seja dispensada, mas ela é destronada de sua ditadura. Ela é incorporada num âmbito maior no qual ganha plena valência como instauradora de lucidez, de critérios e de limites.

As águas do rio caudaloso são bem representadas pelo afeto, pelas paixões e pelo coração. Mas são as margens e os limites que lhe constroem curso e o fazem chegar ao mar. Ambas as realidades são necessárias e complementares. Mas a singularidade do cuidado reside nas águas abundantes e corredias. Sem ele, de nada valeriam as margens e os limites.

Na situação cultural em que vivemos, faz-se urgente resgatar a razão sensível e cordial, pois foi posta de lado pela razão científica e até difamada como empecilho à objetividade da razão. Com isso permitimos surgir um mundo frio, calculista, atulhado de objetos, mas sem coração, sem sonhos e sem compaixão. O resgate do que deixamos para trás é condição para a nossa sobrevivência como seres de convivência e de cuidado.

3.4.8 O cuidado como essência do humano e de todo vivente

Nada melhor para concluir do que resgatar a famosa fábula de Higino (+10 d.C.), bibliotecário de César Augusto, acerca do Cuidado e que aqui reproduzimos:

Certo dia, ao atravessar um rio, Cuidado viu um pedaço de barro. Logo teve uma ideia inspirada. Tomou um pouco do barro e começou a dar-lhe

68 MAFFESOLI, Michel. *Elogio da razão sensível*. Petrópolis: Vozes, 1998; DUARTE JUNIOR, João Francisco. *O sentido dos sentidos*: a educação do sensível. Curitiba: Criar Edições, 2004.

a forma de um ser humano. Enquanto contemplava o que havia feito, apareceu Júpiter. Cuidado pediu-lhe que soprasse espírito nele. O que Júpiter acedeu de bom grado.

Quando, porém, Cuidado quis dar um nome à criatura que havia moldado, Júpiter o proibiu. Exigiu que fosse imposto o seu nome.

Enquanto Júpiter e Cuidado discutiam, surgiu, de repente, a deusa Terra. Quis também ela conferir o seu nome à criatura, pois fora feita de barro, material do corpo da Terra. Originou-se então uma discussão generalizada.

De comum acordo, pediram a Saturno, o pai de todos os deuses e o senhor do tempo, que funcionasse como árbitro. Este tomou a seguinte decisão, que pareceu justa:

"Você, Júpiter, deu-lhe o espírito; receberá, pois, de volta o espírito quando essa criatura morrer".

"Você, Terra, deu-lhe o corpo; receberá, portanto, também de volta o seu corpo quando essa criatura morrer".

"Mas você, Cuidado, que foi quem, por primeiro, moldou a criatura, ficará sob seu cuidado enquanto ela viver".

"E uma vez que entre vocês há acalorada discussão acerca do nome, decido eu: esta criatura será chamada ***Homem****, isto é, feita de* ***húmus****, que significa terra fértil".*

Essa fábula foi comentada por nós em cada um de seus elementos em *Saber cuidar: ética do humano, compaixão pela Terra.*[69] Aqui, retomamos apenas alguns elementos. Assim, resumimos o que temos apresentado mais detidamente nas explanações anteriores.

Antes de mais nada, importa captar as indicações de como deve ser pensada a natureza do ser humano. Em sua constituição, entraram as divindades mais poderosas do céu: Júpiter, o deus soberano sobre todos os demais do Olimpo, a Terra, geradora de todas as coisas, e Saturno, o senhor do tempo. O ser humano, portanto, possui algo de divino em sua constituição.

Mas o protagonista principal é do *Cuidado*, supostamente tido como uma divindade. Ele é o gerador e plasmador do ser humano (*cura prima*

69 BOFF, Leonardo. *Saber cuidar*: ética do humano, compaixão pela Terra. Petrópolis: Vozes, 1999.

finxit). E se torna responsável por ele durante toda a vida, sustentando-o e dele cuidando (*cura teneat, quamdiu vixerit*).

Cabe notar que o cuidado é tão fundamental que é anterior ao espírito e ao corpo, tidos, na antropologia clássica e na nossa, como os constituintes primeiros do ser humano. Mas aqui, ao contrário, se afirma que o Cuidado lhes antecede. Pelo fato de vigorar sutil cuidado com todos os fatores ligados ao surgimento dos seres e dos vivos – isso o sublinhávamos acima –, surgiu esse ser singularíssimo e complexo que é o ser humano, objeto e sujeito de supremo cuidado.

Somos filhos e filhas do cuidado, frutos não de um mero ato pontual e inaugurador que começa e acaba em si mesmo. Ao contrário, no dizer da fábula, somos frutos de um ato continuado e prolongado (*quamdiu vixerit*) de cuidar no tempo e no espaço, em todos os momentos e circunstâncias "enquanto o ser humano viver". Sem ser cuidado permanentemente, antes, durante e depois de tudo o que é e empreende, o ser humano deixaria de existir.

Com acerto, comenta Martin Heidegger em *Ser e tempo*, no qual aborda o cuidado:

> Por ser, em sua estrutura, uma totalidade originária, o cuidado se acha, do ponto de vista existencial, *a priori*, "antes" de toda a "atitude" e "situação", o que sempre significa dizer que ele se acha em toda a atitude e situação de fato (...) pois o ser deste ente (humano) deve ser determinado como cuidado.[70]

Em outras palavras: se não houver um cuidado prévio, se não houver o ato de cuidar por parte da divindade ou por parte de outro, não há condições de o ser humano irromper na existência.

O que importa destacar é que, antes de qualquer outra diligência, o ser humano é alguém que deve ser cuidado. Ele se situa, originariamente, numa radical passividade: é cuidado por alguém, melhor, por ninguém outro senão por um deus. Somente porque recebeu cuidado, o ser humano pode cuidar de si mesmo e cuidar dos outros como atitude originária. E então se mostra sua radical atividade.

70 HEIDEGGER, Martin. *Ser e tempo*. Parte I. Petrópolis: Vozes, 1999, p. 258.

A estrutura de base é então: precisar ser cuidado e sentir o impulso de cuidar. Ser cuidado e cuidar constituem a energia fontal e seminal que vai construir, ao largo do tempo e do espaço, a humanidade do ser humano.

Essa compreensão pressupõe que o ser humano é vulnerável, está lançado no mundo, se encontra permanentemente exposto e vive sob riscos. Essa situação frágil demanda, obviamente, cuidado, pois assim é a condição humana, como explanamos anteriormente.

Com razão, Heidegger considera o cuidado como o existencial primeiro do estar-no-mundo, cuidado como preocupação e angústia (*Sorge* e *Bekümmergung*), não apenas atual, mas também possível na perspectiva do futuro; preocupação a respeito de seu ser e do ser dos outros. Junto a isso vem o cuidado como doação e zelo atual e possível para consigo, para com o outro e para com a vida. Ambas as formas de cuidado representam o que ele chama de "o desempenho do cuidado" por parte do ser humano.[71]

Se bem repararmos, o cuidado emerge da realidade concreta concretíssima do ser humano. Qual é sua realidade em grau zero? É ele *estar-no-mundo*, *com-os-outros*, *aberto-para-o-futuro*, *ser-para-a-morte* e *abertura-em-totalidade*.

O *estar-no-mundo* é colocar-se em relação com todos os seres circundantes dos quais tira o seu sustento e expor-se às intimidações que vêm do mundo. Daí surge o cuidado como preocupação e angústia, mas também o cuidado como zelo, solicitude e bom trato com as pessoas e com o seu entorno ambiental (*Lebenswelt*).

O *estar-com-os-outros* tem a ver com uma relação entre subjetividades que é diferente daquela para com os objetos. A primeira relação para com os outros é de cuidado como gesto amoroso, atenção e envolvimento.

É cuidado também no sentido de que nos preocupamos e angustiamos pela vida e pelo destino do outro individual e social, porque afetivamente estamos vinculados a ele. Aqui, valem todos aqueles significados que analisamos anteriormente em referência ao cuidado com

71 HEIDEGGER, Martin. *Ser e tempo*. Parte I. Petrópolis: Vozes, 1999, pp. 258 e 265.

as pessoas, especialmente aquelas sob a condição de vulnerabilidade, e com a sociedade e a necessária cidadania.

Estar *aberto-para-o-futuro* representa a temporalidade e a historicidade do ser humano. Ele não detém o tempo, e o tempo configura a oportunidade de realizar possibilidades que vêm do futuro e lhe possibilita exercer sua liberdade como concretização dessas possibilidades. Deve cuidar delas. Por esse empenho, vai construindo sua identidade que nunca está pronta, mas que está repleta de virtualidades a serem cuidadas e que podem ser atualizadas e antecipadas no presente.

O cuidado assume novamente seu duplo sentido de preocupação e angústia por aquilo que vai chegar e que não podemos controlar, e cuidado como forma zelosa e diligente de plasmar sua identidade através do exercício da liberdade.

Ser-para-a-morte é o limite extremo do ser humano com caráter de irreversibilidade. O sentido que damos à morte é o sentido que damos à vida. A morte pode ser acolhida como pertencendo à vida, pois esta é sempre mortal, quer dizer, vem sempre acolitada pela morte em cada momento que vive. Supremo gesto de liberdade é acolher a morte com jovialidade, aproveitar o tempo que nos é dado viver, aceitar sua fugacidade e se contentar com o relativo e o possível. Cuidado é não permitir que o desespero e o desamparo tolham o sentido do viver, pois, de qualquer forma, jamais poderão deter o curso irrefreável da morte, hospedada dentro da vida.

Cuidado em sair da vida com dignidade e com sentimento de gratidão por tudo o que o Ser Supremo nos propiciou viver, desfrutar, enfrentar obstáculos, superá-los, suportar fracassos e amadurecer.

Abertura-em-totalidade: o ser humano não está aberto apenas ao mundo, aos outros e à morte. Ele se apresenta como uma abertura em totalidade. Nisso, mostra-se como um projeto infinito. Com todos os seres e em todos os níveis pode se relacionar e entrar em comunhão. Por ser abertura em totalidade, busca identificar o polo que o plenifica e lhe permite uma suprema humanização. Esse só pode ser o Ser Supremo e nenhum ente existente lhe é adequado ao seu impulso insaciável.

Cuidar do Ser Supremo é a grande tarefa da vida, no dizer de Heidegger, aceitar ser o pastor e o cuidador do Ser: encontrá-lo em todos os entes, mas perceber que se retrai em todos eles. Nem por isso cessa a busca de um encontro com o Ser Supremo. Essa busca funda uma angústia incurável e permite fazer a experiência agostiniana que tanto impressionou o jovem Heidegger: o repouso dinâmico do *cor inquietum* no Ser que as religiões interpretam como Deus ou, como gosto de formular, aquele Ser que faz ser todos os seres.

Cuidado, aqui, significa preocupar-se com sua interioridade, zelar para que esta abertura em totalidade não seja inautêntica ao identificar o Ser Supremo com algum ente, por mais excelso que seja. O cuidado pode expressar-se também por uma angústia existencial que nenhum psicanalista pode curar, pois traduz a implenitude do desejo sempre a caminho do Ser Supremo.

Resumindo, podemos concluir: o cuidado é a precondição necessária para que algo possa existir e subsistir; é a disposição antecipada de toda prática e de toda ação. Sem cuidado, as coisas não irrompem para a realidade, e a prática deixa de ser construtiva e expressão da liberdade para ser apenas atos inconsistentes e atabalhoados. O cuidado é uma forma de amor e o amor é uma concretização do cuidado.

Para superar as contingências da *condition humaine*, o ser humano precisa ser cuidado e, assim, garantir sua humanidade. E precisa também cuidar do outro e dos outros concidadãos para se humanizar, mostrar suas possibilidades no exercício de sua liberdade e expandir sua humanidade. Trata-se de um jogo dinâmico, arriscado e promissor, passivo e ativo, de ser cuidado e de cuidar, se realiza a trajetória no ser humano no tempo e no espaço.

Ao viver o cuidado, o ser humano vai mostrando sua real natureza e seu modo de ser singular de habitar este mundo com os outros, no tempo, no espaço, rumo ao Ser Supremo.

Dessa compreensão do cuidado enquanto natureza do ser humano no mundo e na história, emerge a dimensão ética. A ética não se deriva do cuidado. O próprio cuidado é, em sua essência, ético, no sentido clássico de *Ethos*, que, em grego, significa, o cuidado da casa e de todos os que nela habitam, seja a casa individual, seja a casa social, seja a Casa Comum que é o planeta Terra. Desse cuidado temos urgente necessidade hoje se quisermos salvar a vida, proteger a Terra e garantir um futuro significativo para o projeto planetário humano.

3.5 A chaga aberta de nossa cultura: o excesso e a falta da justa medida

Para onde quer que dirijamos nosso olhar, o que mais salta aos olhos é a falta de medida, o excesso, o exagero, a ausência do caminho do meio, o nem de mais e o nem de menos, o desequilíbrio em praticamente em todos os campos.

A justa medida é testemunhada em todas as grandes tradições éticas das culturas mundiais. No pórtico do grande templo em Delfos, estava escrito em letras garrafais: *méden ágan*, o que quer dizer "nada de excesso". Algo semelhante se via nos pórticos dos templos romanos: *ne quid nimis*, "nada de menos nem de mais". A justa medida se opõe à toda ambição exacerbada (*hybris*). Demanda o autocontrole, o senso do equilíbrio dinâmico e a capacidade de impor limites a nossos impulsos. Ora, é exatamente o que nos falta a nível mundial. A falta da justa medida pertence ao DNA de nossa cultura hoje planetizada.

Isso se nota claramente no sistema econômico-político-social-comunicacional predominante. A mais flagrante amostra da falta da justa medida é o capitalismo. Onde se instala surge imediatamente a desigualdade entre os donos do capital, que tudo possuem e decidem, e os trabalhadores, que apenas vendem suas capacidades, quer dizer, se instala imediatamente a ruptura da justa medida.

Os mantras do capitalismo em suas várias versões é mantido inalterado: a busca da ilimitada acumulação para benefício individual ou corporativo, mesmo sabendo dos limites de nosso planeta, seu motor é a concorrência sem qualquer laivo de cooperação, a pilhagem dos bens e serviços da natureza sem tomar em conta a sustentabilidade necessária, a flexibilização de todas as leis para escancarar todas as portas para o processo de exploração e de enriquecimento, a pressão para criar o Estado mínimo, pois este é visto como empecilho à dinâmica da expansão do capital.

O efeito desse processo é bem descrito pelo economista Eduardo Moreira, ex-banqueiro transformado num dos maiores formuladores de consciência crítica de nosso país e o principal idealizador do Instituto Conhecimento Liberta (ICL), que oferece cerca de 270 cursos de excelência nas mais variadas áreas do saber a custo de um sanduíche, com frequência de cerca de 100 mil seguidores:

> O 1% dos donos de terras concentram mais de 50% das terras cultiváveis do país; quando consideramos o volume de dinheiro, o 1% mais rico do mundo possui mais reservas acumuladas do que os 90% mais pobres; uma verdadeira catástrofe social.[72]

Esse é um exemplo gritante de nossa absoluta falta de medida.

Essa falta de medida caracteriza igualmente as grandes mídias mundiais, escritas, digitais e a meia dúzia de plataformas da internet - Google, Meta, Facebook, Instagram, TikTok, X (Twitter), YouTube e outras - nas mãos de um punhado de pessoas poderosíssimas.

A falta de medida revela-se profundamente brutal na relação para com a natureza, explorada desde séculos e, nas últimas décadas, devastada a tal ponto de alguns cientistas terem proposto a inauguração de uma nova era geológica, o *antropoceno* (o ser humano é o fator principal da destruição da natureza), radicalizado no *necroceno* (dizimação da biodeversidade) e ultimamente no *piroceno* (o aumento crescente dos grandes incêndios) por quase todas as partes do planeta.

Talvez uma das maiores demonstrações da falta da justa medida nos é dada pela mudança climática, já instalada a ponto de ser considerada pelos grandes órgãos mundiais como irreversível. Ao invés de se diminuir a emissão de gases de efeito estufa, ela está aumentando; em razão da crise energética e devido à insuficiência das energias alternativas, voltou-se ao uso de carvão, de petróleo e do gás metano altamente poluentes. A mudança climática não freada, acrescida do aumento populacional, pode levar a um impasse o futuro da vida humana e tornar o planeta inabitável.

Entre as muitas causas que nos levaram a esse perigoso estágio está seguramente o rompimento da *Matriz Relacional*. Olvidamos que todas as coisas são inter-relacionadas. Na linguagem poética do Papa Francisco, em sua encíclica de uma ecologia integral, de 2015 (*Sobre o cuidado da Casa Comum*): "o sol e a lua, o cedro e a florzinha, a águia e o pardal (...) significam que nenhuma criatura se basta a si mesma; elas só existem na dependência de umas das outras, para se completarem

72 MOREIRA, Eduardo. *Desigualdade & caminhos para uma sociedade mais justa*. Rio de Janeiro: Civilização Brasileira, 2019.

mutuamente no serviço uma das outras" (n. 85). Aqui, aparece a justa medida natural, rompida pelas ciências e pelos muitos saberes.

A modernidade se funda sobre a atomização dos saberes, das coisas tidas sem um valor intrínseco e postas ao desfrute dos seres humanos ou, na pior tendência, à acumulação sem limites de bens meramente materiais. Assim surgiu o mundo das coisas; inclusive, as mais sagradas também: órgãos humanos foram transformados em mercadoria a ser posta no mercado e ganhar o seu devido preço, coisa já prenunciada por Marx em 1847, em sua *Miséria da filosofia*, e sistematizada por Karl Polanyi em 1944, em sua obra *A grande transformação*.

Como sair dessa enroscada de dimensões trágicas? Não temos outra saída, se quisermos continuar sobre este planeta, senão voltar à ética do cuidado de todas as coisas, de nossas vidas e principalmente da justa medida. Ela e o cuidado poderão salvar o futuro de nossa civilização e de nossa permanência na Terra.

Preocupado com essa questão máxima, de vida e de morte, escrevi dois livros, ambos pela Editora Vozes, frutos de vasta pesquisa transcultural. O primeiro foi publicado em 2022, *O pescador ambicioso e o peixe encantado: a busca da justa medida*. Nele, preferi o gênero narrativo, com o uso de contos e mitos ligados à justa medida. O segundo completa o primeiro, *A busca da justa medida: como equilibrar o planeta Terra*. Neste, procurei de uma forma mais científica ir às causas que nos levaram a olvidar a justa medida, exatamente a perda da Matriz Relacional.

Por mais que nos esforcemos em crer, só o retorno à justa medida e à ética do cuidado nos poderá salvar, mas sempre fica a angustiante pergunta: dada a universalização da grave crise existencial, temos ainda tempo e sabedoria suficientes para operarmos essa conversão? A esperança nunca morre e não nos deverá defraudar.

3.6 Na crise sistêmica: resgatar o esperançar

No âmbito da história, não há problema para o qual não se encontre uma solução. Assim, deverá valer também para a atual crise que assola a inteira humanidade. Mas, antes, temos que nos munirmos de esperança, do esperançar de Paulo Freire (criar as condições reais para a realização da esperança) e de coragem. São elas as fontes originárias de novos projetos e de utopias salvadoras. Consideremos a questão da utopia.

3.6.1 Recuperar o pensamento utópico

No desamparo que grassa no mundo afora após a ascensão do pensamento e das práticas da direita e da extrema direita, com laivos de fundamentalismo, o resgate da utopia vale para a inteira humanidade.

Na verdade, vivemos no olho de uma crise civilizacional de proporções planetárias. Toda crise oferece chances de transformação, bem como riscos de fracasso. Na crise, medo e esperança se mesclam, especialmente agora que estamos já dentro do aquecimento global e termos atingido a partir do dia 1º de agosto de 2024 a *Sobrecarga da Terra* (*Earth Overshoot Day*), vale dizer, o dia em que a Terra alcançou os limites intransponíveis dos elementos básicos e renováveis que sustentam a vida. Todas as luzes vermelhas se acenderam, entramos no cheque especial, despertando-nos para a gravidade desse fato.

A partir de agora, para atender as demandas humanas, especialmente do consumo suntuoso dos países opulentos, teremos que fazer violência à Terra arrancando-lhe aquelas parcas reservas de que ela necessita para assegurar sua vitalidade e sustentabilidade ameaçada.

As consequências são o crescimento dos eventos extremos que desequilibram os climas e as bases físico-químicas que sustentam a vida. Os exemplos são muitos: grandes nevascas no hemisfério norte e severas secas no hemisfério sul; enchentes arrasadoras ocorridas em todos os continentes e no Rio Grande do Sul no ano de 2024, devastando várias cidades; ondas de calor só havidas há 125 mil anos; e outros eventos extremos.

Face a esse grave quadro, não sabemos em que nos agarrar senão no último galho que nos sustenta que é a esperança. Ela se expressa na linguagem das utopias. Estas, por sua natureza, nunca vão se realizar totalmente. Mas elas nos mantêm caminhando.

Bem disse o irlandês Oscar Wilde: "um mapa do mundo que não inclua a utopia não é digno de sequer ser olhado, pois ignora o único território em que a humanidade sempre atraca, partindo em seguida, para uma terra que supõe ser melhor".

Entre nós, acertadamente, observou o poeta gaúcho Mário Quintana: "Se as coisas são inatingíveis... ora!/ Não é motivo para não querê-las/ Que tristes os caminhos e se não fora/ A mágica presença das estrelas".

Eduardo Galeano insistia que a utopia sempre aponta para um horizonte cada vez mais longínquo e inalcançável. Mas tem o condão de nos fazer sempre andar, superando cada horizonte e buscando sempre outros.

A utopia não se opõe à realidade, antes pertence a ela, porque esta não é feita apenas por aquilo que é feito e dado, mas por aquilo que pode ser feito e dado, portanto, por aquilo que é ainda potencial e viável.

3.6.2 Alimentar o princípio esperança

A utopia nasce desse transfundo de potencialidades presentes na história, em cada povo e em cada pessoa. O renomado filósofo alemão Ernst Bloch introduziu a expressão *princípio esperança*. Este é mais que a virtude da esperança; sendo um princípio, é gerador de sonhos e ações. A esperança representa o inesgotável potencial da existência humana e da história que permite dizer *não* a qualquer realidade concreta, às limitações espaciotemporais, aos modelos políticos e às barreiras que cerceiam o viver, o saber, o querer e o amar.

O ser humano só diz *não* porque, primeiro, diz *sim*: *sim* à vida, ao sentido, aos sonhos e à plenitude ansiada. Embora realisticamente não entreveja a total plenitude no horizonte das concretizações históricas, nem por isso ele deixa de ansiar por ela com uma esperança jamais arrefecida.

Jó, quase nas vascas da morte, podia gritar a Deus: "mesmo que Tu me mates, ainda assim espero em Ti (Jó 13, 15)". O paraíso terrenal narrado no Gênesis 2, 3 é um texto de esperança. Não se trata do relato de um passado perdido e do qual guardamos saudades, mas é antes uma antecipação, uma promessa, uma esperança de futuro ao encontro do qual estamos caminhando. Não é um relato do que foi. Mas a maquete do que será no futuro. Como é assente entre os exegetas, o Gênesis é um texto profético, sobre o mundo assim como Deus o excogitou.

Por isso, esse grande filósofo alemão Ernst Bloch concluía o seguinte em seu último volume de *O princípio esperança*: "*o verdadeiro Gênesis não está no começo, mas no fim*". Aí as coisas acabam de nascer. "E Deus viu tudo o que havia feito e achou que estava *muito bom*" (Gênesis 1, 31). Mas enquanto nos encontramos dentro do processo de evolução, nem tudo é bom, só perfectível. Por isso, esperamos.

O essencial do cristianismo não reside em afirmar a encarnação de Deus. Outras religiões também o fizeram. Mas é afirmar que a utopia (aquilo que não tem lugar) virou eutopia (um lugar bom). Em alguém, não apenas a morte foi vencida, o que seria muito, mas todas as virtualidades escondidas no ser humano explodiram e implodiram, fazendo-se realidade. Jesus é o "Adão novíssimo" na expressão de São Paulo (cf. 1 Coríntios 15, 45), o homem abscôndito agora revelado.

Mas ele é apenas o primeiro dentre muitos irmãos e irmãs; nós seguiremos a ele, completa São Paulo em Romanos 8, 30. A ressurreição não é a reanimação de um cadáver como o de Lázaro que, afinal, acabou morrendo. Ressurreição é a realização plena das infinitas possibilidades que estão dentro de nós, pois somos um projeto infinito que só se sente realizado quando encontra o objeto infinito de seu projeto. Só então seremos plenamente seres humanos à semelhança do Ressuscitado.

Anunciar tal esperança no atual contexto sombrio do mundo não é irrelevante. Transforma a eventual tragédia da Terra da humanidade e em nosso país, o Brasil, devido à desmontagem de direitos e das conquistas populares, numa crise purificadora. Vamos fazer uma travessia perigosa, mas a vida será garantida, e o país sairá regenerado dessa crise acrisoladora.

Os grupos portadores de sentido, as religiões e as igrejas cristãs devem proclamar de cima dos telhados semelhante esperança. A grama não cresceu sobre a sepultura de Jesus. A partir da crise da Sexta-feira da Paixão, a vida triunfou pela ressurreição do Crucificado. Por isso, a tragédia não pode ter a última palavra. Esta a tem a vida em seu esplendor solar.

3.6.3 O valor das utopias minimalistas: as melhorias possíveis

Importa resgatar a perspectiva utópica da realidade, vale dizer, as utopias viáveis que representam as potencialidades que estão dentro dela e que querem irromper. Recusamos a afirmação de que estamos vivendo tempos pós-utópicos. Aceitar essa afirmação é mostrar uma representação reducionista do ser humano e da realidade histórico-social, o que só beneficia os conservadores fatalistas que não querem ver ameaçada a sua fortuna. Seguem o moto de Lampedusa: "tudo deve mudar para que tudo fique como está".

O ser humano não é apenas um *dado* que está aí fechado, vivo e consciente, ao lado de outros seres. Ele é também um ser virtual. Esconde dentro de si virtualidades ilimitadas que podem irromper e concretizar-se.

O ser humano, bem como a sociedade, são realidades portadores de desejos e testemunhos do princípio esperança, permanentemente insatisfeitos e até indignados e sempre buscando novas saídas de seus problemas. Filosoficamente ele é um projeto infinito à procura de um obscuro objeto infinito que lhe seja adequado.

É desse transfundo virtual que nascem os sonhos, os pequenos e os grandes projetos e as utopias mínimas e máximas. Sem elas, o ser humano não veria sentido em sua vida, e tudo seria cinzento.

Uma sociedade sem uma utopia não teria um rumo certo, viveria uma situação caótica e sem horizonte e acabaria afundando no pântano dos interesses dos mais fortes, sejam individuais ou corporativos. O que entrou em crise não são as utopias, mas certo tipo de utopia, as utopias maximalistas vindas do passado.

Os últimos séculos foram dominados por utopias maximalistas. A utopia iluminista que universalizaria o império da razão contra todos os tradicionalismos e autoritarismos. A utopia industrialista de transformar as sociedades prósperas com produtos tirados da natureza e das inovações técnicas. A utopia capitalista de levar progresso e riqueza para todo mundo. A utopia socialista de gerar sociedades igualitárias e sem classes. As utopias nacionalistas sob a forma do nazifascismo que, a partir de uma nação poderosa, de uma "raça pura", redesenharia a humanidade, impondo-se a todo mundo.

Atualmente, temos a utopia da saúde total gestando as condições higiênicas e medicinais que visam à imortalidade biológica ou ao prolongamento da vida até a idade das células (cerca de 130 anos). A utopia de um único mundo globalizado sob a égide da economia de mercado e da democracia liberal, hegemonizado pelo mundo unipolar, controlado por uma potência mercantilista e militarista, os EUA. A utopia de ambientalistas radicais que sonham com uma Terra virgem e o ser humano totalmente integrado nela, entre outras utopias.

Essas são as utopias maximalistas. Propunham o máximo. Muitas delas foram impostas com violência ou geraram violência contra seus opositores. Temos hoje distância temporal suficiente para nos confirmar que essas utopias maximalistas custaram caro em termos de vidas humanas e de guerras devastadoras, de devastação da natureza, acabando por frustrar o ser humano. Foram se desvitalizando até perderam seu fascínio e serem abandonadas.

Daí falarmos de tempos pós-utópicos. Mas o "pós" se refere a esse tipo de utopia, as maximalistas, não à concepção da utopia em si, cujo valor é permanente. Elas deixaram um rastro de decepção, de depressão e de ressentimento, especialmente a utopia da revolução absoluta dos anos 1960-1970 do século passado, como a cultura *hippie* e seus derivados.

Mas a utopia permanece porque somos feitos de sonhos, projeções e utopias. Hoje a busca se orienta pelas utopias *minimalistas*, aquelas que, no dizer de Paulo Freire, realizam o "viável possível" e fazem a sociedade "menos malvada e tornam menos difícil o amor". É a expressão que cunhou: esperançar: não ficar de braços cruzados para ver o que irá acontecer, mas se empenhar em criar as condições reais para a concretização da esperança.

Nota-se, por todas as partes, a urgência latente de utopias do simples melhoramento do mundo. Tudo o que nos entra pelas muitas janelas de informação nos levam a sentir: assim como o mundo está não pode continuar. Temos que mudar, e se não der, ao menos melhorar.

Nem por isso abandonamos a grande utopia de uma humanidade vivendo reconciliada consigo mesma na Casa Comum, vivendo a comensalidade, juntos desfrutando dos bons frutos da generosa Mãe Terra. Esse é o sonho perene de todas as culturas e uma das metáforas usadas por Jesus para nos transmitir uma ideia do que seja o Reino de Deus: uma grande ceia na qual todos podem caber.

No entanto, não pode continuar a absurda acumulação de riqueza como jamais houve na história. O relatório da Oxfam de 2023 informa que 1% da humanidade possui a metade da riqueza do mundo. E que 20% controlam 95% dessa riqueza dos 1%. O restante 80% dos humanos têm que se contentar com 5%.

Para esses 1%, o sistema econômico-financeiro não está em crise; ao contrário, oferece chances de apropriação e fusão de outras empresas em crise. Ou para melhor superarem a crise, empenham-se numa acumulação absurda como nunca na história do capitalismo.

Há que se pôr um freio à voracidade produtivista que assalta os bens e serviços comuns (*commons*) da Terra e da humanidade em vista de uma desenfreada acumulação. É ela a principal causa produtora de gases de efeito estufa que alimentam o aquecimento global, e, ao não ser detida, poderá produzir um armagedon ecológico.

As utopias minimalistas, a bem da verdade, são aquelas implementadas pelos governos brasileiros de Lula-Dilma e seus aliados com base popular, mas que foram sendo desmontadas pelo governo antipopular da coligação que realizou um golpe civil-parlamentar-mediático e elegeu Bolsonaro, agora feito inelegível: garantir que o povo coma duas ou três vezes ao dia, pois o primeiro dever de um Estado é garantir a vida dos cidadãos; isso não é assistencialismo, mas humanitarismo em grau zero. São os projetos Minha Casa, Minha Vida, Luz Para Todos, o aumento significativo do salário mínimo, o Prouni (que permitiu o acesso aos estudos superiores a estudantes socialmente menos favorecidos), os Pontos de Cultura e outros projetos populares que não cabe aqui elencar.

Para as grandes maiorias são verdadeiras utopias mínimas viáveis: receber um salário que atenda às necessidades da família, ter acesso à saúde, mandar os filhos à escola, conseguir um transporte coletivo que não lhes tire tanto tempo de vida, contar com serviços sanitários básicos, dispor de lugares de lazer e de cultura e com uma aposentadoria digna para enfrentar os achaques da velhice.

A consecução dessas utopias minimalistas cria a base para utopias mais altas: aspirar a que os povos se abracem na irmandade, não se guerreiem, se unam todos para preservar este pequeno e belo planeta Terra, sem o qual nenhuma utopia maximalista ou minimalista pode ser projetada.

O primeiro ofício do ser humano é viver livre de necessidades e gozar um pouco do reino da liberdade. E, por fim, agradecer à vida por lhe ter propiciado as condições de existir humanamente e de desfrutar da alegria, própria da vida, pelo curto tempo de sua passagem pela Terra.

CAPÍTULO IV

A política numa ordem mundial em erosão

4.1 De que fonte beber para enfrentar a crise atual?

Nos meses de maio/junho de 2024, ocorreu uma manifestação clara da mudança climática em curso, causando devastadores enchentes no Rio Grande do Sul. É um dos sinais que Gaia, a Mãe Terra, nos está dando de que ela não suporta mais o modo capitalista de habitar o planeta que supõe a pilhagem desenfreada de seus recursos sem dar-lhe tempo para se regenerar. Pairam na atmosfera, em suspenso, cerca de dois trilhões de toneladas de gases de efeito estufa, desde o começo da era industrial de 1750, que permanecem por cerca cem anos. Como a Terra pode digerir toda essa imundície?

O modo capitalista de produção se caracteriza fundamentalmente por considerar a Terra não como algo vivo e sistêmico, mas como um baú cheio de recursos a serem explorados para benefício humano, em especial, para aqueles que detêm o ter, o saber, o poder e a comunicação, sobre tais recursos e sobre o curso da história. Esse sistema se impõe sem qualquer sentido de limite, de respeito e cuidado para com os ecossistemas. Encontra sua expressão política no neoliberalismo, dominante em quase todas as sociedades, mas não entre os povos originários que se sentem natureza e cuidam dela.

Além do eclipse da ética e da asfixia da espiritualidade no mundo atual, quero acrescentar ainda mais dados. O primeiro, nas palavras do Papa Francisco na *Laudato Si'*: "ninguém pode ignorar o fato de nos últimos anos termos assistido a fenômenos meteorológicos extremos, períodos frequentes de calor anormal, secas severas" (n. 23). Simultaneamente ao que ocorreu em maio no Sul do país, ocorreram enchentes fenomenais na Alemanha, na França, na Bélgica, no Afeganistão e até na Arábia Saudita.

Outro ponto é a *Sobrecarga da Terra* (*Earth Overshoot*): precisamos de mais uma Terra e meia para atender ao consumo, especialmente das classes opulentas do Norte Global. Pretendem tirar da Terra aquilo que ela não pode mais oferecer. Em resposta, por ser um Super Organismo vivo, reage com mais aquecimento, envio de uma vasta gama de vírus, os referidos eventos extremos e problemas sociais conflitivos.

Por fim, um grupo de cientistas, a pedido da ONU, definiu as nove fronteiras planetárias (*planetary bounderies*) que devem ser mantidas para garantir a estabilidade e a resiliência do planeta: *mudança climática, integridade da biosfera, mudanças no uso do solo, disponibilidade de água doce, fluxos biogeoquímicos, representados pelos ciclos de nitrogênio e fósforo, acidificação dos oceanos, carga de aerossóis na atmosfera, esgotamento da camada de ozônio e o que foi chamado de "novas entidades" – partículas que não existiam na natureza – e foram introduzidas pela ação humana – como microplásticos, transgênicos e rejeitos nucleares.*

Verificou-se que seis das novas fronteiras foram ultrapassadas. Por serem sistemicamente articuladas, pode dar-se o efeito dominó: todas caírem. Então, a civilização colapsaria.

Muitos cientistas, particularmente climatólogos, têm sustentado: a ciência e a técnica não conseguem mais deter a mudança climática, mas podem apenas advertir sua chegada e mitigar os efeitos danosos. Mesmo assim, cabe a pergunta: temos chance de sair da crise sistêmica?

Depende de nós, se aceitamos mudar ou prosseguir no mesmo caminho. Como bem notou Edgar Morin em postagem no antigo Twitter: "a história várias vezes mostrou que o surgimento do inesperado e o aparecimento do improvável são plausíveis e podem mudar o rumo dos acontecimentos". O ser humano pode se conscientizar dos graves riscos que corre e traçar outro rumo. Pelo fato de ser um projeto infinito e habitado pelo princípio esperança, estão dentro dele virtualidades que, desentranhadas, poderão instaurar uma saída salvadora.

Mas, antes, devemos enfaticamente dizer: temos que inviabilizar o projeto capitalista, seja pela rebelião das vítimas, ou pela natureza, pois ele é suicida: na sua lógica de acumulação infinita dentro de um planeta finito, pode continuar na sua insânia até fazer da Terra um local inabitável. Se ele começou um dia, pode também desaparecer um dia. Notoriamente está em crise. Mas sua agonia é longa. Mas nada é perpétuo.

As grandes narrativas do passado não nos vão tirar da crise. Temos que auscultar a nossa própria natureza. Nela estão os princípios e valores que, ativados, mesmo sob grandes dificuldades, nos poderão assinalar um caminho salvador.

Em primeiro lugar, temos que definir o ponto de partida. É o território, o biorregionalismo. É na região assim como a natureza a desenhou que podemos construir sociedades sustentáveis e mais igualitárias. Sobre isso voltaremos com mais detalhes em tópico posterior.

Elenquemos os valores que estão em nós:

Como os bioantropólogos mostraram, o amor pertence ao DNA humano. Amar significa estabelecer uma relação de comunhão, de reciprocidade, de entrega desinteressada e de sacrifício de si em função do outro. Amar a Terra e a natureza implica criar um laço afetivo com elas: sentir-se unidos a elas. De mais a mais, sabemos que todos os seres vivos possuem o mesmo código genético de base (vinte aminoácidos e quatro bases nitrogenadas).

Somos irmãos e irmãs de fato, entre nós e com todos os demais seres. Não basta sabê-lo, mas senti-lo e vivenciar o laço de comunhão. Além disso, o estudo da evolução do ser humano (que tem 8 milhões de anos e como *sapiens/demens* cerca de 100 mil anos) revelou que foi a solidariedade na busca e no consumo dos alimentos, juntos, criando a comensalidade, que permitiu a passagem da animalidade à humanidade.

Somos seres naturalmente solidários, como têm mostrado as milhões de ajudas aos desabrigados e afetados pelas enchentes no Sul do país. Somos também seres de compaixão: podemos nos colocar no lugar do outro, chorar com ele, partilhar suas angústias e nunca o deixar só. Ainda somos seres de cultura, da criação do belo, nas artes, na música, na pintura, na arquitetura.

Podemos fazer aquilo que a natureza por si jamais faria, como uma música de Villa-Lobos ou uma pintura de Portinari. Como disse Dostoiévski: "será a beleza que salvará o mundo". Não a beleza como mera estética, mas a beleza como atitude de estar junto a um moribundo, segurando-lhe a mão e dizendo-lhe palavras de consolação: "se teu coração te acusa, saiba que Deus é maior que teu coração" (1 João 3, 20).

Somos, desde a mais alta ancestralidade, quando emergiu o cérebro límbico há 125 milhões de anos, seres de afeto e de sensibilidade. No coração sensível, reside o enternecimento, a ética e o mundo das excelências. Já o escrevi alhures: somos, no mais profundo de nossa humanidade, seres espirituais. Somos capazes de identificar aquela Energia vigorosa e amorosa que se esconde dentro de cada criatura e em nosso interior (entusiasmo) e a faz continuamente existir e coevoluir.

Como espirituais, vivemos o amor incondicional, o cuidado por tudo o que existe e vive e alimentamos a esperança de uma vida que vai além desta vida. Acompanha-nos também sombras que podem reverter o amor em indiferença e a solidariedade em insensibilidade. Mas dispomos de uma força interior não de negá-las, mas de mantê-las sob o controle e fazê-las uma energia para o bem.

Uma biocivilização fundada sobre tais valores e princípios pode rasgar um rumo de um largo caminho, assinalar-nos marcos na caminhada e apontar-nos uma luz no fim do túnel.

Tudo isso poderá ser conquistado com muito suor e luta contra aquilo que um dia fomos (inimigos da Terra), em favor de uma nova forma de habitar amigavelmente este pequeno e único planeta que temos, nossa Casa Comum, a generosa Mãe Terra.

4.2 Dois paradigmas opostos: a conquista e o cuidado

No conjunto dos seres da natureza, o ser humano ocupa um lugar singular. Por um lado, é parte da natureza por seu enraizamento cósmico e biológico. É fruto da evolução que produziu a vida da qual ele é expressão consciente e inteligente. Por outro, se sobreleva à natureza e intervém nela, criando cultura e coisas que a evolução sem ele jamais criaria, como uma cidade, um avião e um quadro da Tarsila.

Por sua natureza, é um ser biologicamente carente (*Mangelwesen*), pois, à diferença dos animais, não possui nenhum órgão especializado que lhe garanta a subsistência. Por isso, vê-se obrigado a conquistar o seu sustento, modificando o meio, criando assim o seu habitat.

Logo cedo no processo de hominização, surgiu, portanto, o paradigma da *conquista*. Saiu de África de onde irrompeu como *Homo erectus* há oito milhões de anos, pôs-se a conquistar o espaço, começando pela Eurásia, pela Oceania e terminando nas Américas. Com o crescimento de seu crânio, evoluiu para *Homo habilis*, inventando, por volta de 2,4 milhões de anos atrás, o instrumento que lhe permitiu alargar ainda mais sua capacidade de conquista.

Por comparecer como um ser inteiro, mas inacabado (não é defeito mas marca) e tendo que conquistar sua vida, o paradigma da conquista pertence à autocompreensão do ser humano e de sua história. Praticamente, tudo está sob o signo da conquista: a Terra inteira, os oceanos e os recantos mais inóspitos. Conquistar os espaços extraterrestres e chegar à Lua e a Marte é a utopia dos modernos. Conquistar o segredo da vida e manipular os genes. Conquistar mercados e altas taxas de crescimento, conquistar mais e mais clientes e consumidores. Conquistar e controlar os anjos e os demônios que nos habitam. Conquistar o coração da pessoa amada, conquistar as bençãos de Deus e conquistar a salvação eterna. O que ainda nos falta por conquistar?

Insaciável é a vontade de conquista do ser humano. Por isso, o paradigma da conquista tem como arquétipos referenciais Alexandre Magno, Napoleão Bonaparte, Hernán Cortes, Fernão Dias, os conquistadores que não conheciam nem aceitavam limites.

Depois de milênios, o paradigma da conquista entrou, em nossos dias, em grave crise. Chega de conquistas senão destruiremos tudo. Já conquistamos 83% da Terra e, nesse afã, a devastamos de tal forma que ela ultrapassou em 64% sua capacidade de suporte e regeneração. Chagas se abriram e talvez nunca mais se fecharão. Precisamos conquistar aquilo que nunca havíamos conquistado antes porque pensávamos que era supérfluo: *a justa medida*,[73] a autolimitação, a austeridade compartilhada, o consumo solidário e o cuidado. A sobrevivência depende destas anticonquistas.

Urge inaugurar o paradigma do *cuidado*. Este é tão ancestral quanto o universo. Se, após o *Big Bang*, não tivesse havido um sutil cuidado por parte das forças diretivas pelas quais o universo se autocria e se autorregula, a saber, a força gravitacional, a eletromagnética, a nuclear fraca e a forte, tudo se expandiria demais, impedindo que a matéria se adensasse e formasse o universo como o conhecemos.

Ou tudo se retrairia a ponto de o universo colapsar sobre si mesmo em intermináveis explosões. Mas não. Tudo se processou com um cuidado tão na justa medida, em frações de bilionésimos de segundos, o que permitiu estarmos aqui para escrever sobre todas essas coisas.

Esse cuidado se potenciou quando surgiu a vida, há 3,8 bilhões de anos. A bactéria originária, a origem da diversidade da vida, com

73 Cf. BOFF, Leonardo. *A busca da justa medida*. Petrópolis: Vozes, 2023.

cuidado singularíssimo, dialogou quimicamente com o meio para garantir sua sobrevivência e evolução. O cuidado se complexificou mais ainda quando surgiram os mamíferos, donde também nós viemos, há 125 milhões de anos, e com eles o cérebro límbico, o órgão do cuidado, do afeto e do enternecimento. E o cuidado ganhou centralidade com a emergência do ser humano, há 8 milhões de anos.

A essência humana, segundo renomados filósofos, reside exatamente no cuidado. Por quê? Porque o cuidado é aquela condição prévia que permite o eclodir da inteligência e da amorosidade. É o orientador antecipado de todo comportamento para que seja livre e responsável, enfim, tipicamente humano.

Cuidado é um gesto amoroso para com a realidade, gesto que protege e traz serenidade e paz. Sem cuidado, nada que é vivo sobrevive. O cuidado é a força maior que se opõe à lei suprema da entropia, o desgaste natural das coisas. Tudo o que cuidamos dura muito mais.

Precisamos resgatar essa atitude hoje, como ética mínima e universal, se quisermos preservar a herança que recebemos do universo e da cultura e garantir nosso futuro.

O cuidado surge na consciência coletiva sempre em momentos críticos. Florence Nightingale (1820-1910) é o arquétipo da moderna enfermeira. Em 1854, com 38 colegas, partiu de Londres para um hospital militar na Turquia, onde se travava a Guerra da Criméia. Imbuída da ideia do cuidado, em dois meses, conseguiu reduzir a mortalidade de 42% para 2%.

A primeira Grande Guerra destruíra as certezas da próspera cultura europeia e produzira profundo desamparo metafísico. Foi quando Martin Heidegger escreveu seu famoso *Ser e Tempo* (1927), cujos parágrafos centrais (§ 39-44) são dedicados ao cuidado como ontologia (essência) do ser humano.

Em 1972, o Clube de Roma lança o alarme ecológico sobre o estado doentio da Terra.

Em 2000, termina na Unesco a redação da *Carta da Terra*, texto da nova consciência ecológica e da ética do cuidado pela natureza e pela salvaguarda da vitalidade da Terra.

Os muitos documentos produzidos se centram no cuidado (*care*) como a atitude obrigatória para com a natureza. Seres de cuidado são entre nós Irmã Dulce cuidando dos pobres, dona Zilda Arns, das crianças, e Dom Helder, dos mais marginalizados. São arquétipos que inspiram a cura e o salvamento de toda vida.

Tais figuras comparecem como inspiradores de um novo imaginário e de práticas eficazes. Elas apontam para outra direção e para o caminho certo a ser trilhado. Por aí há esperança e o esperançar de Paulo Freire.

4.3 O ecocídio e o biocídio: os pecados capitais do capitalismo

O capitalismo é um modo de produção social e uma cultura. Como modo de produção, destruiu o sentido originário de economia que, desde os clássicos gregos até o século XVIII, significava a técnica e a arte de satisfazer as necessidades da *oikos* ("casa" em grego), quer dizer, a economia tinha por objetivo atender satisfatoriamente as carências da casa, que tanto podia ser a moradia mesma, a cidade, o país quanto (hoje) a Casa Comum, a Terra. Com a implantação progressiva a partir do século XVII do sistema do capital – a expressão *capitalismo* não era usada por Marx, mas foi introduzida por Werner Sombart em 1902 –, muda-se a natureza da economia.

A partir de então, ela representa uma refinada e brutal técnica de criação de riqueza por si mesma, desvinculada do *oikos*, da referência à Casa Comum, a Terra. Antes, pelo contrário, destruindo-a em todas as suas modalidades. E a riqueza que se quer acumular é menos para ser desfrutada do que para gerar mais riqueza, numa lógica desenfreada e, no termo, absurda.

A lógica do capital é esta: produzir acumulação mediante a exploração. Primeiro, exploração da força de trabalho das pessoas; em seguida, a dominação das classes; depois, o submetimento dos povos; e, por fim, a pilhagem sistemática da natureza. Funciona aqui uma única lógica linear e férrea que a tudo envolve e que hoje ganhou uma dimensão planetária.

Uma análise mesmo superficial entre ecologia e capitalismo identifica uma contradição básica. Onde impera a prática capitalista se envia ao exílio ou ao limbo a preocupação ecológica. Ecologia e capitalismo se negam frontalmente. Não há acordo possível. Se, apesar disso, a lógica do capital assume o discurso ecológico, ou é para fazer ganhos com ele, ou para espiritualizá-lo e, assim, esvaziá-lo, ou simplesmente para impossibilitá-lo e, portanto, destruí-lo. O capitalismo não apenas quer dominar a natureza. Quer mais, visa arrancar tudo dela. Portanto, se propõe depredá-la.

Hoje, pela unificação do espaço econômico mundial nos moldes capitalistas, a lógica básica da competição, associada ao saque sistemático da natureza pelo processo industrialista e atualmente pela robotização, torna o capitalismo claramente incompatível com a vida. A aventura da espécie *Homo sapiens* e *demens* é posta em sério risco. Portanto, o arqui-inimigo da humanidade, da vida e do futuro é o sistema do capital com a cultura que o acompanha.

Coloca-se assim uma bifurcação: ou o capitalismo triunfa ao ocupar todos os espaços como pretende e, então, acaba com a ecologia e põe em risco o sistema-Terra, ou triunfa a ecologia, destrói o capitalismo e o submete a tais transformações e reconversões que não possa mais ser reconhecível como tal. Dessa vez, não há uma Arca de Noé universal que salve alguns e deixe perecer os outros. Ou nos salvamos todos, ou pereceremos todos.

Essa é a singularidade de nosso tempo e a urgência das reflexões e dos alarmes que aqui são partilhados.

Assinalamos que o capitalismo produziu ainda uma cultura, derivada de seu modo de produção assentado na exploração e na pilhagem dos bens naturais. Toda cultura cria evidências cotidianas, convicções inquestionáveis e, como tal, gesta uma subjetividade coletiva adequada a ela. Sem uma cultura capitalista que veicula as mil razões justificadoras da ordem do capital, o capitalismo não sobreviveria.

A cultura capitalista exalta o valor do indivíduo, garante a ele a apropriação privada da riqueza, feita pelo trabalho de todos, coloca como mola de seu dinamismo a concorrência de todos contra todos, visa maximalizar os ganhos com o mínimo de investimento possível, procura transformar tudo em mercadoria, desde a mística, o sexo até o lazer, para ter sempre benefícios, e ainda instaura o mercado, hoje mundializado, como o mecanismo articulador de todos os produtos e de todos os recursos produtivos.

Se alguém buscar solidariedade, respeito às alteridades, compaixão e veneração face à vida e ao mistério do mundo, não os busque na cultura do capital. Errou de endereço, pois aí encontra tudo ao contrário. George Soros, um dos maiores especuladores das finanças mundiais e profundo conhecedor da lógica da acumulação sem piedade (ele vive disso), afirma claramente que o capitalismo mundialmente integrado ameaça a todos os valores societários e democráticos, pondo em risco o futuro das sociedades humanas. Essa é, segundo ele, a crise do capitalismo que exige urgente solução para não irmos ao encontro do pior.[74]

Queremos mostrar como o capitalismo, como modo de produção e como cultura, inviabiliza a ecologia tanto ambiental quanto social, política e espiritual. Deixado à lógica de sua voracidade, pode cometer o crime de ecocídio, biocídio e, no limite, geocídio. Razão suficiente para os humanos que amam a vida e que querem legar aos seus filhos e netos uma Casa Comum habitável se oporem sistematicamente às suas pretensões.

4.3.1 O capitalismo e a destruição da ecologia

Comecemos com a ecologia ambiental e sua referência à lógica do capital. A esse respeito, os cenários acerca do futuro da Terra, na perspectiva do meio ambiente e da qualidade de vida, são dramáticos. Grandes analistas confessam que o tempo atual se assemelha muito às épocas de grande ruptura no processo da evolução, épocas caracterizadas por extinções em massa.[75] Efetivamente, a humanidade se encontra diante de uma situação inaudita. Deve decidir se quer continuar a viver

74 SOROS, George. *A Crise do capitalismo*: as ameaças aos valores democráticos/as soluções para o capitalismo global. Rio de Janeiro: Campus, 1999, pp. 262-269.

75 DE DUVE, Christian. *Vital Dust*: life as a cosmic imperative. Nova York: Basic Books, 1995, todo o capítulo XXX sobre o futuro da Vida.

ou se escolhe sua própria autodestruição, provocada pelo próprio sistema do capital.

O risco não vem de alguma ameaça cósmica, mas da própria atividade humana. Pela primeira vez no processo conhecido de hominização, o ser humano se deu os instrumentos de sua própria destruição. Criou-se o *princípio de autodestruição* que tem no *princípio de responsabilidade* sua contrapartida. De agora em diante, a existência da biosfera estará à mercê da decisão responsável humana. Para continuar a viver, o ser humano deverá positivamente querê-lo.

Os indicadores são alarmantes. Deixam transparecer pouco tempo para as mudanças necessárias. Estimativas otimistas estabelecem como data limite 2030-2034.[76] A partir daí, caso não se tomarem medidas urgentes e eficazes, a sustentabilidade do sistema-Terra não estará mais garantida.

Precisamos mais do que nunca de sabedoria. Sabedoria, aquele saber prático, feito de experiências refletidas e bem medias, para priorizar as ações concertadas que visem à sustentabilidade da Terra como planeta.

Entre outros, três são os nós problemáticos[77] criados pela ordem do capital e que devem ser desatados: o nó da exaustão dos recursos naturais, o nó da sustentabilidade da Terra e o nó da injustiça social mundial. Vamos por partes.

4.3.2 O nó da exaustão dos bens e serviços naturais

Já há séculos, principalmente, embora não exclusivamente, sob o modo de produção capitalista, a Terra vem sendo sistematicamente depredada. A cada dia desparecem para sempre 10 espécies de seres vivos. Desde o tempo do desparecimento dos dinossauros, há 65 milhões de anos, nunca se viu tão rápida dizimação como a que se vê

76 Cf. RUETHER, Rosemary Radford. *Gaia and God*: an ecofeminist theology of Earth's healing. São Francisco: Harper San Francisco, 1992, p. 86.

77 Cf. RUETHER, Rosemary Radford. *Gaia and God*: an ecofeminist theology of Earth's healing. São Francisco: Harper San Francisco, 1992, p. 86.

atualmente. Com essas espécies, some para sempre uma biblioteca de conhecimentos que a própria natureza sabiamente havia acumulado.

A partir de 1972, a desertificação no mundo cresceu igual ao tamanho de todas as terras cultivadas da China e da Nigéria juntas. Perdeu-se cerca de 480 milhões de toneladas de solo fértil, o equivalente às terras agricultáveis da Índia e da França combinadas. Além disso, 65% das terras um dia cultiváveis já não o são. A irrigação extensiva, associada à utilização de substâncias químicas, leva à salinização das águas por estas não terem tempo de refazer os nutrientes perdidos.

Metade das florestas existentes no mundo em 1950 foram abatidas. Somente nos últimos 30 anos, foram derrubados 600 mil km² da Floresta Amazônica brasileira, o equivalente à Alemanha unida ou a duas vezes o Zaire.

Os imensos reservatórios naturais de água, formados ao longo de milhões e milhões de anos, foram inescrupulosamente bombeados neste século e estão próximos à exaustão. Ao longo do século XXI, a água potável será um dos recursos naturais mais escassos. Far-se-ão guerras para garantir o acesso às fontes de água potável.

O petróleo e o carvão, formados ao longo de 100 milhões de anos e depositados nas profundezas da Terra, ter-se-ão exaurido nos meados do século XXII. Tanto a água quanto o carbono foram sepultados cuidadosamente pela Terra para estabilizar seu clima. Agora foram trazidos à tona e devolvidos ao espaço com desequilíbrios que ainda não podemos adequadamente medir. Por volta do ano 2030, o cobre, a bauxita, o zinco, o fosfato e o cromato ter-se-ão extinguido quase totalmente.

Por detrás desse processo de pilhagem, se oculta uma imagem reducionista da Terra. Ela é vista apenas como um reservatório morto de recursos a serem explorados. Não é contemplada como um supersistema sutilmente articulado em sistemas e subsistemas em que rochas, águas, atmosferas, micro-organismos, planetas, animais e seres humanos formam um todo orgânico e dinâmico com relações de interdependência e de sinergia que garantem a subsistência de todos e de cada um.

Numa formulação poética, afirma o Papa Francisco em sua encíclica de ecologia integral, *Laudato Si'*: "*o sol, a lua, o cedro e a florzinha, a águia e o pardal (...) revelam que nenhuma criatura se basta a si mesma.*

Elas só existem na dependência uma das outras, para se completarem mutuamente, no serviço uma das outras" (n. 86).

Na contramão dessa perspectiva, a Terra não é respeitada no conjunto de suas relações em sua alteridade e autonomia, nem se lhe reconhece nenhuma sacralidade. Muito menos ainda é amada como um superorganismo vivo, a Grande Mãe dos antigos, a Pacha Mama de nossos indígenas e a Gaia dos modernos cosmólogos. A humanidade sempre entendeu a Terra como algo vivo. Somente nos últimos séculos, dentro da cultura do capital pilhador, foi vista como algo inerte, um conjunto desarticulado de solos (continentes) e água (oceanos, lagos e rios).

4.3.3 O nó da insustentabilidade do planeta Terra

Quanto de agressão aguenta a Terra sem perder seu equilíbrio interno e se desestruturar? Chuvas ácidas matam lagos e fazem mirrar as florestas. Dejetos químicos contaminam as fontes de água potável, os oceanos se aquecem, solos são envenenados. Pesticidas entram na cadeia alimentar e afetam a saúde dos seres vivos e das gerações futuras. Lixo nuclear é especialmente perigoso. Minipartículas de plástico penetram no corpo humano. Muitas substâncias permanecem radioativas pelos próximos 100.000 anos. Não há no horizonte nenhuma tecnologia que nos possa proteger contra seus malefícios.

Parte das 60 mil armas nucleares construídas, num contexto de guerra mundial, se detonadas, podem originar o inverno nuclear. As finas partículas de fumaça provenientes das grandes queimadas por elas produzidas, junto com os elementos radioativos injetados na atmosfera, obscureceriam e resfriariam a Terra de forma mais aguda que nas eras glaciais do pleistoceno. Haveria um colapso da humanidade e de todo o sistema de vida, consequências perversas sempre negligenciadas pelas potências militaristas. Atualmente corremos o risco de que grupos terroristas venham a ter acesso à tecnologia das bombas e coloquem a humanidade e a Terra em situação de xeque-mate.

Grande risco para a vida do planeta representa a destruição da camada de ozônio. Ela fica na estratosfera entre 30 e 50 km da superfície terrestre e, como escudo, protege a vida contra as irradiações dos raios ultravioletas que são letais para todos os organismos vivos. O esgarçamento dessa camada de ozônio é provocado pelos clorofluorcarbonos (CFC). Quimicamente, trata-se de um material inerte e inofensivo que entra como fluido nas geladeiras, no ar-condicionado, nos desodorantes spray, nos extintores e na produção de isopor. Entretanto, ao alcançar a camada de ozônio, suas moléculas são divididas pelos raios ultravioletas. O cloro liberado destrói o escudo de ozônio. Consequentemente, todos os seres vivos ficam expostos aos raios ultravioletas. Estes produzem câncer de pele, catarata, debilitamento do sistema imunológico, distorções no DNA, danos à agricultura e à fotossíntese que responde pela cadeia alimentar de toda a Terra.

Outra ameaça importante é representada pelo aquecimento crescente e já irreversível da Terra, consequência do tipo de sociedade consumista de recursos produtores de gases de efeito estufa. A queima de petróleo, de carvão e de florestas libera o dióxido de carbono. Este, juntamente com outros gases como o metano, o flúor e o óxido de nitrogênio, absorvem raios infravermelhos, formando uma espécie de estufa. Ela esquenta a atmosfera. No último século, aumentou entre 0,3ºC e 0,6ºC o calor da Terra. Para os próximos 100 anos, calcula-se um aumento de 1,5ºC a 5,5ºC.

Tais mudanças provocarão desastres descomunais como secas e o degelo das calotas polares. As inundações das costas marítimas, onde vivem 60% da população mundial, causariam milhões de emigrados e de vítimas. Muitas espécies de seres vivos não se adaptariam e morreriam. Temos um exemplo do poderoso efeito estufa em Vênus revelado pela nave espacial soviética Venera. Aí se mostra sua superfície toda crespada pelo calor. O efeito estufa da Terra não poderia ter consequências semelhantes? Já há tempos, os pesquisadores nos advertem acerca dessa eventualidade. Por aí se entende o processo crescente de desertificação de inteiras regiões e a expansão dos próprios desertos.

Que suportabilidade possui a Terra face a tantas agressões produzidas primordialmente pelo modo de produção capitalista? Ao longo do processo de sua formação, em que se verificaram imensas dizimações de espécies (na ordem de 80-90% no período cambriano, há 570 milhões de anos), nosso planeta mostrou grande capacidade de resiliência e de regeneração. Agora, entretanto, teme-se que o efeito acumulativo das agressões chegue a um ponto crítico tal que quebre o equilíbrio físico-químico-biológico da Terra. Imensas catástrofes afetariam a biosfera e dizimariam milhões de seres humanos.[78]

4.3.4 O nó da injustiça social mundial

Por fim, passemos à ecologia social: quanto de injustiça e violência aguenta o espírito humano? É injusto e sem piedade que, na atual ordem do capital mundializado, 20% da humanidade detenha 83% dos meios de vida (em 1970, eram 70%) e os 20% mais pobres tenham que se contentar com apenas 1,4% (em 1960, eram 2,3%) dos recursos. É injusto e cruel manter cerca de 800 milhões de pessoas na extrema pobreza. É injusto e perverso deixar morrer anualmente 40 milhões de pessoas estritamente de fome. É injusto, perverso, cruel e sem piedade tolerar que 14 milhões de crianças morram anualmente antes de completar cinco dias de vida.

Esse cataclisma social não é inocente nem natural. É resultado direto de uma forma de organização econômico-política e social que privilegia uns poucos à custa da exploração da natureza e da miséria das grandes maiorias. Projetou-se um tipo de desenvolvimento sem medir as consequências sobre a natureza e sobre as relações sociais. Ele é altamente predatório e iníquo. Por isso, constitui uma armadilha do sistema capitalista o assim chamado desenvolvimento sustentável.

Quando analisado, ele representa uma contradição nos termos. A categoria *desenvolvimento* é tirada da área da economia, por suposto, daquela imperante, a capitalista. O desenvolvimento capitalista, na verdade, deveríamos dizer, *crescimento*, apresenta-se profundamente desigual. Cria acumulação apropriada por uns poucos à custa da exploração e do prejuízo das grandes maiorias. Esse crescimento pretende ser linear e sempre crescente. Sua metáfora é a do *câncer* que vai tomando todas as células até a morte de todo o organismo humano.

A categoria *sustentabilidade* provém de outro âmbito, da biologia e da ecologia. Sustentabilidade significa, aqui, a capacidade que um

78 WARD, Peter. *The End of Evolution*. Nova York: Bantam Book, 1995.

ecossistema possui de incluir a todos, de manter um equilíbrio dinâmico que permita a subsistência da maior biodiversidade possível. Mais que um processo linear, trata-se de um processo complexo, circular, de inter-retro-dependências, sem explorar ou marginalizar ninguém. A metáfora é a do *embrião* que cresce dentro de uma lógica de inclusão, com paradas e retomadas até que o feto se transforme num ser humano.

Como se depreende, sustentabilidade e desenvolvimento capitalista se negam mutuamente; não é uma expressão que componha os interesses da produção humana com os interesses da conservação ecológica; antes, pelo contrário, os nega e os destrói. O que se precisa é uma sociedade sustentável que se dá a si o desenvolvimento que precisa para satisfazer adequadamente as necessidades de todos, também do entorno biótico. O que se demanda é um planeta sustentável que possa manter seu equilíbrio dinâmico, refazer suas perdas e manter-se aberto a ulteriores formas de desenvolvimento.

Se bem repararmos, o sistema do capital se mantém pelo medo. Para se perpetuar, recorre permanentemente à violência econômica. Quando preciso, também à agressão militar. Por isso, a cada minuto, destina um milhão e 800 mil dólares para armas de morte. Cobra do Sul Global, a cada dois dias, a vida de cerca de 180.000 a 200.000 pessoas, sacrificadas no altar do deus Mamona (mercado mundial), como se, sobre ele se lançasse, de dois em dois dias, uma bomba atômica como em 1945, sobre Hiroshima-Nagasaki.[79]

O efeito perverso é inegável: a grande maioria da humanidade não tem sustentabilidade. Vive diariamente uma catástrofe. Tal violência configura uma agressão à Terra, pois os seres humanos são a própria Terra em sua dimensão consciente e inteligente. A injustiça social se mostra, assim, como uma injustiça ecológica.

Voltamos a perguntar: quanto de violência a Terra pode ainda tolerar sem quebrar-se como sistema? Além de termos sido no passado suicidas, homicidas e etnocidas começamos agora a ser ecocidas. O sistema do capital não nos levará a sermos no futuro não muito distante também genocidas?

79 Cf. GARAUDY, Roger. *Le débat du siècle*. Paris: [s.n.], 1996, p. 7.

4.3.5 Ou mudamos ou nos destruiremos

Nos dias atuais, alcançamos um ponto em que as virtualidades do nosso paradigma civilizacional, de perfil capitalista, não conseguem dar conta dos nós problemáticos acima apontados. Pelo contrário: agravam ainda mais a situação e aceleram as forças destrutivas.

Entretanto, há sinais de esperança. Já a partir dos inícios deste século, o paradigma moderno começou, teoricamente, a ser erodido pela física quântica, pela teoria da relatividade, pela nova biologia, pela teoria do caos generativo, pela ecologia e pela filosofia crítica. Estava surgindo um novo paradigma. Ele tem um caráter contrário àquele capitalista; é holístico, sistêmico, inclusivo, panrelacional e espiritual.

Entende o universo não como uma coisa ou justaposição de coisas e a soma de todos os seres existentes. Mas como um sujeito no qual tudo tem a ver com tudo, em todos os pontos, em todas as circunstâncias e em todas as direções, gerando uma imensa solidariedade cósmica.[80] Cada ser depende do outro, sustenta o outro, participa do desenvolvimento do outro, comungando de uma mesma origem, de uma mesma aventura e de um mesmo destino comum.

O universo (desde as energias mais originárias e as partículas mais elementares até a mente humana) constitui uma comunidade de sujeitos, pois todos os seus componentes (o próprio universo como um todo orgânico) vêm caracterizados por aquilo que constitui um sujeito: a interatividade, a historicidade, a interioridade e a intencionalidade. Ele está inserido num imenso processo evolutivo, autocriativo e auto-organizativo que se manifesta de muitas formas, seja como matéria e

80 Para toda esta parte, veja o clássico: BERRY, Thomas; SWIMME, Brian. *The Universe Story*: From the Primordial Flaring forth to the Ecozoic Era, a Celebration of the Unfolding of the Cosmos. São Francisco: Harper San Francisco, 1992; BERRY, Thomas. *The Dream of the Earth*. São Francisco: Sierra Club Books, 1988; ZOHAR, Danah; MARSHALL, Ian. *The quantum Society*: mind, physics and a new social vision. Nova York: William Morrow and Campany, 1994; HAWKING, Stephen. *A Brief History of Time*: from the Big Bang to the black holes. Nova York: Bantam Books, 1988.

energia, seja como informação e complexidade, seja como consciência e interioridade.

Ao invés de ser um universo atomístico, composto de partículas discretas – universo cuja complexidade cabe ser quebrada em componentes menores e mais simples –, agora, esse universo é considerado como um todo relacional, inter-retro-conectado com tudo e maior que a soma de suas partes.

A natureza da matéria, quando analisada com mais profundidade, não aparece como estática e morta, mas como uma dança de energias e de relações para todas as direções. A Terra não é mais vista como um conglomerado de matéria inerte (os continentes) e água (os oceanos, lagos e rios), mas como um superorganismo vivo, Gaia,[81] articulando todos os elementos, as rochas, a atmosfera, os seres vivos e a consciência num todo orgânico, dinâmico, irradiante e cheio de propósito, parte de um todo ainda maior que nos inclui: o universo em cosmogênese, em expansão e perpassado de consciência.[82]

Essa visão fornece a base para uma nova esperança, para uma sabedoria mais alta e para um projeto civilizacional alternativo àquele dominante hoje, o do capitalismo mundialmente integrado. Ela nos permite passar do sentimento de perda e de ameaça que o cenário atual nos provoca para o sentimento de pertença, de promessa e de um futuro melhor.

Quatro eixos dão consistência ao novo paradigma, que se distancia enormemente do capitalismo:

81 Cf. LOVELOCK, James. *Gaia*: a new look at life on Earth. Oxford: Oxford University Press, 1997; LOVELOCK, James. *The Ages of Gaia*: a biography of our living Earth. Nova York: Norton, 1988; SAHTOURIS, Elisabet. *Earth Dance*: living systems in evolution. Nova York: iUniverse,1996.

82 Veja a tese do conhecido físico quântico e seu grupo: GOSWAMI, Amit; REED, Richard E.; GOSWAMI, Maggie. *The Self-aware Universe*: how consciousness creates the material world. Nova York: Tarcher, 1993.

- a busca da *sustentabilidade* ecológica e econômica baseada numa nova aliança de fraternidade/sororidade para com a natureza e entre os seres humanos;
- a acolhida da *diversidade* biológica e cultural fundada na preservação e no respeito a todas as diferenças e no desenvolvimento de todas as culturas;
- o incentivo à *participação* nas relações sociais e nas formas de governo inspiradas na democracia entendida como valor universal a ser vivido em todas as instâncias (família, escola, sindicatos, igrejas, movimentos de base, nas fábricas e nos aparelhos de Estado) e com todo o povo;
- o cultivo *da espiritualidade* como expressão da profundidade humana que se sente parte do todo, capaz de valores, de solidariedade, de compaixão e de diálogo com a Fonte originária de todos os seres.

Esse novo paradigma não é ainda hegemônico. Perdura vastamente ainda aquele da modernidade burguesa e capitalista, atomístico, mecânico, determinístico e dualista, apesar de sua refutação teórica e prática. Perdura porque é funcional aos propósitos das classes dominantes mundiais. Elas mantêm o povo e até pessoas de formação elevada na ignorância acerca da nova visão do mundo. Continuam a impor um sistema global cujos frutos maiores são a dominação, a exclusão e a destruição.

Mas a crise ecológica mundial e o curto prazo que dispomos para as mudanças necessárias conferem atualidade e vigor ao novo paradigma. Ele é subversivo para a ordem vigente. Precisamos de uma nova revolução, uma *revolução civilizacional*. Ela será de natureza diversa daquelas nascidas a partir da revolução do neolítico, especialmente daquela propiciada pela cultura do capital. Terá por base e inspiração a nova cosmologia, entendida como cosmogênese. No percurso da evolução, vão emergindo as novas ordens com seus respectivos representantes, bifurcações e a expansão da complexidade até permitir a irrupção da consciência.

Mas, para isso, temos que mudar nossa forma de pensar, de sentir, de avaliar e de agir. Dentro do sistema do capital, não há salvação para as grandes maiorias da humanidade, para os ecossistemas e para o planeta Terra. Devemos ter mais sabedoria que poder, mais veneração que saber, mais humildade que arrogância, mais vontade de sinergia que de autoafirmação, mais vontade de dizer *nós* do que dizer *eu* como o faz sistematicamente a cultura do capital. Por essas atitudes, os seres humanos poderão se salvar e salvar o seu belo e radiante planeta.

Esposamos a ideia de que estamos na crise de parto, do nascimento de um novo patamar de hominização. Podemos, sim, nos destruir. Criamos para isso a máquina de morte. Mas ela pode ser sustada e transformada. O mesmo foguete gigante que transporta ogivas atômicas pode ser usado para trocar a rota de asteroides ameaçadores da Terra. É a hora de darmos o salto de qualidade e inaugurarmos uma aliança nova com a Terra. A chance está criada. Depende de nós sua realização feliz ou o seu inteiro fracasso. Dessa vez não nos é permitido nem protelar nem errar de objetivo.

Rejeitamos a ideia de que os 4,5 bilhões de anos de formação da Terra tenham servido para a sua destruição. As crises e o sofrimento se ordenam a uma grande aurora. Ninguém poderá detê-la. Uma nova revolução civilizacional deverá nascer e já dá os primeiros vagidos. De uma época de mudança passamos à mudança de época.

4.3.6 Que sonhos nos orientam?

Uma nova civilização surge quando se encontram respostas concretas às seguintes demandas, deixadas de lado pela ordem capitalista: que utopias nos abrem o futuro? Que valores novos dão sentido à nossa vida pessoal e social? Que práticas novas mudam as relações sociais? Que cuidado desenvolvemos para com a natureza e que benevolência e compaixão suscitamos para com todos os seres da criação? Que novas tecnologias utilizamos que não neguem a poesia e a gratuidade? Que fraternidade e sororidade estabelecemos entre todos os povos e culturas? Que nome damos ao Mistério que nos circunda e com que símbolos, festas, ritos e danças o celebramos? Numa sentença: quais são os sonhos que nos dão esperança?

Os sonhos são da maior importância. Morrem as ideologias e envelhecem as cosmologias. Mas os sonhos permanecem. São eles o húmus que permite continuamente projetar novas formas de convivência social e de relação para com a natureza. Com humor, dizia Eduardo Galeano, referindo-se ao fatalismo da ordem capitalista: "se não nos deixam sonhar, nós não os deixaremos dormir".

Com acerto, escrevia o cacique pele vermelha Seattle ao governador Stevens, do Estado de Washington em 1856, quando este forçou a venda das terras indígenas aos colonizadores europeus. O cacique, com razão, não entendia por que se queria comprar a terra, a aragem, o verde das plantas e o esplendor da paisagem. Nesse contexto, refletia que os peles vermelhas compreenderiam o porquê e a civilização dos brancos "se conhecessem os sonhos do homem branco, se soubessem quais as esperanças que transmite a seus filhos e filhas nas longas noites de inverno e quais as visões de futuro que oferece para o dia de amanhã".[83]

Qual é o nosso sonho? Que esperança transmitimos aos jovens? Que visões de futuro ocupam as mentes e o imaginário coletivo através das escolas, dos meios de comunicação tradicionais e dos modernos virtuais e de nossa capacidade de criar valores?

As respostas a essas indagações geram um novo padrão civilizatório, radicalmente diferente daquele capitalístico. Descendo ao concreto do dia a dia, face às transformações que atingem os fundamentos de nossa civilização atual, indagamos: quais são os atores sociais que propõem um novo sonho histórico e desenham um novo horizonte de esperança? Quem são os sujeitos coletivos gestadores da nova civilização?

Sem detalharmos a resposta, podemos dizer que eles se encontram em todas as culturas e em todos os quadrantes da Terra. Eles irrompem de todos os estratos sociais e de todas as tradições espirituais. Eles estão em todas as partes. Mas principalmente são os que se sentem insatisfeitos com o atual modo de viver, de trabalhar, de sofrer, de se alegrar e de morrer, em particular, os excluídos, oprimidos e marginalizados. São aqueles que, mesmo dando pequenos passos, ensaiam um comportamento alternativo e enunciam pensamentos criadores.

83 O texto todo se encontra em BOFF, Leonardo. *Ecologia*: grito da Terra, grito dos pobres. São Paulo: Ática, 1995, pp. 336-341; nova edição, Petrópolis: Vozes, 2014, p. 340.

São ainda aqueles que ousam organizar-se ao redor de certas buscas, de certos níveis de consciência, de certos valores, de certas práticas, de certos sonhos, de certa veneração do Mistério e, juntos, começam a criar visões e convicções que irradiam uma nova vitalidade em tudo o que pensam, projetam, fazem e celebram.

Por tais sendeiros desponta a nova civilização que será de agora em diante não mais regional, mas coletiva e planetária, e, esperamos, que signifique a superação histórica do capitalismo e, por isso, mais solidária, mais ecológica, mais integradora e mais espiritual.

4.3.7 A civilização da re-ligação e da relação de todos com todos

Que nome vamos dar ao novo que está emergindo? Ensaiamos uma resposta: será uma civilização mais sintonizada com a lei fundamental do universo que é a panrelacionalidade, a sinergia e a complementariedade, valores sistematicamente negados pela cultura do capital. Será, numa palavra, a *civilização da re-ligação* de tudo com tudo e de todos com todos, uma teia de relações que a todos envolve.[84] Por isso será uma civilização que dará centralidade à *re*-ligião, não simplesmente como uma instituição consagrada, mas como aquela instância que se propõe a *re*-ligar todas as coisas entre si porque as vê *re*-ligadas umbilicalmente à Fonte de todo ser.

Essa civilização será *re*-ligiosa ou não será. Pouco importa o tipo de religião, ocidental, oriental, antiga, moderna, contanto que seja aquela experiência radical que consiga *re*-ligar todas as coisas, ver todas inter-retro-conectadas e gestar um sentido de totalidade e de integração. Então, poderá surgir a civilização da etapa planetária, da sociedade terrenal, a primeira civilização da humanidade como humanidade.

Sentir-nos-emos todos enredados numa mesma consciência coletiva, numa mesma responsabilidade comum, dentro de uma mesma e única Arca de Noé que é a nave espacial azul-branca, a Terra. Essa

84 BOFF, Leonardo. *O despertar da águia*: o dia-bólico e o sim-bólico n a construção da realidade. Petrópolis: Vozes, 1998, pp. 34-39.

nova civilização não é apenas um desiderato e um sonho ridente. Ela está em curso.

Queremos apenas nos deter num poderoso sinal: *a planetização e a globalização*. Trata-se de um processo irreversível. Representa indiscutivelmente uma etapa nova na história da Terra e do ser humano. Estamos rumando para a constituição de uma única sociedade-mundo, uma república global, que mais e mais demanda uma gestão central para as questões que afetam e interessam a todos os humanos como a alimentação, a saúde, a moradia, a educação a comunicação, a paz, a segurança e a salvaguarda da Terra.

É verdade que estamos ainda na idade de ferro desse processo.[85] É a fase da globalização *competitiva* que não inaugurou ainda a globalização *cooperativa*, pois ela se realiza sob o signo do *econômico* de molde capitalista, portanto, com contradições e conflitos provocados pela concorrência, pela vontade de acumulação desenfreada, de lucro a qualquer preço e pela luta de classes a nível mundial.

Esse modo de produção, hoje mundialmente articulado, transforma tudo em mercadoria, do gene humano à informação, do sexo à mística. A mercadoria, pela habilidade do *marketing*, vira um fetiche para induzir ao consumo e visar ao lucro.[86]

Precisamos de uma outra economia que se estruture ao redor da produção do suficiente e do decente para todos os seres humanos e para a comunidade de vida.

A economia imperante, do crescimento crescente e linear, faz violência à Terra e não é cooperativa e participativa e, por isso, produtora de desigualdades que representam injustiças pessoais e sociais.

85 MORIN, Edgar; KERN, Anne-Brigitte *Terre-Patrie*. Paris: Seuil, 1993.

86 Veja textos críticos da nova ordem do capital: RAMONET, Ignacio. *Geopolítica do caos*. Petrópolis: Vozes, 1998; ARRIGHI, Giovanni. *A ilusão do desenvolvimento*. Petrópolis: Vozes, 1997; KURZ, Robert. *Os últimos combates*. Petrópolis: Vozes, 1997; WALLERSTEIN, Immanuel. *El futuro de la civilización capitalista*. Barcelona: Icaria/Antrazyt, 1997; HINKELHAMMERT, Franz Josef. *Cultura de la esperanza y sociedad sin exclusión*. San José da Costa Rica: DEI, 1995.

Mas somente se alcançará essa nova economia política caso predominar uma outra escala de valores. Ao invés do egoísmo pessoal e coletivo, do lucro individual e empresarial, devem prevalecer a solidariedade, a participação e a parceria. No modelo vigente de concorrência e de triunfo do mais forte, somente um lado ganha. Todos os outros perdem. No novo modelo sonhado e possível, todos ganham e ninguém perde. É o conhecido ganha-ganha. Também ninguém é vítima de exclusão porque tudo será estruturado ao redor da vida, da sinergia e da cooperação. Então, sim, teremos a globalização cooperativa e sociedades nas quais todos podem caber.

Mas, quer queiramos ou não, está já se anunciando o dia em que a mundialização não será só econômica. Far-se-á também sob o signo da *ética*,[87] do senso da *com*-paixão universal, da descoberta da família humana e das pessoas dos mais diferentes povos, como sujeitos de direitos incondicionais, direitos que não dependem do dinheiro que se tem no bolso, nem da cor da pele, nem da religião que se professa, nem do time de futebol para o qual se torce.

Estaremos todos sob o mesmo arco-íris da solidariedade, do respeito e valorização das diferenças e movidos pela amorização que nos faz a todos irmãos e irmãs. Será a *era ecozoica*, como alguns já o formularam.

Far-se-á também na esfera da *política*, que deverá reconstruir as relações de poder, não mais na forma de dominação/exploração sobre as pessoas e a natureza, mas na forma da mutualidade biofílica (reciprocidade entre os seres vivos) e da colaboração entre todos os povos, base para a convivência coletiva em justiça, em paz e em aliança fraternal/sororal com a natureza. Ela deverá se organizar ao redor de uma meta comum: garantir o futuro do sistema-Terra e as condições para o ser humano poder continuar a viver e a se desenvolver como já vem fazendo há cerca de oito milhões de anos.[88]

87 BOFF, Leonardo. *Ética da vida*. Brasília: Letraviva, 1999; BOFF, Leonardo. *Saber cuidar*: ética do humano – compaixão pela Terra. Petrópolis: Vozes, 1999; BOFF, Leonardo. *Ethische Herausforderungen der Globalisierung*. Basel: Stiftung Mensch-Gesellschaft-Umwelt, 1998.

88 Cf. FERRY, Luc. *A nova ordem ecológica*: a árvore, o animal, o homem. São

Por fim, haverá uma mundialização da experiência do *Espírito* no cultivo das energias espirituais que pervadem o universo, trabalham a profundidade humana e das culturas e reforçam a sinergia, a solidariedade, o amor à vida a partir dos mais ameaçados e a veneração do Mistério inefável que tudo gera, tudo perpassa e tudo sustenta.

Estamos diante de um experimento sem precedentes na história. O futuro, para tornar-se presente, não poderá ser a continuação do passado, nem uma nova expressão da cultura do capital. Este nos conduziria ao destino dos dinossauros que, há 67 milhões de anos, desapareceram.

Essa é a grande lição que devemos tirar: ou mudamos, ou perecemos. Ou trilhamos o caminho de Emaús da partilha e da hospitalidade para com todos os habitantes da nave-espacial Terra, ou então experimentaremos o caminho da Babilônia, da tribulação e da desolação. Dessa vez, não nos é permitida a ilusão acerca da gravidade da situação atual.

Entretanto, vigora uma inarredável esperança. Desde que surgiram os vertebrados há 570 milhões de anos e, em sua sequência, posteriormente o *Homo sapiens e demens*, a Terra conheceu 15 grandes dizimações nas quais seu capital biótico foi quase dizimado. Mas a vida sempre triunfou. Cada vez pôde refazer-se. Como numa espécie de *vendetta* da própria evolução, cresceu a biodiversidade. Essa lógica da seta do tempo evolucionário se mantém para a situação atual.

Por isso, mantemos fundada a esperança de que a solidariedade triunfará sobre o individualismo capitalista e os dinamismos da vida se sobreporão aos dispositivos da morte, fazendo-a um momento transformador de sua própria dinâmica vital, como a evolução, em seu já longo caminhar, o comprova.

Paulo: Ensaio, 1994; SCHWARZ, Walter; SCHWARZ, Dorothy. *Ecologia*: alternativa para o futuro. Rio de Janeiro: Paz e Terra, 1990; REVUE ACTUEL MARX. *L'écologie, ce matérialisme historique*. Paris: PUF, 1993; MIRES, Fernando. *El discurso de la naturaleza*: ecología y polítca en America Latina. San José da Costa Rica: DEI, 1990; MAY, Peter Herman; MOTTA, Ronaldo Seroa da (Coord.). *Valorando a natureza*: análise econômica para o desenvolvimento sustentável. Rio de Janeiro: Campus, 1994.

E chegaremos a uma etapa civilizatória a partir da qual olharemos para o passado capitalista como um momento sombrio da humanidade, esquecida de sua própria essência feita de relacionalidade, de cuidado, de enternecimento e de sentido de pertença a todos os seres e ao inteiro universo. Então, libertada desse pesadelo, ela poderá evoluir conjuntamente com os demais seres e dentro de processos sociais nos quais seja menos difícil expressarmos nossa veneração, nossa amizade e nosso amor.

4.4 Propostas enganosas e promissoras para a crise planetária

É já uma obviedade reconhecer que estamos mergulhados numa perigosa crise planetária. Até os negacionistas mais ferrenhos estão sentindo na própria pele os efeitos da crise atual: tufões, enchentes, nevascas inimagináveis, secas severas, desertificação, guerras e genocídios a céu aberto como na Faixa de Gaza e outros fenômenos. A mudança climática não poupa ninguém, chegando a temperatura nos países nórdicos a mais de 40ºC abaixo de zero e, entre nós, como no Rio de Janeiro, a 50ºC, com percepção de 70ºC acima de zero.

Tais eventos não permitem tergiversações. Muitos estão percebendo que estão embarcados num navio indo a pique e procuram soluções de todo tipo, algumas de grande perversidade.

A primeira foi excogitada no interior dos trilhardários (0,1% da humanidade) que se encontram anualmente em Davos. Projetaram a *Great Reset* do capitalismo, vale dizer, a grande e radical retomada do capitalismo levado ao extremo. Por meio da Inteligência Artificial, eles propõem uma espécie de despotismo cibernético, pelo qual controlam cada pessoa, todo um povo, os celulares e computadores desligados e até a pasta de dente que estou usando. Imporiam seu tipo de produção, distribuição e consumo a toda a humanidade. Esse projeto é tão perverso que não tem chance nenhuma de realização. A todo poder se oporia um antipoder da humanidade inteira e inviabilizaria seu intento.

A segunda proposta é o *capitalismo verde*. Ele se propõe a reflorestar todas as áreas devastadas e a conservar todas as áreas verdes, o que parece muito atraente. Mas o capitalismo é sempre capitalismo. Esse projeto não muda o sistema produtor de mercadorias, visando ao lucro. O verde não questiona a perversa desigualdade social. Antes, mercantiliza toda a natureza. Exemplo: não apenas lucra com a venda do mel de abelhas, mas cobra por sua capacidade de polinização.

Como diz com acerto Michael Löwy, diretor de pesquisa em sociologia na SNRS de Paris, num artigo sobre o decrescimento:[89]

> Não há solução para a crise ecológica no marco do capitalismo, um sistema inteiramente dedicado ao produtivismo, ao consumismo e à luta feroz por "fatias de mercado". Sua lógica intrinsecamente perversa conduz inevitavelmente à ruptura do equilíbrio ecológico e à destruição dos ecossistemas.

Mas há propostas promissoras, no pressuposto de que tenhamos tempo para isso. Apontaremos apenas algumas. A que mais futuro projeta é aquela economia que trabalha o *território* (*bioregionalismo*). Define o território não pela divisão convencional em municípios, mas pela configuração que a própria natureza oferece: tipo de fauna e flora, de bacias hídricas, lagos, montanhas e vales e tipo de população. No âmbito do terreno, pode-se construir uma economia realmente sustentável com utilização racional dos bens e serviços naturais, com redes de cooperativas de produção solidária, integração de toda a população, permitindo uma democracia de fato representativa, valorização dos bens culturais como as tradições e festas locais e a celebração dos personagens notáveis que viveram na região.

Como tudo é produzido no local, evita-se o transporte longo. Poderíamos imaginar o planeta Terra como um tapete de milhões de territórios com economia integrada e sustentável, com mais equidade ou real diminuição da pobreza.

Outro modelo vem sob o nome de *economia solidária e agroecológica*. Como o nome indica, trata-se de cooperativas que trabalham solidariamente à base da agroecologia, em sintonia com os ritmos na natureza, diversificando a produção para permitir a regeneração do território. Elas se desdobraram em ONGs Cidades sem Fome, hortas urbanas e escolares. Aproveitam-se espaços não utilizados das cidades ou inteiros

89 Disponível em: www.leonardoboff.org.

terraços para uma produção de consumo local, com a participação de todos. Não se apresenta como um projeto total, mas como forma de garantir alimentos saudáveis às populações. O MST tem mostrado os efeitos benéficos e integradores desse tipo de economia solidária.

Outro modelo se apresenta como *economia circular*. Ela se baseia na redução, reutilização, recuperação e reciclagem de tudo o que foi usado. Especialmente se reciclam embalagens, vidros, PET, PP e papel. Poupam-se os recursos naturais, aproveita-se o já aproveitado. Dessa forma, rompe-se o atual modelo linear de extração-produção-eliminação. Esse modelo é interessante ecologicamente, mas não coloca as questões da ecologia social que visa superar as desigualdades sociais. Assim, a economia circular é de alcance limitado.

Um modelo vivido há séculos pelos andinos é o *bem viver/conviver*. É uma economia profundamente ecológica, pois parte-se da premissa de que a Pacha Mama (Mãe Terra) tudo produz. Com seu trabalho, o ser humano a ajuda quando carece a abundância. Para eles, o conceito-matriz é a harmonia que começa na família, se estende para a natureza, da qual cada ser é portador de direitos, até consignados na nova constituição da Bolívia e do Equador. A centralidade não é posta na economia, mas na convivência pacífica e na relação amigável para com a natureza, as águas, as florestas e as montanhas. Quem sabe, quando um dia a humanidade despertar para a sua profunda pertença à Terra e à natureza, o bem-viver/conviver será um ideal a ser vivido por todos.

Há ainda o movimento da *economia de Francisco e Clara*, proposta pelo Papa Francisco. Depois de fazer uma contundente crítica ao sistema do capital e de sua cultura consumista, propõe uma fraternidade universal. Esta vigora entre todos os seres e entre os humanos, todos irmãos e irmãs (sua encíclica *Fratelli tutti*). A centralidade é ocupada pela vida em todas as suas formas, especialmente a vida humana, com particular cuidado com a vida dos mais vulneráveis. A economia e a política estariam a serviço da vida em primeiríssimo lugar e somente depois ao mercado. É um ideal generoso, ainda em gestação.

Seguramente, o projeto do *ecossocialismo* é o que mais tem chance de realização histórica. Não tem nada a ver com o socialismo vivido no estilo soviético, mas quer realizar o ideal maior de dar a cada um segundo a sua necessidade e cada um oferecer as suas possibilidades.

Ele se opõe ao mercado capitalista e assume um comportamento ecológico generalizado.

Esse projeto é o mais avançado e sólido. Supõe um contrato social mundial com um centro plural de governança para os problemas globais da humanidade, como foi o caso do coronavírus e agora da mudança climática. Os bens e serviços naturais são de todos, e se propõe um consumo decente e sóbrio que incluiria também a comunidade de vida que também precisa dos nutrientes necessários para a sua sustentabilidade. Ganharia mais fôlego se esse projeto fosse além de seu sociocentrismo ecológico e incorporasse os dados mais seguros da nova cosmologia e biologia que consideram a Terra e a vida humana como um momento do grande processo cosmogênico, biogênico e antropogênico. O *ecossocialismo* ecológico seria uma emergência desse processo global.

Por fim, qualquer modelo que pretenda dar conta da crise planetária deverá resgatar aquilo que um dia tivemos e perdemos e é guardado pelos povos originários: nossa profunda pertença à Mãe Terra e comunhão com todas as suas criaturas. Esta visão ancestral para os povos originários será, segundo o pensador Ailton Krenak,[90] o nosso futuro, aquele que nos garantirá continuar neste planeta. Esperamos que os tempos da Terra nos sejam generosos para viver esse sonho.

4.5 Por onde começar? O biorregionalismo e a sustentabilidade

Por todas as partes, buscam-se alternativas ao modo de produção industrialista/mercantilista/consumista, pois os efeitos sobre as sociedades e sobre a natureza estão se mostrando cada vez mais desastrosos. O caos climático, a erosão da biodiversidade, a escassez de água potável, a quimicalização dos alimentos e o aquecimento global são os sintomas mais reveladores. Esse modo de produção é ainda dominante, mas não sem crises internas e críticas.

90 Cf. KRENAK, Ailton. *Futuro ancestral*. São Paulo: Companhia das Letras, 2022.

Em contrapartida, comparecem por todas as partes formas alternativas de produção de base ecológica como a agricultura orgânica, as cooperativas de alimentos agroecológicos, a agricultura familiar, as ecovilas e outras afins. A visão de uma ecoeconomia da suficiência ou do "bem viver e conviver" dá corpo ao biorregionalismo, como já explanado anteriormente.

A economia biorregional se propõe satisfazer as *necessidades* humanas (em contraste com a satisfação dos *desejos*) e realizar o bem viver e conviver, respeitando o alcance e os limites de cada ecossistema local.

Previamente, temos que nos questionar sobre o sentido da riqueza e de seu uso. Em vez de centrarmo-nos na acumulação material para além do necessário e do decente, precisamos buscar outro tipo de riqueza, esta sim, verdadeiramente humana, como o tempo para a família e os filhos, para os amigos, para desenvolver a criatividade, para nos encantar com o esplendor da natureza, para nos dedicar ao lazer e à meditação.

O sentido originário da economia não é a acumulação de capital, mas a criação e *re*-criação da vida. Ela se ordena a satisfazer nossas necessidades materiais e criar as condições para a realização dos bens espirituais (não materiais) que não se encontram no mercado, mas derivam do coração e das corretas relações para com os outros e para com a natureza, como a convivência pacífica, o sentido de justiça, de solidariedade, de compaixão, de amorização e de cuidado para com tudo o que vive.

Ao focarmos a produção biorregional, minimizamos as distâncias que os produtos têm que viajar, economizamos energia e diminuímos a poluição. O suprimento das necessidades pode ser atendido por indústrias de pequena escala e tecnologias sociais facilmente incorporadas pela comunidade. Os dejetos podem ser facilmente manejados ou transformados em bioenergia. Os operários sentem-se ligados ao que a natureza local produz e, por operarem em pequenas fábricas, consideram seu trabalho mais significativo.

Aqui reside a singularidade da economia biorregional: ao invés de adaptar o meio ambiente às necessidades humanas, são estas que se adaptam e se harmonizam com a natureza e, destarte, asseguram o equilíbrio ecológico. A economia usa minimamente os recursos não renováveis e usa racionalmente os renováveis, dando-lhes tempo para repouso e regeneração. Os cidadãos acostumam-se a sentir-se parte da natureza e seus cuidadores. Daí nasce a verdadeira sustentabilidade.

No lugar de criar postos de trabalho, procura-se criar, como afirma a Carta da Terra, "modos sustentáveis de vida" que sejam produtivos e deem satisfação às pessoas.

Os computadores e as modernas tecnologias de comunicação permitirão que as pessoas trabalhem em casa, como se fazia na era pré-industrial. A tecnologia serve não para aumentar a riqueza, mas para nos liberar e garantir mais tempo, como sempre enfatiza o líder indígena Ailton Krenak, para a convivência, para a recreação, para a restauração da natureza e a celebração das festas locais, no caso tribais.

A economia biorregional facilita a abolição da divisão do trabalho fundada no sexo. Homens e mulheres assumem juntos os trabalhos domésticos e a educação dos filhos e zelam pela beleza ambiental.

Essa renovação econômica propicia também uma renovação cultural. A cooperação e a solidariedade se tornam mais realizáveis e as pessoas se acostumam a agir corretamente entre elas e com a natureza, porque fica mais claro que isso está em seu próprio interesse, bem como no da comunidade. A conexão com a Mãe Terra e seus ciclos suscita uma consciência de mútua pertença e de uma ética do cuidado.

O modelo biorregional, a partir da pequena cidade inglesa Totnes, é assumido hoje por cerca de 8.000 localidades, chamadas de *transition towns*, "cidades em transição" para o novo. Tais fatos geram esperança para o futuro.

4.6 A dimensão política da fé hoje: conservar ou transformar?

A fé não é um *ato* ao lado de outros. Mas é uma *atitude* que engloba todos os atos, toda a pessoa, o sentimento, a inteligência, a vontade e as opções de vida. E uma experiência originária de encontro com o Mistério que os cristãos identificam com o Deus vivo e com Jesus ressuscitado, feito o Cristo cósmico. Mas Deus é invocado sob mil nomes diferentes. O importante não são os nomes, mas a Realidade.

Esse encontro muda a vida e a forma de ver todas as coisas. Pela atitude de fé, vemos que tudo está ligado e religado a Deus, como Aquele Pai/Mãe que tudo criou, tudo acompanha e tudo atrai para que todos possam viver com espírito fraterno, com cuidado de uns para com outros e para com a natureza. Esse amor social constitui a mensagem central da encíclica do Papa Francisco, *Fratelli tutti*. A fé não é só boa para a eternidade, mas também para este mundo.[91]

A fé engloba também a política com a letra *P* maiúscula (política social) e com *p* minúscula (política partidária). Sempre se pode perguntar: em que medida a política, seja social, seja partidária, é instrumento para a realização dos bens do Reino que importam para a vida, como o amor social, a fraternidade sem fronteiras, a justiça pessoal e social, a solidariedade e a tolerância em que medida a política cria as condições para as pessoas abrirem-se à cooperação, à comunhão uns com os outros e com Deus e não se entredevorarem pela competição.

Essa é chamada pela encíclica do Papa Francisco *Fratelli tutti* (2020), "a Política Melhor", que inclui o coração e até a ternura e a gentileza como de forma surpreendente vem dito lá.

4.6.1 A fé como uma bicicleta: a roda da religião e a roda da ética

A fé não fica apenas como experiência pessoal de encontro com a Divindade, o Sagrado, Deus e Cristo no Espírito. Ela se traduz concretamente na vida. Ela é como uma *bicicleta*, possui duas rodas mediante as quais se torna concreta: a roda da religião e a roda da política.

A *roda da religião* se realiza pela meditação, pela oração, pelas celebrações, pela eucaristia, pelos sacramentos, pela leitura da Bíblia, pelas romarias, pela devoção aos santos e santas, numa palavra, pelo culto.

Muitos reduzem a religião somente a essa roda. Especialmente as redes de tv católicas. Essas são, geralmente, de um cristianismo meramente devocional, de missas, adoração da hóstia consagrada, santos e santas, rosários e de ética familiar.

91 Cf. BOFF, Leonardo. *Brasil*: concluir a refundação ou prolongar a dependência. Petrópolis: Vozes, 2018.

Quase nunca se fala de justiça social, do drama dos milhões de desempregados, do grito dos oprimidos e do grito da Terra. Nesse campo, precisa-se de uma fé com compromisso de assumir um lado, para escapar do cinismo face à realidade com tantas iniquidades.

Ouvindo-se certas pregações, fica difícil entender por que Jesus foi preso, torturado, julgado e condenado à morte de cruz. Não foi por um desígnio eterno do Pai, o que estaria em contradição de sua essência de amor e de misericórdia. Foi por razões humanas e políticas, pois se opunha a tradições que apenas oneravam o povo e porque pregava um Reino que era de Deus e não do César romano. Esse tipo de cristianismo é cômodo. Jesus teria morrido de velho e cercado de seguidores.

Mais grave é o tipo de fé proclamada pelas igrejas neopentecostais com suas televisões e programas multitudinários. Aí não se escuta a mensagem do Reino de amor, de justiça, de fraternidade e de perdão. Nunca se ouve a palavra fundamental do Jesus histórico: "felizes os pobres porque vosso é o Reino de Deus (...) ai de vós ricos, porque já tendes a vossa consolação" (Lucas 6, 20-24).

Em seu lugar, volta-se a um tipo de leitura do Antigo Testamento (raramente a tradição profética) em que se ressaltam os bens materiais. Pregam não o Evangelho do Reino, mas o Evangelho da Prosperidade material e, atualmente, do Domínio (a religião como única fonte de organização social).

Logicamente, a maioria é pobre e precisa de uma infraestrutura material básica. E a fome real martiriza milhões de fiéis. Mas "não só de pão vive o homem", disse o Mestre. O ser humano tem no fundo outro tipo de fome: fome de reconhecimento negado às mulheres, aos mais humildes, aos negros, aos homoafetivos, às pessoas LGBTQIA+, fome de beleza, de transcendência, ínsita à natureza humana, por fim, fome de um Deus vivo que é de ternura e de amor aos mais invisíveis.

Tudo isso, essência da mensagem do Jesus histórico, não se ouve nas palavras desses pastores. Estes, a maioria deles (não todos), são lobos em pele de ovelha, pois exploram em proveito próprio a fé singela dos mais humildes.

E o mais grave: muitos são politicamente conservadores e até reacionários, agem como se partidos fossem, normalmente, apoiando políticos de conduta duvidosa, interferem, como foi o caso do governo insano de Jair Bolsonaro, na agenda político-partidária, apontando nomes para os altos cargos.

Não respeitam a Constituição que prescreve a laicidade do Estado. Jair Bolsonaro, feito inelegível por seus crimes, outrora católico, por conveniência, se aproveita dessas igrejas neopentecostais como base de apoio de seu governo de viés reacionário, autoritário e fascistóide. No fundo, não possui fé nenhuma, apenas borboleteia de uma igreja a outra, com tanto que lhe tragam vantagens políticas.

Ao lado deles, há um grupo de católicos saudosistas do passado, conservadores que se opõem até ao Concílio Vaticano II (1962-1965), ao Papa Francisco, ao Sínodo Pan-Amazônico, usando de verdadeiras mentiras, *fake news* e outros ataques por seus YouTubers. Podem ser católicos conservadores, mas nunca cristãos na herança de Jesus, pois nessa herança não cabem o ódio, a mentira e a calúnia que eles propagam.

A fé possui uma segunda roda, *da política*; é o seu lado prático. A fé se expressa pela prática da justiça, da solidariedade, da denúncia das opressões, pelo protesto e pela prática da solidariedade sem fronteiras, do amor social e da fraternidade universal, como enfatiza o Papa na *Fratelli tutti* (n. 6). Como se vê, política aqui é sinônimo de *ética*.

Temos que aprender a nos equilibrar em cima das duas rodas para poder andar corretamente. Vale rezar para fortalecer o compromisso pelos bens pregados por Jesus, profundamente humanos e sociais. É a roda da religião.

Mais fundamental é viver o que Jesus pregou, pois "não é aquele que diz Senhor, Senhor que entrará no reino céus, mas quem fizer a vontade do meu Pai" (Mateus 7, 21). Trata-se, portanto, de um *fazer* e não apenas *crer*.

Entre aqueles que vivem uma ética de solidariedade, de respeito e de busca da verdade, estão muitos que se confessam ateus. Admiram a figura de Jesus por sua profunda humanidade e coragem ao denunciar as mazelas sociais de seu tempo e, por isso, de sofrer perseguições e ser crucificado. Bem enfatiza o Papa Francisco: "prefiro esses ateus éticos a cristãos indiferentes ao sofrimento humano e às clamorosas injustiças mundiais".

Quem busca a justiça e a verdade está na direção do caminho que termina em Deus, pois sua verdadeira realidade é de amor e de verdade. Mais valem tais valores que as muitas orações se nelas não estiverem presentes a justiça, a verdade e o amor. Quem é surdo diante dos padecimentos humanos não tem nada a dizer a Deus, e suas orações não são ouvidas por Ele. É a roda da ética.

Para as Escrituras judaico-cristãs, a roda da política (ética) emerge mais importante que a roda da religião institucional (culto, cf. Mateus 7, 21-22; 9, 13; 12, 7; 21, 28-31; Gálatas 5, 6; Tiago 2, 14 e os profetas do AT). Sem a ética, a fé é vazia e inoperante.

São *as práticas e não as prédicas* que contam para Deus. Não adianta dizer "Senhor, Senhor" e com isso organizar toda uma celebração e uma aeróbica religiosa; mais importante é fazer a vontade do Pai que é amor, misericórdia, justiça e perdão, coisas todas práticas, portanto, éticas (cf. Mateus 7, 21).

Em política, por ética se entende a busca comum do bem comum, a dimensão de responsabilidade, a vontade de construir relações de participação e não de exclusão em todos os âmbitos da vida social. É ser transparente e abominar a corrupção. Hoje, os problemas como a fome, o desemprego, a deterioração geral das condições de vida e a exclusão de grandes maiorias são de natureza social e política, portanto, uma questão ética. Então, a fé deve mostrar sua força de mobilização e de transformação (cf. *Fratelli tutti*, n. 166).

4.6.2 Política social (P) e política partidária (p)

Como acenamos acima, há dois tipos de política: uma escrita com a letra *P* maiúscula e outra com *p* minúscula: a política social (P) e a política partidária (p).

Política social (P): é tudo o que diz respeito ao bem comum da sociedade; ou então é a participação das pessoas na vida social. Assim, por exemplo, a organização da saúde, a questão salário justo, da rede escolar, dos transportes, a abertura e a manutenção de ruas, de água e esgoto etc. têm a ver com política social, bem como lutar para conseguir um posto de saúde no bairro, se unir para trazer a linha de ônibus até o alto do morro, tudo isso é política social. Definindo de forma breve, podemos dizer: política social ou Política com a inicial *P* maiúscula significa a busca comum do bem comum.

Política partidária (p): significa a luta pelo poder de Estado (governo central, estadual, municipal) para conquistar o governo nessas várias esferas. Os partidos políticos existem em função de se chegar ao poder de Estado, seja para mudá-lo (processo libertário), seja para exercê-lo assim como se encontra constituído (governar o *status quo* existente), ou introduzir aqui e acolá melhoramentos (prática progressista).

O partido, como a palavra já o diz, é parte e parcela da sociedade, não toda a sociedade. Cada partido tem por trás interesses de grupos ou de classes que elaboram um projeto, visando a toda a sociedade. Se chegarem ao poder de Estado (governo), vão orientar as políticas públicas conforme o seu programa e sua visão particular dos problemas.

4.6.3 Pautas de discernimento político

Com referência à política partidária, é importante a pessoa de fé e a comunidade reunida considerarem os seguintes pontos:

Qual é o programa do partido? Como o povo entra nesse programa? Isso foi discutido nas bases? O programa atende aos reclamos reais e urgentes do povo? Prevê a participação e consulta popular, mediante seus movimentos e organismos? Estes foram ouvidos na sua concepção, implementação e controle?

Quem são os candidatos que representam o programa? Que biografia têm, se sempre mantiveram uma ligação orgânica com as bases, se são verdadeiramente aliados e representantes das causas da justiça e da transformação social com mais justiça e direitos, ou se querem manter as relações sociais assim como são, com as contradições e até iniquidades que encerram.

Nos dias atuais, face à ascensão do pensamento conservador e fascistóide em muitos países e entre nós, faz-se necessária a participação de cristãos conscientes e engajados para recuperar a democracia que está sob risco de demolição, os direitos pessoais, sociais e trabalhistas e também os direitos da natureza, devastada pela cobiça do capital de cunho nacional e transnacional, responsável, entre outras coisas, pelas grandes queimadas da Amazônia e do Pantanal.

Bastam esses simples critérios para se perceber o perfil do partido e dos candidatos de *direita* (se querem manter inalterada a relação de forças que favorece os que estão no poder), de *esquerda* (se visam mudanças substanciais para superar estruturas perversas que marginalizam as grandes maiorias) ou de *centro* (os partidos que se equilibram entre a esquerda e a direita, fazendo alguma coisa no social, mas, fundamentalmente, procurando sempre vantagens para si e para os grupos que representam).

Para os cristãos, impõe-se analisar até que ponto tais programas se afinam com o projeto humanitário de Jesus e dos apóstolos, como ajudam na libertação dos oprimidos e dos marginalizados e em que sentido abrem espaço à participação de todos. Mas releva enfatizar: a decisão partidária é assunto de cada consciência e um cristão sabe que direção tomar.

Dada a conjuntura de exclusão social devido à lógica do neoliberalismo, da financeirização da economia e do mercado, a fé aponta para uma política partidária que deve revelar uma dimensão popular e libertária, de baixo para cima e de dentro para fora, como o Papa Francisco tem proclamado aos movimentos sociais populares e na encíclica *Fratelli tutti* (n. 141-151).

Essa política pretende outro tipo de democracia: não apenas a democracia representativa/delegatória, mas uma democracia participativa pela qual o povo com suas organizações ajuda a discutir, a decidir e a encaminhar as questões sociais.

Por fim, releva inaugurar uma democracia socioecológica que incorpore como cidadãos e com direitos a serem respeitados a Terra, os ecossistemas e os seres da criação com os quais mantemos relações de interdependência. Somos todos *tutti fratelli*, segundo as diversas vezes mencionadas encíclicas do Papa Francisco, todos irmãos e irmãs entre nós e com os demais irmãos e irmãs da natureza. Aqui, surge uma nova visão do mundo.

A política partidária tem a ver com o poder que, para ser forte, quer sempre mais poder. Nisso há um risco, o risco do totalitarismo da política, de politizar todas as questões, de ver somente a dimensão política da vida. Contra isso devemos dizer que *tudo é político, mas a política não é tudo*. A vida humana pessoal e social comparece com outras dimensões, como a afetiva, a estética, a lúdica e a religiosa.

4.6.4 Conclusão: a memória perigosa de Jesus de Nazaré

Os cristãos podem e devem participar da política em todos os níveis, em *P* maiúscula e em *p* minúscula. Sua atuação se inspira no sonho de Jesus que implica um impulso de transformação das relações sociais e ecológicas, corajosamente apresentadas na encíclica *Fratelli tutti*. Nunca, entretanto, devem esquecer que somos herdeiros da memória perigosa e libertária de Jesus.

Por causa de seu compromisso com o projeto do Reino de amor, justiça, de intimidade filial com o Pai e, especificamente, de sua compaixão pelos humilhados e ofendidos, foi levado à morte na cruz. Se ressuscitou, foi para, em nome do Deus da vida, animar a *insurreição* contra uma política social e partidária que penaliza os mais pobres, elimina os profetas, persegue os pregadores de uma justiça maior. Ela visa a reforçar a todos que querem uma sociedade nova com uma relação de irmandade e de cuidado para com a natureza, para com todos os seres, amados como irmãos e irmãs, e para com o Deus de ternura e de bondade.

4.7 Aos indígenas mortos pelo coronavírus

São muitos irmãos e irmãs nossos indígenas que morreram por causa da Covid-19 e por causa do descaso das políticas genocida e etnocida do desatinado governo de Jair Bolsonaro.

Dedico-lhes este belo mito-estória dos povos amazônicos sobre o sentido da morte e da entrada na suprema Felicidade.[92]

92 BOFF, Leonardo. *O casamento entre o céu e a Terra*. Rio de Janeiro: Mar de Ideias, 2014.

Ele vale também para os familiares dos milhares de falecidos por causa do coronavírus. Eles merecem a nossa solidariedade e também nossas palavras de consolo.

Sempre nos perguntamos: como as pessoas falecidas chegam ao céu? Há uma convicção entre os povos de que todos devem fazer uma viagem. Nessa viagem, há provas a passar. Segundo esse relato dos povos amazônicos, cada um deve se purificar, tornar-se leve para poder mergulhar para dentro daquele mundo de alegria e de festa onde estão todos os antepassados e os parentes falecidos.

A nossa tristeza é que, por causa do descaso das atuais autoridades que desprezam e até odeiam os povos originários, muitos pajés estão morrendo, vítimas de Covid-19. Com eles, desaparece uma inteira biblioteca de conhecimentos que herdaram, enriqueceram e sempre passavam às novas gerações. Com sua morte, há uma ruptura dolorosa dessa tradição. Eles e nós sofremos e ficamos mais pobres. A todos eles nossa profunda solidariedade e *com*-paixão, sofrendo também a dor que eles sofrem.

Em muitas tribos da Amazônia, acredita-se que os mortos se transformam em borboletas. Durante o tempo necessário para a purificação, cada qual ganha uma forma adequada. As que se purificam logo são alvíssimas, com poucas horas de vida. Penetram diretamente no mundo da felicidade. As que precisam de mais tempo são menores, leves e multicores. E as que precisam de muito tempo são maiores, pesadas e com cores escuras.

Todas elas voam de flor em flor, sugando néctar e fortalecendo-se para carregar o próprio peso ao se alçarem ao céu, onde viverão felizes com todos os antepassados e parentes que estão apenas no outro lado da vida. Conta-se naquela floresta a seguinte estória:

Coaciaba era uma jovem índia, esbelta e de rara beleza. Ficara viúva muito cedo, pois seu marido, valente guerreiro, tombara sob uma flecha inimiga. Cuidava com extremo carinho da única filhinha, Guanambi.

Para aliviar a saudade interminável do marido, passeava, quando podia, pelas margens do rio, vendo as borboletas ou na campina, perto do roçado, onde também esvoaçavam os colibris e outros insetos.

De tanta tristeza, Coaciaba acabou morrendo. Não se morre só de doença, por velhice ou por causa de um vírus maligno da natureza. Morre-se também por saudade da pessoa amada.

Guanambi, a filha, ficou totalmente sozinha. Inconsolável, chorava muito, especialmente nas horas em que sua mãe costumava levá-la a passear. Mesmo pequena, só queria visitar o túmulo da mãe. Não queria mais viver. Pedia a ela e aos espíritos que viessem buscá-la e a levassem lá onde estivesse a sua mãe.

De tanta tristeza, Guanambi foi definhando dia após dia até que também ela morreu. Os parentes ficaram muito penalizados, com tanta desgraça que sobreveio à mesma família.

Mas, curiosamente, seu espírito não virou borboleta como os dos demais indígenas da aldeia. Ficou aprisionado dentro de uma linda flor lilás, pertinho da sepultura da mãe. Assim, podia ficar junto dela, como havia pedido aos espíritos.

A mãe Coaciaba, cujo espírito fora, sim, transformado em borboleta, esvoaçava de flor em flor sugando néctar para se fortalecer e encetar sua viagem ao céu.

Certo dia, ao entardecer, ziguezagueando de flor em flor, pousou sobre uma linda flor lilás. Ao sugar o néctar, ouviu um chorinho triste e doce. Seu coração estremeceu e quase desfaleceu de emoção. Reconheceu dentro dela a voz da filha querida Guanambi. Como poderia estar aprisionada aí? Refez-se da emoção e disse:

— Filha querida, mamãe está aqui com você. Fique tranquila que vou libertá-la para juntos voarmos para o céu.

Mas deu-se logo conta de que ela era uma levíssima borboleta e que não teria forças para abrir as pétalas, romper a flor e libertar a filhinha querida. Recolheu-se, então, a um canto e, em lágrimas, suplicou ao Espírito criador e a todos os ancestrais da tribo:

— Por amor ao meu marido, valente guerreiro, morto em defesa de todos os parentes, por compaixão de minha filha órfã, Guanambi, presa no coração da flor lilás, eu vos imploro, Espírito benfazejo, e a vós todos, anciãos de nossa tribo: transformem-me num passarinho veloz e ágil, dotado de um bico pontiagudo para romper a flor lilás e libertar a minha querida filhinha.

Tanta foi a compaixão despertada por Coaciaba que o Espírito criador e os anciãos da tribo atenderam, sem delongas, a sua súplica. Transformaram-na num belíssimo beija-flor, leve, ágil, que pousou imediatamente sobre a flor lilás. Sussurrou com voz carregada de enternecimento:

— Filhinha, sou eu, sua mãe. Não se assuste. Fui transformada num beija-flor para vir libertá-la.

Com o bico pontiagudo, foi tirando com cuidado pétala por pétala até abrir o coração da flor. Lá estava Guanambi sorridente, estendendo os bracinhos em direção à mãe. Abraçaram-se efusiva e longamente.

Purificadas e abraçadas, voaram alto, cada vez mais alto até chegarem juntas ao céu.

Desde então, se introduziu o seguinte costume: sempre que morre uma criança órfã, seu corpinho é coberto de flores lilás, como se estivesse dentro de uma grande flor, na certeza de que a mãe, na forma de um beija-flor, venha buscá-la para, abraçadas, voarem para o céu, onde estarão eternamente juntas e felizes com todos os antepassados e com todos os demais parentes.

CAPÍTULO V

A contribuição do cristianismo para a decolonização do Sul Global

5.1 Falar de Deus com poesia, música e beleza

Como há muitas maneiras de falar do ser, assim também há muitas maneiras de falar d'Aquele ser que faz ser todos os seres, quer dizer, Deus.

Houve um teólogo que foi também psicanalista, educador e poeta que nos abriu caminhos para falar de Deus de outra forma, uma vez que esta palavra, Deus, está tão desgastada e politicamente usada para conseguir poder que contradiz a natureza dessa Suprema Realidade: foi o já falecido Rubem Alves, um autor oceânico.

5.1.1 Da teologia conceptual à teologia poética

Dominou muitos saberes, mas o *tonus firmus* – o fio condutor – de tudo era a teologia. Não qualquer teologia. Muito menos a teologia institucional, dos manuais ou da produção teológica científica, que se utiliza de conceitos para falar de Deus. Não que a desconhecesse. Mostra-o nas obras de grande rigor conceptual como *O enigma da religião* (1975); *Protestantismo e repressão* (1979); *O suspiro dos oprimidos* (1984); *A gestação do futuro* (1986); *Da esperança* (1987), entre outras menores.

Mas Rubem Alves rompe decididamente com esse paradigma de fazer teologia e projeta um outro, talvez, mais afim e adequado ao objeto da teologia que é Deus.

Não crê no Deus das igrejas e das teologias. Não gosta de usar a palavra Deus e o verbo acreditar. E logo veremos por qual razão não acredita. Não que seja ateu. Ao contrário, as principais obras são um hino de fé num Deus, captado em metáforas, em poesias, em estórias, na música, no corpo, no erótico (a dimensão prazerosa da vida) e especialmente na beleza. No prefácio ao livro *Da esperança*, com o título "Sobre deuses e caquis", encontramos o melhor de sua forma de dizer Deus.

Cito um tópico talvez de seu melhor livro, premiado nos EUA, *Transparências da eternidade*, para entender a sua maneira de expressar uma radical fé no Mistério, no Sagrado Radical, na Suprema Beleza, enfim, naquilo que chamamos Deus. Devo avançar que esse seu modo de expressar Deus tem escandalizado muitos praticantes das igrejas. Mas também tem libertado muitas pessoas que entenderam a nova linguagem e se abriram para uma verdadeira experiência do Divino. O tópico representativo é este:

> De vez em quando alguém me pergunta se eu acredito em Deus. E eu fico mudo sem dar resposta, porque qualquer resposta que desse seria mal-entendida. O problema está neste verbo simples, cujo sentido todo mundo pensa entender "acreditar". Mesmo sem estar vendo, eu acredito que existe uma montanha chamada Himalaia, e acredito na Estrela Alfa do Centauro, e acredito que dentro do armário há uma réstia de cebolas (...). Se eu respondesse à pergunta dizendo que acredito em Deus, eu o estaria colocando ao mesmo rol em que estão a montanha, a estrela, a cebola, uma coisa entre outras, não importando que seja a maior de todas.[93]

E continua: "é preciso, de uma vez por todas, compreender que acreditar em Deus não vale um tostão furado".[94] E finaliza:

> Posso responder à pergunta que me fizeram. É claro que acredito em Deus, do jeito como acredito nas cores do crepúsculo, do jeito como acredito na perfume da murta, do jeito como acredito na beleza de uma sonata, acredito na alegria da criança que brinca, do jeito como acredito na beleza do olhar que me contempla em silêncio. E, se me faz chorar, é sagrado. É um pedaço de Deus.[95]

Esta afirmação me remete a uma frase de um teólogo franciscano medieval da Escócia, Duns Scotus. Ele chegou a dizer a mesma coisa que Rubem Alves: "se Deus existe, como as coisas existem, então Deus não existe". Eis uma afirmação fundamental para entender como Rubem

93 ALVES, Rubem. *Transparências da eternidade*. São Paulo: Papirus, 2002, p. 13.

94 ALVES, Rubem. *Transparências da eternidade*. São Paulo: Papirus, 2002, p. 14.

95 ALVES, Rubem. *Transparências da eternidade*. São Paulo: Papirus, 2002, p. 17.

fala de Deus... Não sem razão, Duns Scotus é chamado de o Doutor Sutil (*doctor subtilis*, para mim, tão genial quanto Tomás de Aquino).

Para Duns Scotus e para Rubem Alves, Deus não está no rol das coisas, mesmo da maior dentre elas. Ele está em outra ordem, o Supremo entre os entes. Mas não deve ser entendido assim. Ele é a razão e o fundamento para que os entes existam, não sendo ele um Ente, mesmo supremo.

Deus é parecido com o olho. O olho vê todas as coisas, mas não vê a si mesmo. Ele é a condição para que as coisas sejam vistas. Ou como diz a sabedoria oriental: "a força que faz o pensamento pensar não pode ser pensada". Esta força é uma fonte da qual irrompe o pensamento, sendo ela anterior e mais originária que o pensamento. Dito numa formulação mais erudita e agora conceptual que eu prefiro: Ele é o Ser que faz ser todos os seres.

Santo Tomás de Aquino, na *Suma Teológica*, logo no início, quando trata do objeto da teologia, inteligentemente, afirma que a teologia é a ciência de Deus, quer dizer, a ciência que Deus tem de si mesmo. Esta é totalmente inacessível ao ser humano. O que nos é possível fazer é uma teologia *sobre* Deus na medida em que Ele se revela nos dois livros, naquele da criação (universo, natureza, Terra) e naquele da revelação pela palavra escrita (as Escrituras judaico-cristãs). E uma a teologia sobre Deus como reflexão a partir desses dois livros. Dito mais brevemente: teologia é uma reflexão *à luz da fé em Deus* que se revela nos dois livros referidos.

Mais ainda, no artigo 7 da *Suma Teológica*, Tomás de Aquino afirma que podemos fazer teologia sobre tudo e sobre qualquer coisa, à condição de que seja à luz de Deus, porque tudo vem dele e se orienta para ele.

Então, podemos fazer teologia da política, da economia, do trabalho, do amor e da beleza, do sexo, na medida que o fazemos à luz de Deus. É o que justifica as intervenções da Igreja nesses assuntos. Não se faz política politicamente, se faz política teologicamente, vale dizer, à luz da revelação de Deus. Esse Deus está presente na estrela distante, na minhoca da terra, na flor sorridente, nos olhos vivos de uma criança, no amor entre dois enamorados e em cada ser humano. Ele não está em nenhum lugar, porque está em todos os lugares.

Mas cabe enfatizar que a teologia é uma criação nossa, humana, sempre ressaltada por Rubem Alves. A nossa expressão conceptual de Deus mais esconde do que revela. Alguns místicos, como o Mestre Eckhart, já disseram: "quando falamos de Deus, dizemos mais falsidades do que verdades". Isso porque Deus transcende todos os pensamentos e palavras sobre Ele. "Um Deus que se compreende, não pode ser grande coisa".[96]

Já Buda advertia: "sobre o Tao mais vale o nobre silêncio do que a palavra". E o filósofo Ludwig Wittgenstein, no seu famoso *Tractatus*, acertadamente afirmava: "sobre o que não podemos falar, devemos calar" (aforismo 7º). Referia-se ao mistério, no fundo, a Deus.

5.1.2 Como é o Deus que Rubem Alves acredita?

Há muitas figuras de linguagem pelas quais Rubem Alves pressente o advento de Deus: pela experiência da ausência, do vazio, da ânsia infinita, do encantamento, da poesia, da música, e especialmente do corpo, que, para ele, é sinônimo simplesmente de vida real e concreta, do amor, do Sagrado e do Mistério. Mas é sempre uma experiência tão arrebatadora que tudo o mais perde importância.

Já que Rubem gostava de contar estórias e o fazia de forma fascinante, vou referir-me a uma, oriental, contada por Rubem e que insinua seu estilo de sentir e falar daquilo que chamamos Deus.

> Depois de ter corrido por muito tempo, fugindo de um leão que o perseguia, um homem chega à margem de um abismo. Não vê outra solução senão buscar um cipó, agarrar-se firmemente a ele e salta. Mas ao saltar, olhando para baixo, percebe que lá no fundo do abismo há uma serpente com a cabeça erguida, pronta para lhe dar um bote mortal. Ocorre-lhe ainda um outro infortúnio: olhando para cima, vê um rato que está roendo o cipó no qual está agarrado. Nesse momento algo fascinante surgiu: percebe que ao alcance de sua mão estão belos morangos

96 ALVES, Rubem. *Transparências da eternidade*. São Paulo: Papirus, 2002, p. 65.

> maduros, prontos para serem colhidos e saboreados. O homem fugitivo do leão, ameaçado pela serpente e vítima de um roedor do cipó esquece tudo e se entrega totalmente a saborear os morangos vermelhos e cheios de suco. É o momento do supremo deleite, para os olhos e para o paladar.

Não importa o final da história. O que realmente importa é a experiência súbita, densa, arrebatadora dos morangos maduros, belos e apetitosos. Esquece-se de tudo. Essa experiência é sentir o que Deus significa para Rubem Alves. Deus estava totalmente nos "morangos maduros e suculentos". Os morangos ou os caquis continuam a ser o que são, mas se transformam em sacramentos que contêm e revelam a presença de Deus.

Rubem Alves, em toda a sua obra, mesmo nas mais eruditas, elabora uma severa crítica às ciências e à teologia meramente conceptual, pois estas não veem nada para além de seus limites ou desprezam qualquer outro acesso ao real ou ao Divino que não seja o religioso ou o científico. E, assim, deixam de ver aquelas coisas que dão sentido ou alegria à vida.

> Não sabem que a alegria e o maravilhoso, o divino estão pertinho, ao alcance da mão; divina é uma gota de orvalho, uma amora roxa, um raio de sol numa teia de aranha, uma acertada de bilboquê, coisas pequenas, sem preço.
> (...)
> Tudo o que vive, é pulsar do Sagrado. Até o mais insignificante grilo é uma música do Grande Mistério.
> (...)
> [Mais ainda:] Deus é alegria.[97]

97 ALVES, Rubem. *Transparências da eternidade*. São Paulo: Papirus, 2002, pp. 112 e 55.

5.1.3 *"Fora da beleza não há salvação"*

Para Rubem Alves, tema central para expressar Deus é a beleza. Chega a afirmar: "fora da beleza não há salvação".[98]

Este tópico é fundamental:

> Durante séculos os teólogos, seres cerebrais, haviam se dedicado a transformar a beleza em discurso racional. A beleza não lhes bastava. Queriam certezas, queriam a verdade. Mas os artistas, seres-coração, sabem que a mais alta forma de verdade é a beleza. Agora sem a menor vergonha digo: sou cristão porque amo a beleza, ideias são chiados de estática ao fundo. Assim proclamo o único dogma de minha teologia cristã erótico-herética: fora da beleza não há salvação.[99]

Deus é a beleza por excelência. Antes de Rubem Alves, Dostoiévski, no romance *Os Irmãos Karamazov*, havia afirmado: "*a beleza salvará o mundo*". Para ele, a beleza não se restringia à estética material. Beleza é uma dimensão fundamental do espírito que se expressa na solidariedade do amigo que acompanha um moribundo até acabar de morrer. Nesse sentido, nada mais belo que o amor, o amor solidário e incondicional. O amor não é uma metáfora, é o nome na natureza de Deus.

Tudo tem suas exceções. Saber disso, certamente, alegraria muito a Rubem Alves. Assim, houve um teólogo medieval franciscano, São Boaventura, que, em grandeza, rivalizava com Tomás de Aquino, seu colega na universidade de Paris, o qual inspirado na experiência de beleza de São Francisco de Assis, acrescentou uma quarta nota essencial a todo o ser. O ser não é apenas *unum, verum et bonum*. Ele é também *pulchrum*, quer dizer, é uno, verdadeiro, bom e *belo*. Assim, não só Deus é beleza infinita, mas todo o universo e cada ser são belos.

98 ALVES, Rubem. *Transparências da eternidade*. São Paulo: Papirus, 2002, pp. 127-132.

99 ALVES, Rubem. *Transparências da eternidade*. São Paulo: Papirus, 2002, p. 132.

5.1.4 A descoberta da inteligência cordial

Para entender essa virada paradigmática de Rubem Alves, precisamos ouvir o que confessa: "descobri um outro que mora em mim. Porque em mim não mora somente aquele que pensa mas aquele que sente".[100] E assim, assevera, passa para um outro mundo, para uma fala ligada ao coração".[101]

Rubem resgata a inteligência cordial, ou razão sensível, que é, por 125 milhões de anos, mais ancestral que a razão analítica. Esta somente emergiu há uns 8 milhões de anos. Na razão sensível ou inteligência cordial, reside a experiência do Sagrado e do Mistério. É a morada das excelências humanas como o amor, a empatia, a espiritualidade e a ética dos valores. Daí brota a criação, a percepção da beleza e da inspiração poética.

Essa inteligência cordial será predominante nos escritos de Rubem Alves que fascinaram tantas pessoas sensíveis e também escandalizaram os reféns da razão analítica e conceptual. Esta se orienta apenas pelo que é, pelo dado verificável. A inteligência cordial se orienta pelo que pode ainda ser, pelo futuro aberto, pelas virtualidades escondidas dentro do dado e do feito, pela utopia, e aprende a amar o invisível.

5.1.5 A teologia como saudades de Deus

A partir do exercício da sensibilidade, Rubem se permite dizer: "teologia não é coisa de quem acredita em Deus [meu acréscimo: nas doutrinas sobre ele], mas de quem tem saudades de Deus".[102] Belamente, enfatiza: "teologia, celebração de um Vazio que nada pode preencher

100 ALVES, Rubem. *Transparências da eternidade*. São Paulo: Papirus, 2002, p. 130.

101 ALVES, Rubem. *Transparências da eternidade*. São Paulo: Papirus, 2002, pp. 135 e 141.

102 ALVES, Rubem. *Da esperança*. São Paulo: Papirus, 1987, p. 14.

(...). Sentimos o infinito do desejo que coisa alguma pode satisfazer (...). A teologia é coisa bela, um Sonho, sonhamos com Deus".[103]

Essas afirmações nos lembram a experiência do *cor inquietum* de Santo Agostinho: "meu coração inquieto não descansará enquanto não repousar em ti".[104]

Por causa da forma sensível e não doutrinária de falar de Deus, Rubem faz críticas duras às religiões dos dogmas e das doutrinas. Com graça, afirma: "Deus nos deu asas, mas as religiões inventaram gaiolas".[105] Outras vezes diz que elas são como "as cascas vazias da cigarra sobre o tronco da árvore; sentimento religioso é a cigarra em voo".[106]

Corajosamente, sustenta que "é preciso esquecer o nome de Deus que as religiões inventaram, para encontrá-lo sem nome, no assombro da vida".[107] Deus é encontrado, anônimo, naqueles que buscam a justiça e o amor. "Muitas pessoas que jamais pronunciaram o nome de Deus o reconhecem como reverência pela vida".[108] Numa outra formulação: "não precisamos dizer o nome 'rosa' para sentir seu perfume".[109]

Por outro lado, contra o saber cientificista, "vazio de significações humanas e indiferente ao nosso amor",[110] faz uma brilhante apologia

103 ALVES, Rubem. *Da esperança*. São Paulo: Papirus, 1987, p. 14.

104 *Confissões*, livro X, n. 7, de Santo Agostinho.

105 ALVES, Rubem. *Perguntaram-me se acredito em Deus*. São Paulo: Planeta, 2007, p. 55.

106 ALVES, Rubem. *Transparências da eternidade*. São Paulo: Papirus, 2002, p. 128.

107 ALVES, Rubem. *Perguntaram-me se acredito em Deus*. São Paulo: Planeta, 2007, p. 55.

108 ALVES, Rubem. *Perguntaram-me se acredito em Deus*. São Paulo: Planeta, 2007, p. 56.

109 ALVES, Rubem. *Perguntaram-me se acredito em Deus*. São Paulo: Planeta, 2007, p. 55.

110 ALVES, Rubem. *Transparências da eternidade*. São Paulo: Papirus, 2002, p. 138; ALVES, Rubem. *O enigma da religião*. Petrópolis: Vozes, 1975, pp. 31-54.

da religião: "a religião fala sobre o sentido da vida. Ela declara que vale a pena viver. Que é possível ser feliz e viver (...) que nos dá boas razões para viver e também boas razões para morrer".[111] Finaliza com entusiasmo: "assim, anunciar que a vida tem sentido é proclamar que o universo é nosso irmão. E é esta realidade, âncora de sentimentos, que recebe o nome de Deus".[112]

O ponto culminante de sua teologia poética que vai além de qualquer metáfora seguramente é esta confissão: "de Deus a única coisa absolutamente certa que conhecemos é o amor (cf. 1 Coríntios 13). Quem tem amor respira Cristo mesmo que não fale o nome dele".[113]

5.1.6 Reescrever a mensagem evangélica

Rubem Alves seguiu o preceito de Dietrich Bonhöffer, um eminente teólogo alemão que participou de um atentado frustrado contra Hitler e, preso, foi enforcado. Nos meses que antecederam a sua morte, deixou pensamentos e cartas da prisão enviados a amigos. Num deles, afirma que devemos falar de Deus de forma secular, não religiosa, "*etsi Deus non daretur*" ("como se Deus não existisse").

A fala das religiões está desgastada. Mas falamos de Deus quando amamos, vivemos a solidariedade, nos compadecemos com os que sofrem e lutamos pela justiça. Se alguém fala de Deus e não ama, nem sofre com os que sofrem nem se compromete por um mundo mais humano, sua fala é vazia e chega a ser blasfema porque usa o nome de Deus em vão. Sem viver o amor e sem se compadecer com o empobrecido, ele não está falando do verdadeiro nome de Deus que é amor e compaixão. Deus não se encontra fora dessas realidades.

111 ALVES, Rubem. *Transparências da eternidade*. São Paulo: Papirus, 2002, pp. 128-139.

112 ALVES, Rubem. *Transparências da eternidade*. São Paulo: Papirus, 2002, p. 142.

113 ALVES, Rubem. *Transparências da eternidade*. São Paulo: Papirus, 2002, pp.78/79.

Mas quem as vive, mesmo que não fale de Deus, se encontra no caminho de Deus e está próximo de seu Reino.

Simone Weil, aquela judia alemã que se converteu ao cristianismo, mas não se deixou batizar em solidariedade a seus irmãos e irmãs judeus levados às câmaras de extermínio nazista, deixou escrito: "se você quiser saber se alguém fala verdadeiramente de Deus, não repare como fala de Deus, mas como fala do mundo". Se falar na forma do respeito, da veneração, do cuidado e da compaixão, este está falando daquilo que chamamos Deus. Fora desses valores, é impossível encontrar Deus.

Acertadamente disse o grande teólogo francês Yves Congar: "se surgiu um mundo sem Deus, é porque nós falamos de um Deus sem o mundo".

Ora, bem, Rubem Alves se situa na linha desses pensadores e pensadoras. Soube falar de Deus de uma forma não religiosa, mas radicalmente humana: da beleza, da saudade, da ânsia de Infinito, da poesia e do amor. Deus está escondido dentro dessas palavras, tomadas em sua radicalidade, não pensadas, mas sentidas e vividas a partir do coração.

Rubem Alves reescreveu, nas histórias contadas pelo "Mestre Benjamin" e pelo "Senhor das Estórias", as parábolas de Jesus, do bom samaritano, do rico epulão e do pobre Lázaro, do fariseu arrogante e da pobre mulher cheia de arrependimento (para Rubem, era uma prostituta), a história dos reis magos e outras.

5.1.7 Conclusão: a recriação da oração de Jesus

Por fim, apraz-me terminar com a versão que faz da oração de Jesus:

> Pai, mãe de olhos mansos.
> Sei que estás invisível em todas as coisas.
> Que teu nome me seja doce,
> A alegria do meu mundo.
> Traze-nos as coisas boas em que tens prazer:
> O jardim,
> As fontes,

As crianças.
O pão e o vinho.
Os gestos ternos,
As mãos desarmadas.
Os corpos abraçados...
Sei que desejas dar-me o meu desejo mais fundo. Desejo cujo nome esqueci.
Mas tu não esqueces nunca.
Realiza, pois, o teu desejo para que eu possa rir.
Que o teu desejo se realize em nosso mundo, da mesma forma como ele pulsa em ti.
Concede-nos contentamento nos dias de hoje: o pão, a água, o sono...
Que sejamos livres da ansiedade.
Que nossos olhos sejam tão mansos para com os outros como os teus o são para conosco. Porque se formos ferozes, não poderemos acolher a tua bondade.
E ajuda-nos, para que não sejamos enganados pelos desejos maus, e livra-nos daquele que carrega a morte dentro dos próprios olhos. Amém.

Falando e rezando assim com Deus, podemos crer de forma radicalmente humana.

5.2 Morte e Ressurreição do corpo na moderna antropologia, na filosofia e na teologia[114]

O tema a ser tratado se propõe fazer uma combinação possível e feliz entre arte, psicologia, corpo e mística. Importa hoje sermos holísticos. Temos que ecologizar todos os saberes, colocarmos todos em contato

114 Contribuição para o colóquio *Corpo e Símbolo nas Artes, nas Ciências e nas Religiões*, coordenado pelo psicanalista Dr. Humbertho Oliveira e realizado pelo Departamento Cultural do CBM-CEU, no Rio de Janeiro, em 23 de outubro de 2006.

uns com os outros, porque todos eles, a seu modo, devem iluminar o tema que nos ocupará. Esta realidade extraordinária, a morte, envolve a cada um de nós e de certa forma ao inteiro universo, pois também ele é mortal e um dia vai acabar, pelo menos esta forma de mundo conhecida. Mas ele pode ser transfigurado.

5.2.1 O sentido que damos à morte é o sentido que damos à vida

O tema da morte, em primeiro lugar, é um tema existencial. Não se pode falar da morte de uma maneira exterior a nós mesmos, porque todos nós somos acompanhados por essa realidade que, segundo Freud, é a mais difícil de ser digerida pelo nosso aparelho psíquico humano. Especialmente a nossa cultura procura afastá-la o mais possível, pois, ela nega todo o projeto assentado sobre a vida material e seu desfrute.

O sentido que nós damos à morte é o sentido que damos à vida. Se decidimos que a vida se resume entre nascer, crescer, trabalhar, gozar das coisas boas, percorrer nosso percurso temporal e, por fim, morrer, a morte ganha, então, um sentido; eu diria, trágico, porque aí tudo terminaria. Mas se nós partirmos da morte como uma invenção da vida, ela pertence à vida, então, a morte não detém a última palavra. A vida que carrega em si a morte é a grande interrogação e não tanto a morte. Falando objetivamente, segundo alguns biólogos, a vida não é nem temporal, nem material, nem espiritual, a vida é eterna. A vida sobreviveu a 15 grandes dizimações que a Terra conheceu desde que se formou, há 4,4 bilhões de anos. Um biólogo chegou, com humor, a dizer: a vida é como uma praga. Até hoje ninguém conseguiu exterminá-la. Ela passa por nós, nos toma e comparece como uma poderosa energia que vai além de nós, rumo ao infinito.

Consintam-me contar duas experiências pessoais de morte, numa versão diferente dessa visão dramática que a nossa cultura nos legou. Eu venho da cultura espiritual franciscana. Nos meus quase 30 anos de frade, pude vivenciar a morte como São Francisco a vivenciou. Ele chamou a morte de irmã e a invocava para que viesse.

A primeira experiência era aquela que fazíamos toda sexta-feira, às 19h30, o exercício da boa morte. Deitava-se na cama, cada um se colocava diante de Deus, fazia um balanço de sua vida toda, regredindo até onde pudesse, enquanto alguém recitava alto o Salmo 50, que começa assim: "tenha compaixão de mim, Senhor, segundo a tua imensa misericórdia". Colocávamos tudo à luz de Deus e aí, tranquilamente, refletíamos sobre o porquê da vida, o porquê de nossos acertos e erros e de nossa missão neste mundo. No final, alguém lia alto no corredor, com as portinholas abertas, para todos escutarem, aquela frase da epístola de São João: "se o teu coração te acusa, saiba que Deus é maior do que o teu coração" (1 João 3, 20).

Éramos, assim, educados para uma entrega total, um encontro face a face com a morte diante de Deus. Era um entregar-se confiadamente, como quem anda na palma da mão de Deus. Depois, íamos alegremente para a recreação tomar cerveja, vinho, jogar baralho ou simplesmente conversar. Esse exercício tinha como efeito um sentimento de grande libertação e de purificação da alma. Estimo que Freud e Jung aprovariam esse tipo de exercício.

A outra experiência diz respeito ao dia da morte e do sepultamento de um confrade. Quando morria alguém, fazia-se festa no convento, com recreação à noite com comes e bebes. O mesmo ocorria depois do sepultamento. Todos se reuniam e celebravam a passagem, a Páscoa, o *vere dies natalis* ("o verdadeiro dia de Natal") do falecido. Pensava-se: ele acabou de nascer para Deus, por isso, há festa no céu e na terra. Esse rito é sagrado em todos os conventos franciscanos do mundo.

A morte é vista como irmã que nos vem buscar e levar para dentro do Reino celestial. O frade está vivo, não é um ausente, apenas está invisível. Há celebração mais digna da morte do que essa inventada por São Francisco de Assis, que chamava a todos os seres de irmãos e irmãs e também a morte como irmã?

Tem-se, portanto, outra percepção da morte. As pessoas são induzidas a conviver com a morte não como uma bruxa que vem e arrebata a vida, mas como a irmã que vem abrir a porta para um nível mais alto e eterno de vida.

Cada cultura tem a sua interpretação da morte. Eu estive há anos com os *Mapuches*, no sul da Patagônia argentina, assessorando agentes pastorais que trabalham com esses indígenas. Eles têm bem outra compreensão da morte. A morte significa passar para o outro lado da vida, para o lado onde estão os anciãos. Não é abandonar a vida, é deixar seu lado visível para entrar no lado invisível e comungar com os anciãos que acompanham as famílias, as pessoas, os entes queridos. A morte não tem nenhuma dramaticidade. Ela pertence à vida, é o seu outro lado.

Outro exemplo significativo é o dos Apopocuvas-Guaranis de Dourados, no Mato Grosso do Sul. Há anos havia suicídios sucessivos de jovens. Não sabendo o que fazer, o governo mandou psicólogos freudianos para lá a fim de tratar da psique deles.

Darcy Ribeiro, grande indigenista, confessou que foi o maior equívoco do governo. Os psicólogos não conhecem a cosmologia desses Guaranis, porque, segundo o mito deles, ao morrerem, se reencarnam numa onça, num animal, até se reencarnarem numa formiga. Então, como formigas, têm condições de subir até a ponta de uma árvore e, daí, partem para o céu e são eternamente felizes.

Mas ocorre que o agronegócio ocupou todas as regiões deles, desmatou toda as terras, acabou com todas as árvores, e eles dizem: "agora não podemos mais ir para o céu porque, como formigas, não podemos ir até o topo da árvore. Cortaram todas e assim não temos como subir até o cimo delas e daí partirmos para o céu". E se suicidavam por não verem mais nenhum sentido na vida.

Porque acabou o mito, acabou também a eternidade, acabou o horizonte da utopia por falta de árvores e das formigas. Portanto, a cura deles seria fazer a reforma agrária, reflorestar, devolver as árvores para eles reviverem o mito. Eis outra interpretação da morte, antropologicamente fecunda.

Tenho um amigo da Nova Guiné, teólogo, que trabalha em Roma na rádio vaticana. Numa correspondência a propósito da morte, descreveu-me como geralmente a morte é vivenciada em toda a África, de uma forma que se assemelha à profissão de fé cristã do Credo, "creio na comunhão dos santos" (não precisamente os dos altares, mas de todos que estão na glória).

Na África, conta ele, *quando morre um idoso, não se chora, mas celebra-se o triunfo da vida sobre a morte, pois a vida percorreu o seu curso normal. Por isso, nós dizemos: "os nossos mortos nunca partiram. Só deixam de estar conosco na imanência do nosso cotidiano, para ser e habitar em nós".*

Assim estabelece-se entre nós e eles aquela profunda comunhão, que se revela por vezes mais forte do que quando estavam fisicamente entre nós. Isto permite-nos chamá-los na oração e pedir-lhes que intercedam por nós nas nossas circunstâncias cotidianas, pois somos a única razão pela qual ainda estão presentes, como vivos, nesta face da terra.

A vida humana, de fato, não nasce contigo, mas renasce sempre contigo. Nesse sentido, a vida nunca começa apenas uma vez, mas recomeça sempre a qualquer momento, em qualquer espaço, tempo ou circunstância histórica.

Como é grandiosa essa compreensão da morte inserida dentro da vida, para além do limite do espaço e do tempo.

E poderíamos passar por várias outras culturas para conhecer-lhes o sentido da vida e da morte. Discípulos de C. G. Jung, especialmente Eric Neumann, estudaram muito essa questão da morte.

Há muitos anos eu também venho me ocupando com esse tema e tenho escrito alguns textos a esse respeito. O livro *A vida para além da morte* é um dos mais lidos no Brasil e nos países para onde foi traduzido. Aqui, ousaria compartilhar uma reflexão, digamos, filosófica, antropológica e também espiritual.

5.2.2 O ser humano como um nó de relações

Em toda a fenomenologia, especialmente em Martin Heidegger, a morte goza de grande centralidade. A condição humana, em grau zero, é a de que somos um ser no mundo, não como lugar geográfico, mas como um conjunto das relações que nos permitem nos relacionar com todas as coisas, produzir e reproduzir a vida. A condição humana é estar no mundo com os outros, abertos para a morte. A morte é vista não como uma tragédia, e sim como a última expressão da liberdade humana, o último ato da entrega, de aceitação da própria finitude, e a possibilidade de um mergulho total no Ser.

Para apreender esse significado da morte, convém partir de uma compreensão mínima, de uma representação básica do ser humano, para ver como a morte se articula com o imaginário humano, com o horizonte utópico, com a interpretação que se dá à vida.

Nesse sentido, não encontrei nenhuma definição melhor de ser humano do que aquela que Antoine de Saint-Exupéry dá no livro *Terra dos Homens*. Às vezes, os escritores e poetas atinam mais com a essência da realidade do que a especulação dos filósofos, porque podem captar e entrar no profundo do real e intuir o seu núcleo de verdade.

Antoine de Saint-Exupéry escreveu que o ser humano é um nó de relações, "*un noed du relations*", ilimitado, voltado em todas as direções: para dentro, para fora, para o lado, para cima. É uma espécie de rizoma, aquele conjunto de raízes, aquele bulbo em que as pontas das raízes se voltam para todas as direções. O ser humano é complexo, por isso ele é um nó de relações.

A famosa quarta tese de Marx, em suas *Teses sobre Feuerbach*, de 1845, soa: "*o ser humano é o conjunto das relações sociais*". Dizer só isso é ser reducionista. O ser humano é o conjunto das *relações totais*, não só sociais, mas totais e em todas as direções. Isso combina muito com aquilo que a física quântica diz da realidade, a qual não é feita de objetos, mas de redes de relações energéticas em distintos níveis de densidade. Tudo é relação, e nada, nem ninguém vive fora da relação.

Em Munique, em 1967, eu tive ainda o privilégio de ouvir o último semestre de aulas de Werner Heisenberg, um dos formuladores da física quântica, intituladas "Nova Imagem da Física e a Temática de Deus". Numa aula, falava o grande teólogo católico Karl Rahner, e Heisenberg o interrogava; na outra, falava o físico, então, o teólogo o interrogava. E nós, os doutorandos, um pequeno grupo, só tínhamos o privilégio de escutá-los, não podíamos intervir em nada.

Ouvi lá uma frase de Heisenberg que nunca mais saiu da minha cabeça, dizendo que "*na física quântica, na mecânica quântica, na nova cosmologia, tudo tem a ver com tudo, em todos os pontos, em todas as circunstâncias, em todos os momentos, porque tudo é relação. E não existe nada fora da relação*". Então, concluí que o ser humano é, em sua essência, pura relação, realmente um "nó de relações".

Martin Heidegger, em *O Ser o Tempo*, ao tentar definir o ser humano, desiste, pois ele, diz, se conjuga com todas as realidades. Ele é um *e*: o ser humano *e* Deus, o ser humano *e* a Terra, o ser humano *e* o outro, o ser humano *e* isso, *e* aquilo, *e* aquilo outro, *e* ainda aqueloutro, *e* assim indefinidamente.

Não é sem razão que o mestre taoísta responde ao discípulo que lhe pergunta quem é o ser humano. Ele simplesmente, com um gesto largo, aponta para o universo e diz: "somos tudo isso". Podemos, de repente, nos sentir parede, rua, prédio, sentir mar, cidade, estrela, galáxia, universo. Somos isso tudo numa experiência de não dualidade.

Essa é a dramaticidade de nossa existência: captamos o Todo e vivemos nas partes. A busca é a unidade do Todo. Por outro lado, vivenciamos o fato de que realizamos somente algumas das potencialidades presentes em nós no curto percurso temporal de nossa existência, e, ao mesmo tempo, sentimo-nos portadores de ilimitadas virtualidades ainda não realizadas em nós. Por isso, somos fenômenos quânticos, potenciais, virtuais e factuais.

Com razão, dizemos que somos um nó de relações ilimitadas e um projeto infinito. Por isso, nada nos satisfaz. Somos uns eternos protestantes. Protestamos contra todas as definições, todos os limites, todos os enquadramentos ideológicos, religiosos e dogmáticos. O ser humano não cabe em nenhuma definição e desborda por todos os lados. Pelo fato de estarmos enraizados no espaço-tempo, nos é permitido cumprir desafios, atender intimidações que nos vêm da realidade e realizar algumas das nossas potencialidades. Outras, entretanto, ficam apenas potencias, pois somos seres virtuais, um sistema aberto, mas limitados, finitos e mortais. Nunca as realizamos todas neste mundo. E ansiamos por realizá-las. Mas quando e como?

5.2.3 Ressuscitamos no momento da morte

Antropologicamente considerando, há em nós a coexistência de duas curvas existenciais. Uma é biológica, existencial, espaciotemporal. É a curva terrenal-mundana-biológica. Ela está submetida à lei da entropia, vai se desgastando lentamente, vai morrendo em prestações, devagarzinho, até esgotar todo o capital energético e acabar de morrer.

Mas há outra curva, a pessoal e a da interioridade. Ela se manifesta desde a nossa concepção e, posteriormente, o nosso nascimento.

Começamos a nascer, começa passo a passo a desabrochar a vida, a abrir-se a inteligência, a aflorar a afetividade e se manifestar a vontade.

É aí que se inicia a comunicação, a linguagem, a sede ilimitada de saber, de comungar, de estar junto, de amar e de ser amado. Esse processo vai num crescendo que não tem limites. É nesse momento em que o ser humano se dá conta de que ele tem outra dimensão, que possui rica subjetividade e interioridade, enfim, seu universo pessoal interior. E é aí que ele descobre que transcende o espaço e o tempo, que o invisível é parte do visível e que, com o pensamento, com os desejos, está nas estrelas, na galáxia mais distante.

A tradição psicanalítica já identificava claramente essa interioridade. Aristóteles já dizia que o ser humano fundamentalmente é um desejo indefinido e ilimitado (*ápeiron*). O grande filósofo marxista Ernst Bloch fala do ser humano habitado *pelo princípio esperança*. Não se trata de uma esperança como uma virtude ao lado de outras. Ela é uma mola que permite ultrapassar continuamente existência e criar horizontes, novos projetos, novos lances para cima, para frente, para dentro e para fora.

O ser humano é um ser utópico. Por isso, ele nunca realiza totalmente o seu projeto, sempre fica aquém. Ele é aquilo que Nietzsche, por exemplo, com razão, dizia: o ser humano, para ser humano, para ser radicalmente humano, tem que superar o humano. Na sua metáfora, Nietzsche afirmava que o homem "tem que ter a alma de Cristo e o corpo de César": a plenitude do poder de César, mas mantendo a ternura da alma de Cristo, mantendo a infinitude da amorosidade e da compaixão.

O ser humano tem essa dimensão, a do ilimitado desejo, a capacidade infinita de continuar crescendo indefinidamente. Nunca se pode dizer: eu te amo até aqui e depois não te amo mais; eu vou compreender até ali e depois não quero mais compreender. Ele tem um tropismo dentro dele que o leva continuamente a rasgar horizontes, de tal forma que o mistério não é mais o limite da razão, e sim o ilimitado da razão. Cada ponto de chegada é um novo ponto de partida. Assim é a condição humana.

Então, o que é o ser humano? É essa dialética terrível que Pascal também define em seus *Pensées*: "*um nada em relação ao infinito, um tudo em relação ao nada, uma ponte entre o nada e o tudo"*. É um grãozinho perdido na imensidão do universo, mas é ele que sente, pensa, ama e cuida. Portanto, somos essa dialética difícil, simultaneamente, entre o enraizamento concreto espaciotemporal e uma abertura infinita, uma busca do objeto adequado para adequar-se a essa abertura infinita.

Talvez um dos capítulos mais importantes do livro de Sartre *O Ser e o Nada* é a análise que propõe sobre a transcendência concreta do ser humano. Dá-se conta de que o ser humano é uma abertura infinita, uma paixão radical. Mas não encontra, no âmbito de sua experiência, nenhum objeto que lhe seja adequado. Por isso, a existência é absurda: chamada ao infinito, encontra apenas finitos.

Porém, por outro lado, há toda uma tradição que vem de Santo Agostinho, passa por Pascal e, de certa forma, culmina no Heidegger tardio ou em Wittgenstein: nós não teríamos esse impulso infinito se não houvesse um Infinito que anteriormente nos atraísse. Bem dizia Agostinho em suas *Confissões* (autobiografia): "Tarde te amei, oh, beleza tão antiga, tão nova. Tarde te amei. Não seria atraído por ti se tu antes não me tivesses atraído. Por isso inquieto está meu coração enquanto não descansar em ti". O nosso grito, a nossa angústia, é um eco de uma Voz maior que nos chama.

O que ocorre quando a morte sobrevém? Se nós olharmos a curva biológico-temporal, a morte é o fim da vida, é uma despedida, é um terminar de um percurso, é um acabar. E é inegável, a morte é um fim, termina, abandonam-se os entes queridos, rompem-se os laços que nos ligam ao espaço e ao tempo, deixa-se este mundo. Por isso, a morte de quem amamos nos faz chorar, nos custa ser aceita e incorporada.

Grande parte da tradição budista nos educa para o desprendimento, para não nos agarrarmos ao presente nem ao futuro, para desprendermo-nos de tal maneira da vida para podermos mergulhar no *Tao*. É uma escola pedagógica de acolhida de nosso próprio fim.

Mas o que ocorre quando consideramos a outra curva, a curva pessoal do desejo infinito? A morte biológica, a que nos livra do espaço-tempo, aprisiona o empuxo para o infinito. Caindo a prisão espaciotemporal pela morte biológica, criamos as condições para que a dimensão do infinito, da interioridade, do espírito possa aflorar com todo o seu vigor.

A inteligência se transforma em visão, o amor se transfigura num ato puro de entrega e êxtase. O ser humano não se relaciona com esse ou com aquele pedaço de mundo, ele se relaciona com a totalidade do mundo; ele não deixa o mundo, penetra mais profundamente naquela totalidade onde tudo é Um.

Aquela potencialidade de relação com todas as coisas, de repente, se realiza, cria condições de se libertar do espaço-tempo, para uma relação de plenitude cósmica com todas as coisas.

Um pequeno texto que está no Evangelho de São Mateus e a que a maioria dos intérpretes não dá atenção fala da morte de Jesus, dizendo que ele desceu "ao coração do mundo". A maioria traduz por "sepultaram Jesus". Lendo em grego, é outra coisa: "*ele desceu ao coração do mundo*"; lá, onde todas as coisas são Um, onde tudo se entrelaça, onde todas as linhas se encontram. Aí se tem a percepção da totalidade que, de alguma maneira, nos é negada neste mundo.

Uma experiência singular é vivida pelos místicos, portadores de grandes intuições e da percepção da totalidade. Então, a razão cala, a palavra emudece, e o ser humano se sente unido ao todo. Como disse São João da Cruz: "*o amado na amada transformado*". Ou, mais radicalmente, no dialeto cristão, dizia ele: "*nós nos transformamos em Deus, por participação*".

Na verdade, viramos Deus, quer dizer, viramos atualidade pura, viramos o todo; mergulhamos no absoluto, num abismo onde as coisas todas não são mais virtuais, não são mais potencialidades, onde tudo é atualidade. Assim, o homem escondido, ou seja, o *Homo obscondidus*, faz-se o *Homo revelatus*, o ser humano revelado em sua plenitude. Então, ele acabou de nascer.

Nessa percepção, a morte é um fim, mas não um fim que termina, ela é um fim como meta alcançada. É como a mãe que queria muito ter um filho e não conseguia, finalmente o consegue e grita: "alcancei meu fim, sou mãe". Fim aqui é meta realizada, é uma plenitude, a erupção de uma concretização que nos enche de vida e de entusiasmo.

Nesse sentido, a morte pertence à vida, a vida é mortal, mas capaz de atravessar a morte. Santo Agostinho dizia que falar de morte vital ou falar de vida mortal é a mesma coisa. A morte não vem de fora, ela está dentro de nós. Tudo que conhecemos é mortal. O próprio universo, se pensarmos nos seus elementos físico-químicos, é finito; ele um dia começou, lentamente vai desgastando as suas energias até a morte térmica, ou, numa leitura mais contemporânea (cf. Ilya Prigogine), o universo criaria ordens cada vez mais altas, numa direção que nos é misteriosa.

Não vivemos para morrer. Morremos para ressuscitar e viver mais e melhor.

Pensemos na linha do já referido Ilya Prigogine, prêmio Nobel em termodinâmica, grande gênio do século XX, um dos formuladores da teoria do caos. Ele fala das estruturas dissipativas. Elas representam a tendência da vida, especialmente a humana, de dissipar a entropia, transformar o que para nós é dejeto em fonte de uma nova ordem, criação de emergências mais altas e mais complexas, tendendo a uma direção por nós totalmente desconhecida.

Não somos reféns da entropia da vida. Todas as estruturas vão sendo dissipadas, e a entropia faz-se sintropia e sinergia. O lixo transforma-se em nova energia. Os raios do sol são o seu lixo que ele joga ao longe. Na Terra, esse lixo se transforma na fonte primordial da vida, da fotossíntese, de alimento para todos os seres.

A vida é a transformação numa experiência humana de nosso ir morrendo lentamente, numa espiral de crescimento, até que a morte represente aquele passo alquímico de pular para outra modalidade de velocidade, para outro nível de ser. Da velocidade da matéria se passa para a velocidade da luz. É como diz a tradição taoísta, quando se morre, você entra na "clara luz", na experiência de uma ordem superior, quem sabe até definitiva.

O casal Kübler-Ross fez a conhecida pesquisa minuciosa sobre aqueles que quase morreram, chegaram ao limiar, entraram na "clara luz" e voltaram à vida. Eu conheci duas ou três pessoas que viveram esse fenômeno; elas foram levadas a vivenciar tal fascínio que existe nessa realidade da morte. Entraram em seu limiar e perceberam a clara luz. Eram tentadas a ficar lá, naquela suprema realização. Com grande esforço, muitos disseram "não, vou voltar, tenho ainda muito a fazer e a crescer", e voltaram.

Então, contaram a experiência, que é uma experiência debem-aventurançaa. Ela desdramatiza a nossa concepção cultural da morte e nos dá outra percepção possível da morte: como invenção da vida, para permitir que a vida passe para um nível mais alto e continue como vida; e daí, como comunhão, como conjunto de relações infinitas.

Eu não sei dizer se, quando morrermos, nós vamos cair diretamente nos braços de Deus, Pai e Mãe de infinita bondade, ou se prosseguiremos num outro tipo de história. Suspeito que nós estejamos na última fase da nossa evolução, que o próximo passo seja mergulhar no Mistério, no qual todos se sentem participando no Todo uno e diverso. Pode ser que tenhamos, ainda, muito caminho a percorrer para nos acercarmos desse ponto, um caminho de vida em outro nível, uma espécie de novo nascimento ou uma fase da clínica de Deus (o purgatório da teologia como antessala do céu), na qual nos purificamos para, finalmente, penetrarmos na suprema e eterna felicidade.

Sabemos que, quando nascemos, abandonamos um mundo aconchegante que é o útero materno. O útero, o coração, os intestinos, o fígado perguntariam ao nascituro: "por que você me abandona? Eu não lhe dei os alimentos todos, não lhe forneci o sangue e todos os nutrientes indispensáveis para a vida? Por que você quer ir embora?"

É porque chega um momento em que a criança tem que nascer, e ela quer nascer. Abandona aquele universo minúsculo do útero e entra num outro mais vasto. Rompe-se aquela placenta e penetra nesse universo imenso, uma nova placenta, de outras possibilidades de encontros e de relações.

Mas essa placenta do mundo, devido ao crescimento incessante do ser humano, também se tornou pequena demais para o seu desejo infinito.

Há um filósofo italiano que quando jovem lia muito, *Michele Federico Sciacca*. Ele disse com acerto: "se o ser humano não morresse, o espírito mataria o corpo para poder se realizar plenamente". O maior castigo seria vivermos nessa vida indefinidamente, agonizando, morrendo, morrendo devagarinho sem nunca poder acabar de morrer. Seria como o mito das Danaides, condenadas a derramar eternamente água dentro de um vaso todo esburacado, sem jamais poderem enchê-lo. Essa era sua condenação por terem assassinado seus maridos.

A morte, nesse sentido referido acima, é um ganho para o ser humano. Não é a separação de corpo e alma tal como a nossa tradição filosófica grega ensinava: o corpo ligado a esse pedaço de mundo aqui que nós formamos; a alma aquela outra dimensão de interioridade. Para uma reflexão mais contemporânea, mais hermenêutica, interpretam-se diferentemente os textos dos pais fundadores Platão e Aristóteles: o corpo é a totalidade do ser humano enquanto ligado a este universo, a este mundo, a este conjunto de relações; a alma também é essa mesma totalidade enquanto dimensionada ao infinito, à transcendência e à capacidade de total relacionamento.

Isso é o ser humano, todo inteiro enquanto alma, todo inteiro enquanto corpo. Morte não é, então, separação de corpo e alma, porque não há nada o que separar. Morte significa o corte, a cesura entre tempo e eternidade; entre esse tempo, essa condição espaço-temporal para outro estado de ser, para além do espaço-tempo.

Eternidade não é como um tempo diferente e indefinidamente prolongado. Não é uma quantidade. Mas uma qualidade, uma plenitude tão realizada que o espaciotemporal já não conta. É uma plenitude de ser que faz coincidir o ser e o poder.

Falando por analogia: a eternidade seria uma espécie de experiência de êxtase, de enamoramento, de amor, em que o tempo do relógio não conta mais, pois a plenitude da presença é tal que funda uma nova ordem de ser em plenitude.

Pela morte, mergulhamos no Ser essencial e total. A morte é um mergulhar no ser e não um deixar de ser. A morte como um entrar na dimensão mais radical do ser, numa nova história, cheia de surpresas, que nós não podemos sequer imaginar: ninguém voltou para contar e talvez nem possa contar.

É como se nós explicássemos para um cachorro a teoria da relatividade de Einstein. Ele, no máximo, iria latir, mexer com o rabo, mas nunca a iria entender, porque é outro nível de realidade, é de outra ordem. Entra-se num outro universo de relações.

São Paulo, que penetrou nesse mistério, confessou: “fui arrebatado ao terceiro céu e lá ouvi palavras inefáveis que ao homem não é lícito proferir” (2 Coríntios 12, 3-4), quer dizer, a ordem da plenitude sobre a qual emudecem todas as palavras.

Grande personalidade cubana, o revolucionário e pensador José Martí, dizia: “a morte é fechar os olhos para ver melhor”, ver e contemplar a totalidade do Ser.

5.2.4 A ressurreição na morte como a absoluta realização do ser humano

Esta reflexão não seria completa se não me referisse ao evento cristão da ressureição. Evento não no sentido de um fato qualquer, mas no sentido de uma verdade tão grande que não se consegue dizê-la na linguagem da razão, mas somente na da narrativa simbólica, a que contém a verdade secreta dos eventos. A ideia da ressurreição existe também na tradição do budismo e do hinduísmo. Não a ressurreição como reencarnação, esta tida como verdade relativa, ainda ligada ao processo de purificação. No termo de tudo, vem a ressurreição como última realidade, como penetração no *Tao*, como a experiência do *Satori*, como a entrada na "clara luz".

Para os cristãos, ressurreição não é sinônimo de reanimação de um cadáver como aquele de Lázaro. Lázaro não foi ressuscitado, foi reanimado. Ele voltou à vida tal como era antes e acabou morrendo de novo. Portanto, houve um prolongamento da agonia do viver. A ressurreição, na compreensão teológica cristã, é uma plenitude de vida tão densa que a morte não encontra nenhuma fenda por onde entrar. É a plenificação do ser humano! Dito no dialeto teológico, a ressurreição é a escatologização da existência humana, levada ao topo do processo evolutivo, uma revolução dentro da evolução. O ser humano desabrochou totalmente, extenuou todas as suas virtualidades e potencialidades. Nasceu definitivamente. Este é o anúncio da ressurreição! Pierre Teilhard de Chardin diria: é um explodir e implodir para dentro da Suprema e Divina Realidade.

São Paulo, que tinha um espírito filosofante, na primeira *Carta aos Coríntios*, capítulo XV, especula sobre "o que é ressurreição". Não encontra palavras adequadas. Por isso, cria duas palavras que em si são contraditórias. Afirma que o ressuscitado se transformou em *soma pneumaticón*, em *corpo espiritual*. Se é corpo, na compreensão grega comum, logo não pode ser espírito; se diz espírito, logo não é corpo. Ele une os dois: um corpo que virou espírito e um espírito que se transfigurou em corpo, portanto, um corpo espiritual.

Aristóteles dizia, em sua *Metafísica*, que, pelo fato de sermos espírito, participamos do universo, das estrelas e do Todo. O corpo espiritual comunga com tudo, não há mais barreiras para ele, não há mais empecilhos para a comunicação. O ressuscitado possui uma ubiquidade cósmica, ocupa todos os lugares. É o Cristo cósmico das epístolas aos Efésios e aos Colossenses de São Paulo, do teólogo franciscano medieval Duns Scotus e de Pierre Teilhard de Chardin.

Como diz um dos textos mais antigos do cristianismo, dos anos 40-50, antes, portanto, da elaboração dos Evangelhos, texto do Evangelho Apócrifo de São Tomé: "eu sou a luz sobre todas as coisas. O mundo saiu de mim, o mundo voltou a mim; rache a lenha e eu estou dentro dela; levante a pedra e eu estou debaixo dela; porque eu estou convosco todos os dias, até a consumação de séculos".

Esse texto mostra a esfera nova em que estamos mergulhados, realidade criada pelo ressuscitado. É o que Teilhard de Chardin chamava de "O Meio Divino" ou da esfera do *crístico*. Distinguia o *crístico* do *cristão*. Cristão é a pessoa que aderiu a Cristo e se inseriu numa comunidade ao redor de seu nome. *Crístico* é um dado objetivo que tem a ver com a realidade concreta, com a criação. Toda criação carrega sinais do *crístico*. O *crístico* é uma nova esfera de plenitude, escondida em todas as criaturas, mas mostrada de forma explícita e antecipada na pessoa do Cristo ressuscitado, chamado por Paulo de "*novissimus Adam*", "Adão novíssimo" (1 Coríntios 5, 45), aquele que acabou de nascer depois de subir por todos os degraus do processo de evolução. Do *crístico* passou ao *cristão*. Por isso, foi chamado de Cristo.

Sirva-nos a metáfora da borboleta. Antes, a vida é um *casulo* que, dentro, guarda a *crisálida*, a qual, depois, rompe esse casulo e se transforma numa esplêndida *borboleta*. Algo parecido ocorre com a ressurreição. Cai o corpo mortal (*casulo*) e irrompe o corpo espiritual e ressuscitado.

Terminemos, por fim, com o imaginário, porque nada é maior nessas coisas que a imaginação humana. Imaginação é a louca da casa, aquela que inventa mundos. Na teologia, a imaginação é o Espírito Santo.

Como é que podemos imaginar a morte, a nossa chegada a outra dimensão? Tomo, aqui, duas experiências que vivi no Rio de Janeiro: uma é a experiência do carnaval, a outra é a experiência de 31 de dezembro, a virada do ano, na praia de Copacabana, a festa de Iemanjá.

Há tanta beleza e surpresa naqueles fogos de fim de ano que chegamos a chorar. Chorar pela beleza e pelo encantamento. Assim imagino nossa chegada na outra dimensão, naquela de Deus. A cada um que chega Deus prepara uma recepção luminosa: "você chegou finalmente". E caímos nos braços de Deus Pai e Mãe de infinita bondade entre festejos, fogos e cantorias.

Outra figuração é o carnaval. No carnaval, há a comissão de frente, os anciãos experimentados. Quando nós chegarmos, vamos encontrar a comissão de frente. Lá está meu pai, minha mãe, minha irmã, meus avós, todos os nossos conhecidos e antepassados de nossa estirpe, esperando-nos para gritar: "finalmente você chegou, demorou tanto, você custou tanto para chegar". E nos abraçamos, nos beijamos e dançamos e nos alegramos numa festa sem fim.

Estimo que a nossa morte é mais ou menos assim. É uma entrada no Ser mais radical, mais profundo. A morte como o passo necessário para todo esse esplendor. Então, bendita a morte! O temor da morte é da nossa cultura, do nosso apego egoico. Quanto mais interiorizamos a profundidade do nosso ser, mais vamos mergulhando no Ser essencial, mais nos vamos acostumando a essa realidade misteriosa da vida que atravessa a morte e cresce através dela.

A morte é como o nascer. Ninguém assistiu ao próprio nascimento, ninguém viu a si mesmo nascer. Com a morte, deve ser algo semelhante. De repente, a gente está do outro lado e nem percebeu que já passou. E aí se descobrem outros universos, na minha interpretação, habitados por todos os seres vivos, toda a comunidade de vida dos 13,7 bilhões de anos de história da evolução.

Junto ao nosso universo talvez haja tantos outros universos paralelos, segundo a recente teoria das cordas. Vamos descobrir qual é o nosso lugar nesse conjunto de seres do universo, seres chegados em Deus, que é Pai maternal e Mãe paternal de infinita bondade. Aí então, haverá uma só história humana verdadeira, a história da plenitude, do abraço sem fim e do amor em êxtase. É o universo dos redimidos e dos ressuscitados.

5.3 Deus, por que te calas diante do genocídio de inocentes?

Vivemos globalmente num mundo trágico, cheio de incertezas, de ameaças e de perguntas para as quais não temos respostas que nos satisfaçam. Ninguém nos poderá dizer para onde estamos indo: para o prolongamento do atual modo de habitar a Terra, devastando-a em nome de um maior enriquecimento de poucos? Ou mudaremos de rumo?

No primeiro caso, seguramente a Terra não aguentará a voracidade dos consumistas (já agora precisamos de uma Terra e meia para atender o nível atual de consumo dos países ricos) e nos confrontaremos com crises e mais crises, como a do coronavírus e o aquecimento global já irrefreável (lançamos na atmosfera por ano quase 40 bilhões de toneladas de gases de efeito estufa). Poderemos não ter mais retorno e iremos ao encontro do pior.

Ou, forçados pela situação, recuperaremos a razão sensível e sensata, pois agora está enlouquecida, definiremos um novo rumo mais amigável para com a natureza e a Terra, mais justo e participativo de todos os humanos. Trabalharemos a partir do território, desenhado pela natureza, pois aí pode ser sustentável e criar uma verdadeira ecodemocracia com todos. Então, começará um novo tipo de história, com um futuro para o sistema-vida e o sistema-Terra.

Teremos tempo, coragem e sabedoria para essa conversão ecológica? O ser humano é flexível, tem mudado muito e se adaptado aos vários climas. Ademais, a história não é linear. De repente surgem o inesperado e o impensável (um salto para cima em nossa consciência) que inaugurariam um novo rumo para a história.

Enquanto esperamos, sofremos pelos males que estão ocorrendo na Terra: há 18 lugares de guerra. O Papa Francisco falou muitas vezes que estamos já "na terceira guerra mundial aos pedaços". Não é impossível que irrompa um conflito nuclear inteiro e leve a perder toda a humanidade.

Nesse contexto, nos colocamos no lugar de Jó e clamamos a Deus no meio de tantas mortes de inocentes, de genocídios e de guerras altamente letais.

Deus, onde estavas naqueles momentos aterradores em que a fúria genocida de Netanyahu dizimou milhares de crianças inocentes e mais de 80 mil pessoas e mães na Faixa de Gaza? Por que não intervieste, se podias fazê-lo? Mais de 500 mil casas, hospitais escolas, universidades, mesquitas e igrejas foram arrasadas. Por que não detiveste aquele abraço assassino? Teu Filho bem-amado, Jesus, saciou cerca de 5 mil pessoas famintas. Por que permites que neguem a todo um povo alimentos e água? Onde está a tua piedade? Estas vítimas não são também teus filhos e filhas, especialmente queridos, porque representam teu Filho crucificado?

Recordo com dor as palavras do Papa Bento XVI quando visitou o campo de extermínio de judeus em Auschwitz-Birkenau: "quantas perguntas surgem neste lugar. Onde estava Deus naqueles dias? Por que Ele silenciou? Como pôde tolerar esse excesso de destruição, este triunfo do mal?"

Jó tinha razão em reconhecer que "Deus é grande demais para que possamos conhecê-lo" (Jó 36, 26). Ele pode ser e fazer aquilo que não entendemos, pois somos limitados. Não obstante teimosamente Jó professa sua fé, dizendo a Deus: "mesmo que me mates, ainda assim creio em ti" (Jó 15, 13)?

Inesquecível é o testemunho do judeu antes de ser morto no Gueto de Varsóvia, em 1943. Deixou escrito num papelzinho posto dentro de uma garrafa, escondida atrás dos tijolos da parede: "creio no Deus de Israel, mesmo que Ele tenha feito tudo para que não creia nEle. Escondeu seu rosto... Se, um dia, alguém encontrar esse papelzinho na garrafa e o ler, vai entender, talvez, o sentimento de um judeu que morreu abandonado por Deus, esse Deus em quem continuo a crer firmemente".

Não pretendemos ser juízes de Deus. Mas podemos gritar nossas queixas como o fez o Filho do Homem no Jardim das Oliveiras e no alto da cruz. Jesus, quase desesperado, clamou: "Meu Deus, meu Deus, por que me abandonastes (Marcos 15, 34)?"

Nossos lamentos não são blasfêmias, mas um clamor doloroso e insistente a Deus: "desperta! Não tolere mais o sofrimento, o desespero e o genocídio de inocentes. Acorda, vem libertar aqueles que criastes no amor. Acorda e venha, Senhor, para salvá-los".

No meio desta melancolia, nossa esperança prevalece, porque pela ressurreição de um irmão nosso, Jesus de Nazaré, se antecipou nosso fim bom. É isso que nos confere algum sentido para a vida e suas desgraças e nos possibilita não desesperar totalmente face à dramática situação da humanidade e da Terra.

5.4 Satã, o Diabo e o inferno: criação nossa, não de Deus

Nos tempos de campanha política e presidencial, não é raro um candidato satanizar seu adversário. Faz-se inclusive uma divisão esdrúxula entre quem é da parte de Deus e quem é da parte do Diabo ou de Satã.

Esse termo Satã (em hebraico) ou Diabo (em latim) ganhou muitos significados, positivos e negativos, ao longo da história. Isso ocorre em muitas religiões especialmente nas abraâmicas (judaísmo, cristianismo e islamismo).

No entanto, devemos dizer que ninguém sofreu tantas injustiças e foi tão "satanizado" como o próprio Satanás. No início, não foi assim. Por essa razão, é importante fazermos brevemente a história de Satã ou do Diabo.

Ele é contato entre os "filhos de Deus" como os demais anjos, como se diz no livro de Jó (1, 6). Está na corte celeste. Portanto, é um ser de bondade. Não é a figura má que ganhará mais tarde. Mas recebeu de Deus uma tarefa inusitada e ingrata: deve pôr à prova pessoas boas como Jó, que é "um homem íntegro, reto, temente a Deus e afastado mal" (Jó 1, 8). Deve submetê-lo a todo o tipo de provas para ver se, de fato, é aquilo que todos dizem dele: "não há outro igual na terra" (Jó 1, 8). Provado por Satã, Jó perde tudo, a família, os bens e os amigos. Mas não perde a fé.

Mas voltemos à história sobre Satã.

Houve uma grande mutação desde quando os judeus foram arrastados ao cativeiro babilônico (586-538 a.C.). Lá na Babilônia, entraram em contato com a doutrina de Zoroastro, que estabelecia o confronto entre o "*príncipe da luz*" com o "*príncipe das trevas*". Eles incorporaram essa visão dualista e maniqueísta.

A partir do *príncipe das trevas*, deu-se origem negativa ao Satã como da parte desse reino das trevas. Ele é o "grande acusador" ou "adversário" que induz os seres humanos a atos de maldade.

Em seguida, segundo a versão judaica, produz-se o confronto entre Deus e Satã. Nos textos judaicos tardios, não canônicos, especialmente no livro de Henoque (escrito entre 300-200 a.C.), muito divulgado entre os judeus e depois entre os primeiros cristãos elaborou-se a saga da revolta de anjos chefiados por Satã, agora com o nome de Lúcifer, contra Deus. Narra-se a queda de Lúcifer e de cerca de um terço dos anjos que aderiram e acabaram expulsos do céu.

Surge, então, a questão: onde colocá-los se foram expulsos? Aí valeu-se da categoria do inferno. Inicialmente – a geena, o inferno – era o grande lixão de Jerusalém que sempre ardia mesmo sob a chuva, pois, como se sabe, a brasa no fundo continua acesa e fumegante, por não ser atingida pela água. Esse lixão serviu de metáfora para o fogo ardente do inferno que nunca se apaga e de todos os horrores, bem descritos por Dante Alighieri na primeira parte de sua *Divina Comédia* dedicada toda ao inferno e a seus horrores. Aí diz a frase sempre citada do Canto III, inscrita no pórtico do inferno: "deixai toda a esperança, vós que entrais (*lasciate ogni speranza voi ch'entrate*).

No Primeiro Testamento (o Antigo), quase não se fala do Diabo (cf. Crônicas 21,1; Samuel 24, 1). No Segundo Testamento (Novo), aparece em alguns relatos: "(...) serão lançados na fornalha de fogo; ali haverá choro e ranger de dentes" (Mateus 8, 12; 13, 42-50; Lucas 13, 27); ou na parábola do rico epulão que arde no inferno e o pobre Lázaro que vive feliz no céu (Lucas 16, 23-24); no juízo final, "o fogo eterno" (25, 41); ou no Apocalipse (16, 10-11).

Essa compreensão foi assumida pelos teólogos antigos, de modo especial por Santo Agostinho. Ele influenciou toda a tradição das Igrejas, a doutrina dos Papas, a arte religiosa e chegou até hoje.

A categoria do inferno e da condenação eterna foi determinante na conversão dos povos ditos bárbaros, como os germanos submetidos pelo imperador Carlos Magno, convertido cristão. Com pavor do inferno, se convertiam em massa. O mesmo ocorreu com os povos originários na América Latina e de outros lugares de missão, produzindo medo e pânico.

Seus antepassados, dizia-se, logo na primeira aula de catequese em Santo Domingo, pelo fato de não terem sido cristãos, estão no inferno. E argumentava-se que, se os ouvintes não se convertessem e não se deixassem batizar, conheceriam o mesmo destino, o inferno. Isso se pode ler em todos os catecismos que foram elaborados logo após a conquista e com os quais se pretendia converter astecas, incas, mais e outros.[115]

Foi o medo que outrora levou e ainda hoje leva à conversão de multidões, como o mostrou o grande historiador francês Jean Delumeau.[116] É apelando ao Diabo, a Satã, e hoje, em tempos de ira e de ódio social, se procura desqualificar o adversário, não raro, feito inimigo a ser desmoralizado e, eventualmente, liquidado.

5.4.1 O inferno não pode existir porque prevalece a ilimitada misericórdia divina

Aqui devemos superar todo o fundamentalismo do texto bíblico. Não basta citar textos sobre o inferno, mesmo na boca de Jesus. Devemos saber interpretá-los em seu contexto cultural e histórico para não cairmos em contradição com o conceito de Deus e mesmo destruir a boa-nova de Jesus, Pai cheio de misericórdia, como o pai do filho pródigo que acolhe o filho perdido (Lucas 15, 11-23) e os pecadores públicos.

Temos que, em primeiro lugar, saber como surgiu no ser humano essa ideia do inferno. Ele experimenta o mal em sua vida, na sociedade e na história e busca uma razão para isso tudo. Tem grande dificuldade de assumir a sua própria responsabilidade pelos males por ele perpetrados. Então, transfere-a a Satã ou aos demônios.

115 Cf. SUESS, Paulo (Coord.). *A conquista espiritual da América Espanhola*. Petrópolis: Vozes, 1992, pp. 16-139.

116 DELUMEAU, Jean. *História do medo no Ocidente*: 1300-1800. São Paulo: Companhia de Letras, 1993.

Em segundo lugar, os demônios e o inferno dos horrores têm um significado claro: criam uma pedagogia do medo. Pelo medo, consegue-se fazer as pessoas buscarem o caminho do bem.

Demônio e inferno, portanto, são criações humanas, uma espécie de pedagogia sinistra, como ainda mães fazem às crianças: "se não te comportares direito, de noite, vem o lobo mau morder teu pé".

Ademais, há uma questão filosófico-teológica: nós seres humano com livre-arbítrio podemos cometer maldades e sermos supremamente perversos. Mas tudo isso se dá dentro do mundo finito, no espaço e no tempo limitados. Como poderia algo finito e limitado ter um efeito infinito e ilimitado na eternidade que seria o inferno? Aqui a adequação não se fecha. Por essa razão, afirmamos que o inferno e os demônios são criações culturais nossas.

Por outro lado, devemos reconhecer, especialmente hoje em dia com a devastação da vida na Terra, o ser humano pode apresentar-se como o Satã da Terra e da sociedade. Ele pode criar o "inferno" aos outros pelo ódio, pela opressão e pelos mecanismos de morte e pelas guerras como, infelizmente, estão ocorrendo em nosso mundo.

Em terceiro lugar, Satã ou o Diabo é uma criatura de Deus. Aqui cabe uma reflexão teológica fundamental. Dizer que é uma criatura de Deus significa que, em cada momento, Deus está criando e recriando essa criatura, dizendo permanentemente *fiat* (faça-se), mesmo se estivesse no fogo do inferno.

Pode Deus que é amor e bondade infinita se propor a isso? Bem diz o livro da Sabedoria: "Sim, tu amas todos os seres e nada detestas do que fizeste; se odiasses alguma coisa não a terias criado; e como poderia subsistir alguma coisa se não a quisesses (...) a todos poupas porque te pertencem, oh soberano amante da vida" (Sabedoria 11, 24-26). O Papa Francisco o disse claramente em várias ocasiões: "não existe condenação eterna; ela é só para este mundo". Deus-amor cria e sustenta a todos que criou no amor.

Há um texto do teólogo-poeta Rubem Alves sobre o inferno que já citamos, mas que convém referir aqui:

> Deus criou tudo. Vocês acham que ele ia entregar ao Diabo aquilo que saiu de suas mãos? Um Deus que é todo amor não

> pode ter na eternidade uma câmara de torturas sem fim em que as almas sofrem por pecados cometidos no tempo. Dívidas no tempo ficam dívidas eternas? Quem ficaria feliz com isso seria o Diabo. Vocês acham que Deus está a fim de realizar os desejos do Diabo? No fim o amor de Deus triunfa![117]

Em quarto lugar, a grande mensagem de Jesus é a infinita misericórdia de Deus-*Abba* ("paizinho querido") que ama a todos, também os "ingratos e maus" (Lucas 6, 35). A afirmação do castigo eterno no inferno destrói diretamente a boa-nova de Jesus. Um Deus castigador é incompatível com o Jesus histórico que anunciou a infinita amorosidade de Deus para com todos, também para com os pecadores.[118]

O Salmo 103 (8-17) já havia intuído essa verdade:

> O Senhor é compassivo e clemente, lento para a cólera e rico em misericórdia. Não está sempre acusando nem guarda rancor para sempre. Não nos trata segundo nossos pecados (...) como pai sente compaixão pelos seus filhos e filhas, assim o Senhor se compadecerá com os que o amam, porque ele conhece nossa natureza e se lembra de que somos pó (...). A misericórdia do Senhor é desde sempre para sempre.

Deus não pode nunca perder nenhuma criatura que Ele criou no amor, por mais perversa que seja. Se Ele a perdesse, mesmo que seja uma só, Ele teria fracassado em seu amor. Ora, isso não pode acontecer com Deus que é Deus-amor-misericórdia.

117 ALVES, Rubem. *Transparências da eternidade*. São Paulo: Papirus, 2002, p. 80.

118 Cf. BOFF, Leonardo. *A amorosidade do Deus-Abba e Jesus de Nazaré*. Petrópolis: Vozes, 2024.

5.4.2 "Ninguém pode impor limites ao amor de Deus que perdoa"

Bem disse o Papa Francisco (*Misericordiae vultus, 2*) que, incansavelmente, prega a misericórdia: "*a misericórdia sempre será maior que qualquer pecado e ninguém poderá pôr limites ao amor do Deus que perdoa*". Bem escreveu Tiago (2, 13) em sua epístola: "a misericórdia triunfa sobre o juízo".

Isso não significa que se entrará no céu de qualquer maneira, como diria Matraga de Guimarães Rosa: "eu entro no reino dos céus nem que seja a porrete". Não é bem assim. Todos prestarão conta de sua conduta a Deus. E os que tiveram uma má conduta, passarão pela clínica de Deus, para lá se purificarem, reconhecerem seus pecados, aprenderem a amar e finalmente entrarem no Reino da Trindade. É o purgatório que não é a antessala do inferno, mas a antessala do céu. Quem está lá se purificando já participa do mundo dos redentos. Por isso, mesmo no meio das dores, há felicidade, pois estão já salvos pela misericórdia e depois também entrarão na suprema felicidade.

O inferno e os demônios e o principal deles, Satã, são projeções nossas da maldade que existe na história, ou que nós mesmos produzimos e pelas quais não queremos assumir a nossa culpa e responsabilidade. Preferimos projetar nossa maldade nessas figuras sinistras.

Temos que nos libertar, finalmente, de tais projeções, para vivermos a alegria da mensagem de salvação universal de Jesus Cristo. Isso deslegitima toda satanização em qualquer situação, especialmente, em política e nas igrejas, na católica e principalmente nas pregações dos pastores neopentecostais que usam de forma totalmente exorbitante e abusiva a figura do demônio e do inferno. Antes assustam os fiéis do que os confortam com o amor e a infinita misericórdia de Deus.

Todos aqueles que Deus criou como extravasão de seu amor lhe pertencem e jamais, apesar do livre-arbítrio sempre finito e limitado, se perderão eternamente.

5.5 O Papa Francisco e a refundação da Igreja

Não é sem razão quando o Cardeal Bergoglio, eleito Papa, tomou o nome de Francisco. No século XIII, Francisco de Assis pretendeu ter ouvido uma voz que lhe dizia: "Francisco, vai e reconstrói a minha Igreja que está em ruínas". Efetivamente, estava, moral e espiritualmente, em ruínas sob o Papa mais mundano e poderoso da história cristã, Inocêncio III. Efetivamente, havia uma igrejinha em ruínas. Francisco e amigos se puseram a reconstrui-la. É a Porciúncula colocada (infelizmente) no interior de uma imensa igreja. Mais tarde, Francisco entendeu que não se tratava da igrejinha, mas da grande instituição Igreja que precisava ser reconstruída.

Francisco de Assis tomou como referência o Evangelho puro e simples, pregado em língua popular e não em latim, e a figura do Jesus histórico, humilde, pobre, despojado de todo poder e identificado com os últimos. O Francisco de Roma realmente propôs uma reforma da Igreja, à luz do Francisco de Assis. Este levou-a avante junto com os movimentos pauperistas leigos da época e pelas ordens mendicantes (dominicanos, servitas e franciscanos).

5.5.1 Francisco de Assis chamado a restaurar uma Igreja em ruínas

O Papa Francisco encontrou também uma Igreja moral e espiritualmente em ruínas devido aos escândalos de pedofilia de prelados e financeiros, além de uma acirrada disputa por poder dentro dos quadros da Cúria Romana, a ponto de levar o Papa Bento XVI à renúncia.

A missão que se delineia a partir dos pronunciamentos já feitos por Francisco de Roma mostra claramente que ele se propõe atualizar a missão de Francisco de Assis: de efetivamente restaurar a Igreja. Isso exige encaminhar uma reforma estrutural radical, diria mais, realizar uma verdadeira refundação da Igreja, pois os termos que usa vão além de uma profunda reforma.

Ele se investe de coragem para refundar a Igreja a partir de seus fundadores: do Jesus histórico e dos apóstolos. Como logo veremos, isso teologicamente possui bons fundamentos.

O atual modelo de Igreja já exauriu suas potencialidades históricas e espirituais por não saber encontrar uma saída (palavra predileta do Papa) do emaranhado institucional em que se meteu, estruturada ao redor do *poder sagrado* (*sacra potestas*), exercido de forma absolutista, por vezes despótica e, por isso, incapaz de dirigir-se ao homem das liberdades modernas. A proposta do Papa Francisco é: "não tenhamos medo de rever" (Exortação Apostólica *Evangelii Gaudium*, a partir de agora, EG n. 43).

Em suas palavras:

> Sonho com uma opção missionária capaz de transformar tudo, para que os costumes, os estilos, os horários, a linguagem e toda a estrutura eclesial se tornem um canal adequado mais à evangelização do mundo atual que à autopreservação (EG n. 27).

Tem consciência de que tal intento comporta certas rupturas indispensáveis: "não se deve pensar que o anúncio evangélico tenha de ser transmitido sempre com determinadas fórmulas pré-estabelecidas" (EG n. 129), "porque a fé não se pode confinar dentro dos limites de compreensão e expressão de uma cultura" (a ocidental: EG n. 118), porquanto "uma única cultura não esgota o mistério da redenção de Cristo" (EG n. 118). Ao contrário, "o que se deve procurar é que a pregação do Evangelho, expressa com categorias próprias da cultura onde é anunciado, provoque uma nova síntese com essa cultura" (EG n.129).

Afirmações dessa ousadia só são possíveis na boca de um Papa que já não é mais refém dos esquemas envelhecidos da velha cristandade europeia, crepuscular e minoritária em termos numéricos (24% dos católicos). A linguagem desse tipo de Igreja perdeu frescor, e sua teologia é mais e mais repetitiva e tediosa.

O Papa vem de outra experiência de Igreja, periférica, mais leve e colorida, mais flexível e que ganhou os tons e os sons de sua encarnação nas diferentes culturas existentes no continente sul-americano. Sente-se livre para um novo ensaio de Igreja, à semelhança do cristianismo dos primórdios quando penetrou na cultura greco-latina, e mais tarde, na germânica.

Só assim estará à altura dos desafios internos e externos, especialmente face à devastadora crise do sistema-vida e do sistema-Terra que assola toda a humanidade e que não poupa sequer a Igreja.

Para operar a refundação da Igreja, o Papa limpa previamente o terreno em duas frentes: no âmbito político-econômico e no âmbito eclesiástico.

5.5.2 O Papa fala evangelicamente, e não politicamente, da política e da economia, da exclusão e da desigualdade social

O Papa Francisco é contundente. Não fala da política politicamente, mas evangelicamente. À luz da mensagem de Jesus, condena o atual sistema econômico-financeiro "como injusto em sua raiz" (EG n. 59), proferindo um rotundo "*não* à economia da exclusão e da desigualdade social; esta economia mata (...) faz do ser humano um bem de consumo que pode ser usado e depois lançado fora (...) os excluídos não são 'explorados', mas simplesmente resíduos e sobras" (EG n. 53).

Confere absoluta centralidade aos pobres: "não devem subsistir dúvidas nem explicações que debilitem esta mensagem claríssima". Hoje e sempre, "os pobres são os destinatários privilegiados do Evangelho" (EG n. 48). Reforça a ideia com estas palavras sem quaisquer precondições: "ninguém pode sentir-se exonerado da preocupação pelos pobres e pela justiça social" (EG 201).

Tais palavras, também proferidas pelos Papas anteriores, ficavam apenas palavras. Eles nunca se encontravam afetiva e efetivamente com os pobres. Daí também sua dificuldade de entenderem a Teologia da Libertação que fez da opção pelos pobres contra a pobreza, a favor da justiça social e da libertação, sua marca registrada e se meteu no meio do mundo da pobreza e da marginalização.

Este Papa, ao contrário, vai ao encontro dos pobres onde quer que estejam, na favela Varginha, no Rio de Janeiro, na Ilha de Lampedusa, na Córsega, naquela figura de Vinicio Riva, de aparência horripilante, acometido de neurofibromatose, que deforma totalmente o corpo. Foi longamente abraçado pelo Papa.

O Papa celebra seu aniversário no dia 17 de novembro. Nessa data, em vez de festividades eclesiásticas, prefere café com pobres de rua. Abraça efusivamente os socialmente desprezados, coloca as mãos sobre suas deformações e passa-lhes a experiência de que são humanos como todos nós.

Ataca o coração ideológico e pervertido do sistema econômico neoliberal ao dizer "não podemos mais confiar nas forças cegas e na mão invisível do mercado" (EG n. 204).

A atitude do Papa face à economia é profético-denunciatória. Acusa-a com uma palavra dura da tradição eclesial: "não fazer os pobres participarem dos seus próprios bens é roubar e tirar-lhes a vida. Não são nossos, mas deles, os bens que deles subtraímos" (EG n. 57). Ao mesmo tempo, assume um comportamento ético-político: o de estar do lado dos pobres. Uma das metas da evangelização é "a inclusão social dos pobres" (EG n. 17), que constitui "o critério-chave de autenticidade da evangelização" (EG n. 95).

Parece-nos ouvir a palavra forte e evangélica do teólogo salvadorenho da libertação, seu confrade jesuíta, Jon Sobrino: "fora dos pobres não há salvação".

5.5.3 Papa Francisco propõe "uma Igreja em saída"

O Papa Francisco tem consciência de que o modelo romanocêntrico e eurocêntrico está "sem saída"; não apresenta mais condições de resgatar o frescor do Evangelho e a alegria que a mensagem cristã deve produzir. Gerou-se o que ele chama de "desertificação espiritual" (EG n. 86).

A proposta de refundação está toda centrada no encontro pessoal com o Jesus histórico, não idealizado pelas teologias/ideologias posteriores de magnificação, mas com o Jesus dos Evangelhos que se fez pobre, simples, humilde e que peregrinou no meio do povo, legando-nos o Evangelho da fraternidade universal e da dignidade de sermos filhos e filhas de Deus, semelhantes a ele, Filho do Pai, que decidiu morar em nosso meio. Legou-nos a mensagem do amor incondicional, da misericórdia para com todos, mesmo para aqueles que se consideravam pecadores e perdidos e da ternura para com os humildes.

Toda a renovação da Igreja, segundo ele, vem imbuída da ideia de missão. Mas entendamos corretamente a missão. Não se trata de conquistar pessoas para a religião cristã, mas libertar as pessoas para as outras pessoas: "insistimos na proposta de reconhecer o outro, de curar as feridas, de construir pontes, de estreitar laços e de nos ajudarmos 'a carregar as cargas uns dos outros'" (Gálatas 6, 2; EG n. 67). Enfatiza o Papa: "a Igreja não cresce por *proselitismo* mas por *atração*" (EG n. 14). Abandona a tradicional expressão "nova evangelização" por outra mais rica, "conversão pastoral" de toda a Igreja no sentido de acercar-se das pessoas e caminhar com elas.

Essas mudanças fundamentais incluem o próprio papado (cf. EG n. 32). Notável foi a metáfora usada em sua entrevista à revista dos jesuítas *Civiltà Cattolica*, de setembro de 2013:

> Vejo com clareza crescente que aquilo de que a Igreja mais precisa hoje é a capacidade de curar as feridas e de aquecer o coração dos fiéis, a proximidade. Vejo a Igreja como um hospital de campanha depois de uma batalha (...). As pessoas têm de ser acompanhadas, as feridas têm de ser curadas. As reformas organizativas e estruturais são secundárias, isto é, vêm depois. A primeira reforma deve ser a da atitude. Os ministros do Evangelho devem ser capazes de aquecer o coração das pessoas, de caminhar na noite com elas, de saber dialogar e mesmo de descer às suas noites, na sua escuridão, sem perder-se. O povo de Deus quer pastores e não funcionários ou clérigos de Estado.

Na sua fala aos bispos latino-americanos do CELAM, no Rio de Janeiro, cobrou-lhes "uma revolução da ternura".

Curiosamente, o Papa Francisco se enfrenta com a mentalidade conservadora e velhista de muitos cristãos, submetendo-a a rigorosa crítica. Tal atitude parece-nos inaudita no magistério papal dos últimos séculos. Normalmente, eram os grupos progressistas que vinham sendo vigiados, advertidos, interrogados, marginalizados e punidos. Agora, os teólogos são "apreciados e encorajados para promover o diálogo com o mundo da cultura e da ciência (...)" (EG n. 133) e para ajudar a "amadurecer o juízo da Igreja" (EG n. 40).

Toda a Exortação Apostólica *Evangelii Gaudium* vem perpassada de alegria, de esperança e de audácia inovadora. Quer uma Igreja, casa de todos e para todos, sem o emaranhado confuso de doutrinas. Elabora uma posição fundada no realismo filosófico segundo o qual a realidade sempre desborda do conceito ou "a realidade é superior à ideia" (EG n. 231).

Esse princípio da primazia da realidade sobre sua representação evita que "a ideia fique desligada da realidade e dê origem a idealismos e nominalismos ineficazes que, no máximo, classificam ou definem, mas não empenham" (EG n. 232).

É o que mais ocorreu na Igreja europeia desde a Reforma Protestante: a inflação do doutrinário sobre o pastoral, da ordem sobre a criatividade, da conservação sobre a invenção. Em grande parte, o Magistério perdeu o bom senso porque simplesmente se fechou sobre si mesmo, gestou a ideologia do infalibilismo papal, alienou-se do curso da história humana ou se opôs frontalmente a ela, especialmente condenando os direitos humanos, as liberdades cívicas e até democracia. As coisas mais óbvias em pastoral e moral eram colocadas sob suspeita para perplexidade e até escândalo dos fiéis.

O Papa Francisco tenta resgatar a obviedade da vida e traduzir a mensagem cristã numa linguagem que todos possam entender. Acusa de pecado o "deveriaquerismo", neologismo para dizer "o que se deveria fazer e, na verdade, não se faz".

Mostra especial dureza contra o "mundanismo espiritual" (EG n. 93) daqueles cristãos que, ao pretenderem evangelizar, especialmente pelos canais de televisão, mais se anunciam a si mesmos e "cuidam mais de sua aparência", num "exibicionismo litúrgico" com cores espalhafatosas, do que da mensagem evangélica (EG n. 95). São autorreferenciais, com uma "autocontemplação egocêntrica" (EG n. 95). Isso vale diretamente para muitos canais brasileiros de televisão animados por padres narcisistas, mais *showmen* que evangelizadores. Apresentam um cristianismo devocional, cheio de preces, rosários e adoração à hóstia consagrada. Ausentes estão os temas dos pobres, dos desempregados, dos discriminados e das discriminadas LGBTQIA+, da justiça social e da necessária transformação da sociedade. Ajustam-se bem à lógica do mercado.

Nas palavras do Papa, outros são de uma "tristeza melosa" (EG n.83) desenvolvendo uma "psicologia de túmulo que pouco a pouco transformam os cristãos em múmias de museu" (EG n. 83). Outros ainda "transformam a vida da Igreja numa peça de museu ou numa possessão de poucos" (EG n. 95).

Com humor, afirma que há evangelizadores "com cara de funeral" (EG n.10), que vivem uma permanente "quaresma sem Páscoa" (EG n. 6), "pessimistas, lamurientos e desencantados com cara de vinagre" (EG n. 85), com atitudes "de generais de exércitos derrotados" (EG n. 96). Palavras inauditas na escrita e nas palavras de um Papa.

5.5.4 O que significa uma Igreja "em saída"?

O que o Papa Francisco favorece são cristãos ousados, inovadores que ousam "primeirear", um neologismo papal para dizer que se dispõem a serem os primeiros no envolvimento e no compromisso de anunciar a alegria e a beleza do encontro com Jesus. (EG n. 20). São os abridores de "saídas" para a Igreja. A palavra "saída" é uma categoria que atravessa toda a Exortação. Mostra uma Igreja que deixa para trás a saudade de seu castelo medieval e "sai" para mergulhar no mundo moderno complexo e contraditório, mas sedento de sentido e da Palavra.

Estas sentenças resumem o sentido da "saída":

> Saiamos, saiamos para oferecer a todos a vida de Jesus Cristo. Prefiro uma Igreja acidentada, ferida e enlameada por ter "saído" pelas estradas, a uma Igreja enferma pelo fechamento e a comodidade de se agarrar às próprias seguranças, presa num emaranhado de obsessões e procedimentos (EG n. 49).

Há os que ousaram, como crítica ao "em saída", substituir por uma "Igreja em subida", pensando que só esta garantiria a espiritualidade, na suposição falsa de que isso estaria ausente no "em saída". Vã ilusão. O "em subida" é vazio e fuga da realidade. Depois que o Verbo desceu e se fez carne, a espiritualidade e a Igreja são "em descida" rumo à nossa existência histórica, com todas as sus luzes e sombras, assumidas por Jesus Cristo como bem o lembra a epístola aos Hebreus.

Assim, as reformas que o Papa Francisco preconiza fazer são no papado, na Cúria Romana, na descentralização das várias funções institucionais, pretendendo conferir poder de decisão às mulheres e dando centralidade à categoria "povo de Deus". A partir daí, promove uma inclusão forte dos leigos e leigas na definição dos caminhos da Igreja, delineando outro rosto à Igreja Católica, então aberta ao diálogo ecumênico e inter-religioso. Enfim, uma Igreja do século XXI.

5.5.5 Podemos falar de refundação da Igreja?

O que vou explanar vai, seguramente, causar perplexidade aos cristãos que não tiveram a oportunidade de se aprofundar nas questões teológicas. A grande maioria – o os catecismos são responsáveis em grande parte por esse obscurantismo – imagina que a Igreja nasceu toda pronta das mãos de Cristo. Os estudos exegéticos e teológicos de mais de dois séculos têm mostrado como foi complexa a formação daquilo que chamamos hoje de Igreja concretamente considerada.

Mas antes de detalharmos essa espinhosa questão, devemos analisar corretamente a frase que somente ocorre em São Mateus 16, 18 (*Sondergut*). Fala Jesus: "eu te digo: tu és Pedro e sobre esta pedra edificarei a minha Igreja e as portas do inferno não prevalecerão contra ela". O contexto revela qual o verdadeiro sentido dessa frase.

Jesus coloca à prova a fé dos apóstolos: "vós quem dizeis que eu sou?" Simão Pedro, adiantando-se, tomando a palavra, disse: "tu és o Cristo, o Filho de Deus vivo". Em resposta, falou Jesus: "bem-aventurado és tu, Simão, filho de Jonas, porque não foi a carne nem o sangue quem te revelou, mas o Pai que está nos céus. Por isso eu te digo: tu és Pedro e sobre esta pedra edificarei a minha Igreja" (Mateus 16, 15-18).

Reparemos bem: o que fez Simão ser Pedro e pedra não é a sua pessoa, mas a sua *profissão de fé*. A fé de Pedro ocupa o centro. É sobre essa fé em Jesus como Cristo e Filho de Deus, proferida pela primeira vez por Simão Pedro, que se construirá sempre a Igreja ontem e hoje.

O importante não foi a sua pessoa, mas a sua fé. Os versos seguintes deixam isso claro. Jesus chega a tratar a pessoa de Pedro não de "bem-aventurado", mas de "Satanás" e "pedra de escândalo", "porque não entendeu as coisas de Deus, mas as dos homens" (Mateus 16, 23).

Embora tenha professado corretamente a fé, a entendeu falsamente. Imaginou um Jesus messias político libertador, e não o Messias sofredor, aquele que "iria sofrer muito da parte dos anciãos, sumos sacerdotes e escribas" (Mateus 16, 21).

Portanto, a Igreja se constrói *sobre a fé de Pedro* e de todos os seguidores nos séculos posteriores que irão repetir a mesma profissão de fé. Sem essa fé, não há Igreja. Por isso, a definição teológica mais correta real e não metafórica de Igreja é "*comunidade dos que tem fé* (*communitas fidelium*)".

Esse é o sentido original entendido dessa forma nos primeiros séculos; somente posteriormente, nas polêmicas sobre qual Igreja teria a primazia sobre as outras, começou a se colocar o acento sobre a pessoa de Pedro e não sobre o que verdadeiramente conta, a sua fé.

Onde pessoas se reunirem ao redor dessa fé professada por Pedro, aí nasce a Igreja, seja debaixo de uma mangueira, seja numa comunidade de periferia, seja num pequeno grupo que se deixa envolver na fé com a causa de Jesus. Aí estará a Igreja e a presença do Cristo. Esclarecido esse ponto, podermos avançar na compreensão de uma possível refundação da Igreja.

5.5.6 Precondições para a refundação da Igreja

Para que surgisse a Igreja, três precondições se fizeram necessárias:

A *primeira* é a rejeição e a execução de Jesus na cruz, o que teve como efeito que sua mensagem central, o Reino, não pudesse se realizar.

A *segunda* é que a expectativa dos apóstolos e dos primeiros cristãos de que Jesus voltaria logo em pompa e glória não se realizou (cf. a Primeira Epístola aos Tessalonicenses 51-52, o primeiro escrito do Novo Testamento). São Lucas bem o entendeu ao dizer, logo no início dos Atos dos Apóstolos, que Jesus não é aquele que vem, mas aquele foi, pois subiu ao céu; isso criou espaço para que surgisse algo que levasse avante a mensagem de Jesus, a comunidade de fé em Jesus como Cristo, a Igreja.

A *terceira* foi a decisão dos apóstolos de fundarem a Igreja como algo autônomo, de "saírem" e de deixarem de ser uma seita judaica que vivia em comunidade de bens em Jerusalém e frequentava o templo para rezar.

Reuniram-se no Concílio, em Jerusalém, e decidiram: "pareceu bem ao Espírito Santo e a nós" de "sairmos" para os gentios (Atos 15, 28). Tomaram elementos da mensagem de Jesus (suas palavras, a eucaristia, o batismo e os Doze) e fundaram a Igreja concreta. A Igreja, usando a linguagem do Papa Francisco, nasceu dessa "saída" para os gentios e para o mundo; caso contrário, teria continuado a ser uma seita judaica, restrita à Palestina.

Portanto, em seus elementos essenciais, ela foi performada por Cristo. Mas não só. Foi preciso a *decisão dos apóstolos* de assumirem a coragem de "saírem" pelo mundo, sob a inspiração do Espírito Santo, fundando comunidades que nos alcançam até os dias de hoje.

Quem descreveu finamente esse processo de composição entre os elementos de Jesus e a decisão dos apóstolos foi o teólogo Joseph Ratzinger, depois Papa Bento XVI, no seu inspirado livrinho *O destino de Jesus e a Igreja: a Igreja em nossos dias*.[119] Aí conclui sabiamente que se a Igreja concreta nasceu de uma decisão dos apóstolos, iluminados pelo Espírito Santo; então, ela continuará a viver se cristãos e homens de fé no Cristo ressuscitado e no seu Espírito continuamente renovarem essa decisão e encarnarem a Igreja nas situações novas que se lhe apresentarem.

A Igreja, portanto, não é uma grandeza completamente estabelecida e definida uma vez por todas. Mas apresenta-se sempre aberta a novas "saídas" para poder anunciar a mensagem libertadora, alegre e bela de Jesus na linguagem adequada a cada povo e a cada tempo.

Pois não é exatamente isso que está fazendo o Papa Francisco? Ele está prolongando a decisão dos apóstolos no Concílio de Jerusalém e, com seus 8 cardeais assessores, está inaugurando uma "saída" e repetindo: "pareceu bem ao Espírito Santo e a nós refundar a Igreja de Cristo para o novo tempo da globalização da humanidade".

Este será seguramente apenas o primeiro passo. Virão outros que irão configurar institucionalmente a Igreja de outra forma, não mais eurocêntrica, nem vaticanocêntrica, nem papacêntrica, mas jesuscêntrica, espiritocêntrica, populocêntrica (centrada na categoria Povo

119 RATZINGER, Joseph. *O destino de Jesus e a Igreja*: a Igreja em nossos dias. São Paulo: Paulinas, 1969, pp. 9-29.

de Deus, como o enfatizou várias vezes o atual Papa) e, finalmente, globocêntrica.

Houve um homem enviado por Deus para realizar tal missão messiânica. Seu nome é Francisco de Roma, inspirado por Francisco de Assis. Ambos foram chamados, em seu tempo, para restaurar e refundar a Igreja de Cristo e dos apóstolos. Ela está ocorrendo, seguramente, com oposição dentro da Cúria Romana, em grupos conservadores na Europa e especialmente supremacistas nos Estados Unidos. Mas o Papa Francisco segue seu propósito, de forma consequente, coerente e persistente.

Teremos outro tipo de Igreja, agora no mundo globalizado e não apenas numa parte do mundo, no Ocidente. Será a Igreja de Pentecostes, em que os povos da Terra estavam aí representados e, em suas próprias línguas, ouviam a mesma mensagem libertadora. Pentecostes foi apenas o começo. Ele continua e se prolonga pelos tempos vindouros.

5.6 O cristianismo decolonial: o ecumenismo na América do Sul

Para falarmos de um cristianismo decolonial devemos antes, brevemente, delinear o que significou o cristianismo colonial na América do Sul, em particular no Brasil. O cristianismo veio no bojo do processo de invasão e conquista de Abya Yala (nome indígena para o continente sul-americano que significa *Terra Madura*).

5.6.1 O cristianismo colonial e o holocausto dos povos originários

Toda colonização é um processo violento. Implica que um povo com sua cultura, memória, história, costumes, tradições e religião se submeta incondicionalmente ao projeto do conquistador. Com isso, se bloqueia o desenvolvimento autônomo do povo submetido. Ele é obrigado a assumir a lógica do outro, suas formas políticas, hábitos culturais, a língua e a religião do dominador. Este passa a ser o dono da vida e da morte de todo um povo.

O dominado passa por um terrível dilema: ou se submete ao dominador e assim atraiçoa seus antepassados, suas tradições e sua memória, ou então resiste, se rebela, é perseguido, preso, torturado e morto. A história da colonização da América do Sul significou uma das maiores tragédias humanas da história, um verdadeiro holocausto. Em menos de um século, a presença de conquistadores espanhóis, portugueses e de outros países europeus na América do Sul significou a morte de cerca de 45 milhões de pessoas, segundo os cálculos mais recentes, seja por guerras, trabalhos forçados, ódio ao indígena ou ao escravo, ou pela miscenização violenta.[120]

Junto com o colonizador, vinha o missionário. Ambos comungavam da mesma visão de mundo: o *orbis christianus*. O mundo cristão existente é a única ordem querida por Deus. Todos, do Oriente e do Ocidente, o habitante de uma cidade mexicana ou peruana, até os indígenas dos rincões mais remotos dos Andes ou da Amazônia eram forçados, por bem ou por mal, a se inserir dentro dessa ordem. Fora dela, não há humanidade nem salvação eterna possível. As religiões originárias eram vistas como armadilhas de Satanás para dificultar a conversão. Por isso, devem ser destruídas.

Não houve diálogo nenhum entre as culturas originárias e a mensagem cristã. Houve um choque cultural que desestruturou as crenças tradicionais, como se pode constatar no famoso "Colóquio dos doze" entre os sábios astecas em 1524 com os primeiros missionários franciscanos. Há passagens de grande comoção. Dizem os sábios:

> Vós dissestes que nós não conhecemos o Senhor que está perto e conosco, aquele de quem são os céus e a terra. Dissestes que não eram verdadeiros nossos deuses. Nova palavra é esta (...) os que existiram, os que viveram sobre a terra, não falavam desta maneira (...) ouvi, senhores nossos, não façais algo ao nosso povo que lhe cause a desgraça e que o faça perecer.

120 GRONDIN, Marcelo; VIEZZER, Moema. *Abya Yala*: genocídio,resistência e sobrevivência dos povos originários das Americas. Rio de Janeiro: Bambual, 2021.

E veio desgraça sobre desgraça. Conhecemos os massacres de Hernán Cortes, especialmente o que se chamou "a noite triste".[121]

Em suma, o cristianismo entrou em Abya Yala sob violência real e simbólica. Como diz um colono cristão: "a voz do Evangelho se escuta somente lá onde os indígenas escutam antes o estrondo das armas de fogo". O cristianismo entrou pelo medo, como se vê claramente nos primeiros catecismos escritos em Santo Domingo nos primórdios da evangelização.

O profeta maia Chilam Balam de Chumayel se queixava:

> Eles nos ensinaram o *medo*. Fizeram as flores murchar. Para que sua flor vivesse, danificaram e engoliram nossa flor (...). Ai, entristeçamo-nos porque eles, os espanhóis chegaram (...) entre nós se introduziu a tristeza, entre nós se introduziu o cristianismo.

Um dos maiores missionários no Brasil, o jesuíta Padre Manuel da Nóbrega, escreve em seu *Diálogo sobre a conversão do gentio* (1556-1557): "o *medo* parece ser o melhor e o mais certo caminho para a conversão (...). Devemos fazer com que os índios com medo venham tomar a fé e sejam cristãos à força".

Talvez a expressão mais clara e sinistra da legitimação da violência praticada pelos conquistadores cristãos, tendo os missionários como coadjuvantes, são as cartas papais.

A primeira *Romaus Pontifex*, de Nicolau V (1447-1445), concede aos reis de Portugal

> a faculdade plena e livre para invadir conquistar, combater, vencer e submeter a quaisquer sarraceno e pagãos e outros inimigos de Cristo em qualquer parte em que estiverem (...) de reduzi-los à servidão perpétua (...) e se apropriar das possessões bens deles.

Pois assim foi feito em relação aos povos originários de Abya Yala.

121 LÉON-PORTILLA, Miguel. *A conquista da América Latina vista pelos indígenas*. Petrópolis: Vozes, 2023, p. 51.

Algo semelhante fez o Papa Alexandre VI (1492-1503), com a bula *Inter Caetera* aos reis de Espanha:

> Para que se dilate a religião cristã e se cuide da salvação das almas, se abatam as nações bárbaras e sejam reduzidas à mesma fé (...). Em razão da plenitude do poder apostólico, todas as ilhas e terras firmes achadas e por achar, pela autoridade do Deus Todo-poderoso a nós concedida em São Pedro, assim como do Vicariato de Cristo, vo-las doamos, concedemos e entregamos com todos os seus domínios, cidades, fortalezas, lugares e vilas.[122]

Aqui não se escuta mais a mensagem do Jesus histórico que critica todo poder com dominação e o nega como caminho para seus discípulos, os apóstolos.

Nesse contexto, podemos falar em evangelização na era colonial quando a fé foi imposta sob medo, tristeza e desestruturação de todo um mundo, quando algumas cidades eram muito maiores e mais bem organizadas que as europeias? Toda evangelização imposta pela força nega-se a si mesma.

Portanto, não houve verdadeira evangelização em Abya Yala, mas dominação usando o poder religioso unido ao poder político.[123]

Desconhecer essa desfiguração do processo evangelizador feito sob o signo do medo e da sujeição violenta é fazer-se insensível à memória dos milhões de indígenas e negros que perderam suas vidas nesse modo de relação desigual que não se coaduna com a prática e o espírito do Evangelho.

Dificilmente, na história do Ocidente, encontramos tanto etnocentrismo, dogmatismo, fundamentalismo e totalitarismo político e religioso como na visão dos cristãos europeus do século XVI. Essa rigidez está na raiz do etnocídio de indígenas e africanos trazidos para

122 SUESS, Paulo (Coord.). *A conquista espiritual da América Espanhola*. Petrópolis: Vozes, 1992, pp. 225-230 e 248-252.

123 BOFF, Leonardo. *América Latina*: da conquista à nova evangelização. São Paulo: Ática, 1992.

cá e escravizados, sistema que funcionou por séculos e que perdura no inconsciente coletivo das classes dominantes, herdeiras do colonialismo até os dias de hoje.

Mas seríamos injustos se não citássemos uma experiência bem-sucedida de encarnação da mensagem cristã nos Sete Povos, os Guaranis, evangelizados, primeiro, pelos franciscanos e, definitivamente, pelos jesuítas entre 1609-1774. Construíram uma verdadeira república comunitária, diríamos, o primeiro ensaio de um comunismo humanitário. Nas diversas casas, ao redor de uma monumental igreja, organizaram os trabalhos e colocavam tudo em comum. Aprenderam todo os ofícios e viviam sob rigorosa disciplina. Valores desses povos originários, seus costumes e língua foram altamente valorizados. A voracidade dos caçadores de indígenas, os Bandeirantes, e as disputas entre Portugal e Espanha pelos limites territoriais fizeram que aquela experiência social e comunitária fosse literalmente massacrada e destruída.

Os jesuítas, cuja Ordem fora extinta por um Papa, foram laicizados e se distribuíram pelo mundo. Na França, difundiram as ideias comunitárias que estão na base dos primeiros socialistas como Fourier e Proudhon. Mas foi uma exceção dentro de um movimento de europeização e romanização do cristianismo na América do Sul.

Resumindo: esse tipo de cristianismo colonial, por seu dogmatismo e arrogância de exclusividade, vale dizer, de ser a única ordem religiosa querida por Deus, fora da qual não há salvação, não se presta a nenhum ecumenismo e a nenhum diálogo. Ele é apenas um cristianismo *espelho do cristianismo europeu* para cá transplantado.

Em grande parte, nos grupos que não assumiram o Concílio Vaticano II (1962-1965) e as orientações dos documentos do Episcopado sul-americano (a partir de 1969) de Medellin, de Puebla até Aparecida, reproduzem esse tipo de cristianismo colonial.

Apesar dessa trágica história, há, todavia, um sinal de luz e de esperança. Como muitos historiadores assinalaram, o cristianismo entrou em Abya Yala pela *missão* e pela *devoção*. A missão já a descrevemos e foi feita pela grande instituição hierárquica, a Igreja Católica oficial, redundando num fenomenal fracasso.

Mas existiu e existe uma *realidade que é decolonial*. É o cristianismo popular baseado na *devoção*. Junto com os colonizadores, veio gente do povo simples que vivia um cristianismo indiferente ao cristianismo oficial. Esse caráter popular se caracteriza por não ser hierárquico, ser fundamentalmente comunitário, leigo e familiar. Tinham como referência básica a devoção aos santos. Através deles se podia ter um contato direto com o Sagrado sem a intermediação dos missionários e sacerdotes.

Assim surgiram os santos fortes, as novenas, as festas, os santuários e as capelas, as romarias. Surgiram as confrarias e as associações que, de forma organizada, mantinham viva a devoção. Esse era e continua sendo um cristianismo multitudinário, não doutrinal e dogmático, mas aberto a todos. Assimilou, ao lado de elementos do cristianismo tradicional europeu, elementos das culturas indígenas, negras e mestiças. Constituíram um *sincretismo criativo*. Há historiadores e antropólogos como Darcy Riberio e outros que afirmam ser o cristianismo popular sul-americano uma das criações culturais mais originais surgidas na Abya Yala.

Historiadores atestam que as confrarias, verdadeiras comunidades de homens e mulheres, não eram controladas pelo cristianismo hierárquico e pela ortodoxia oficial. Por isso, mantiveram viva a visão cristã do mundo, a celebração dos mistérios cristãos, especialmente daqueles ligados à Semana Santa, ao Jesus Crucificado, chamado "Padre del Gran Poder". Alimentaram um sentimento de pertença, de alegria e de uma certa carnavalização das festas religiosas populares, típicas dos trópicos.

Houve missionários que se inseriram e apoiaram esse cristianismo decolonial, como o franciscano Sahagún, no México, e o Padre Ibiapina, o Padre Cícero Romão, Frei Damião e o eminente teólogo José Comblin, no Brasil.

5.6.2 O cristianismo decolonial: fonte e não espelho

Nesse tipo de cristianismo popular se mostra um processo de *decolonização*, sempre aberto a novas incorporações. Essa decolonização é ainda incipiente, mas ganhou forma nas milhares de Comunidades Eclesiais de Base. Nasceram por iniciativa da Igreja hierárquica nos anos 1950, primeiramente no Brasil. Mas logo foram se tornando independentes. Com a falta de ministros, os cristãos leigos e leigas, de origem popular, se organizaram em pequenas comunidades. Elas se apropriaram da Palavra de Deus, lida e comentada na comunidade, assumiram a celebração da fé, com ritos criados por eles, inclusive em muitos grupos, na ausência do ministro sagrado, a "celebração da ceia do Senhor", tomando como referência o texto de São Paulo aos Coríntios sobre a eucaristia (1 Coríntios 11, 23-25). Criaram todo tipo de novos ministérios e serviços: a preparação das celebrações, a catequese às crianças, a visita aos enfermos, o engajamento social pelos direitos humanos e pela justiça social, o grupo de coordenação da comunidade e da presidência das celebrações e outros.

Tudo era e é feito no espírito comunitário, e como diríamos hoje, de forma sinodal, sendo todos os participantes sem hierarquias e títulos de distinção. Deram um sentido novo à missão que significa a criação de outras comunidades, de fazerem coletivamente uma opção pelos pobres contra a pobreza e pela justiça social.

Inegavelmente, surgiu uma eclesiogênese, a gênese da Igreja nos meios populares, com a cultura popular, com a incorporação de valores de outras tradições, como da indígena, das tradições africanas e mestiças. Podemos dizer que está em curso, em toda a América Latina, uma Igreja com rosto indígena, negro, mestiço e popular.

Esse ensaio de Igreja na base do povo, no meio dos pobres, constitui um verdadeiro cristianismo decolonial. Não é mais um *cristianismo-espelho* do europeu. É um *cristianismo-fonte*, a partir das culturas, tradições e modos de ver dos humilhados e ofendidos de nossa história. Encontraram na fé cristã, vivida comunitariamente e sinodalmente, sentido para suas vidas e uma maneira de poder suportar os sofrimentos que a marginalização os condena pelo sistema imperante, o capitalista, e também pela pouca inclusão deles no âmbito da Igreja hierárquica oficial. Se a Igreja-grande-instituição é *hierárquica*, a decolonial é *comunitária*.

É importante que se enfatize: não se trata de uma Igreja paralela, como foi injustamente acusada. A Igreja-rede-de comunidades, acolhe a Igreja-grande-instituição, ama os Papas e acolhe os padres e bispos. São muitos bispos e até cardeais, como eram o Cardeal Dom Paulo Evaristo

Arns, em São Paulo, Dom Aloyzio Lorscheider, em Fortaleza, os famosos bispos Leônidas Proaño, no Equador, considerado o grande pai pelos indígenas (*Taita*), e o bispo Samuel Ruiz, em Chiapas, no México. Mas muito antes deles identificaram-se com os indígenas e defenderam seu modo de se dirigir a Deus, Bartolomeu de Las Casas (1474-1566), com sua famosa *Brevíssima relação da destruição das Índias Ocidentais*, e Frei Antônio de Montesinos, que acabou convertendo Las Casas como grande defensor dos povos originários do México e da América Central. Nos dias atuais, vale ressaltar Dom Pedro Casaldáliga, grande defensor das comunidades de base e da causa indígena.

Todos estes, devemos reconhecer, não tiveram o apoio da Igreja instituição. Sempre foram mantidos sob suspeita e tiveram o apoio negado. Por exemplo, quando se compôs a missa com temas indígenas *Terra Sem Males*, as autoridades da velha Igreja colonial em Roma a proibiu por não ver o caráter romano daquele missa e liturgia. Isso é profundamente equivocado cultural e teologicamente. Roma é um lugar geográfico e não uma entidade teológica.

Jesus não era um ocidental. Era judeu médio-oriental. A Igreja dos primórdios se construiu em cima da cultura judaica, depois, grega, e por fim, latina. Mais tarde, incorporou o modo dos nórdicos. Fundaram a Igreja que temos hoje. Por que nós, sul-americanos, não podemos fundar também uma forma nossa de dar corpo à mensagem de Jesus e de nossa fé? O direito que eles tiveram de construir o cristianismo de seu jeito, nós também queremos ter. Esse direito é irrenunciável.

Concretamente, queremos uma Igreja de rosto amazônico, cujas florestas cobrem 8 países povoados por centenas de etnias, com seus ministros, com sua forma indígena de celebrar, com seus padres casados, pois não imaginam um homem sem sua companheira.

O mesmo direito queremos para os povos originários quéchuas, maias, incas, yanomami, zapotecas, tupis-guaranis do Paraguai e os cunas do Panamá, entre outras tantas nações indígenas, guardiães de sabedorias ancestrais que podem salvar nosso planeta ameaçado de extinção devido à voracidade de um sistema que valoriza mais o lucro que a vida, que dá centralidade mais à competição que à colaboração, que prefere chamar a Terra de terra-solo para melhor explorá-la e não, como foi aprovado solenemente pela ONU, em 22 de abril de 2008, de

Mãe Terra. Terra com solo podemos cavar, explorar, comprar e vender. Mãe Terra não. Mãe Terra temos que cuidar, amar e venerar. Ela exige respeito e carinho, coisa que devemos dar também à Mãe Terra. Para manter a lógica de exploração, se continuou a chamar o dia da Terra.

Talvez a expressão maior de um cristianismo decolonial é a Teologia da Libertação. Ela nasceu junto com as comunidades de base, primeiro no Peru, depois no Uruguai e simultaneamente no Brasil, no fim dos anos 1960 e no começo dos anos 1970.

Não quero me aprofundar nesse tipo de teologia já amplamente conhecida. Quero apenas enfatizar que seu eixo central é a opção pelos pobres, contra a pobreza e em favor da libertação. Sem a opção pelos pobres, vistos como presença do Crucificado entre nós que clama por ressurreição, não há Teologia da Libertação.

São muitas as caras dos pobres: os marginalizados, os indígenas, os negros que, só no Brasil, constituem 52% da população, as mulheres que há séculos sofrem sob o machismo e o patriarcalismo, um tipo de história escrita pela mão branca e pelos poderosos, um tipo de catequese e de teologia que se fundam numa imagem de Deus Juiz severo, com seu inferno, de uma compreensão da Terra doente e sob continuada devastação.

Em função dessas várias formas de pobreza e opressão, nasceram as várias tendências da Teologia da Libertação: a teologia comprometida com os oprimidos no campo e na cidade, a teologia da libertação dos indígenas, dos negros, das mulheres, feita a partir de suas próprias raízes, a teologia da libertação de uma economia justa e participativa, uma ecoteologia que confere centralidade à Terra devastada e às mudanças climáticas.

Todas elas partem debaixo, da opressão da Mãe Terra e de seus filhos e filhas. À luz da tradição do Êxodo, dos profetas e da prática de Jesus, se procura viver uma fé comprometida com os sofredores deste mundo em vista de fazê-los protagonistas de sua libertação. Portanto, *Marx não foi nem pai nem padrinho* da Teologia da Libertação. Ela nasceu de dentro da fé cristã, lida na perspectiva dos pobres e oprimidos.

Desde que nasceu, essa teologia foi ecumênica, pois se articulou com as várias igrejas cristãs com a mesma missão de estar ao lado e junto dos oprimidos em favor de sua libertação. Essa teologia favoreceu que aparecesse também uma teologia da libertação na África, na Ásia e em grupos do Norte Global.

Em poucas palavras: essa Teologia da Libertação da qual o Papa Francisco é um dos representantes é verdadeiramente *decolonial*. Assumiu as contribuições da teologia dominante, da doutrina social da Igreja, mas deu-lhe um formato adequado à nossa realidade. Ela criou um modo novo de fazer teologia, sempre a partir dos pobres, analisando as causas da pobreza (ver), julgando essa situação com a contribuição crítica das ciências históricas e sociais e com os critérios evangélicos (julgar), para atuar contra essa realidade perversa (agir) em vista de sua libertação e, por fim, celebrar as conquistas que os oprimidos mesmos realizaram (celebrar).

Norberto Bobbio quis honrar esse tipo de teologia, concedendo a mim o título de doutor *honoris causa* em política pela Universidade de Turim, em 1990. A propósito, disse: "nós, da esquerda, devíamos esperar de um teólogo para nos lembrar de que os pobres são sujeitos da história".[124]

Somados o cristianismo popular e a teologia da libertação sul-americana e hoje universalizada, podemos afirmar que estamos frente a uma verdadeira decolonização sempre e ainda em processo.

5.6.3 Conclusão: um cristianismo com um rosto próprio e mestiço

O futuro do cristianismo passará pela autonomia relacional (em relação ao todo da Igreja e entre todas as comunidades) daquelas culturas que se decolonizam e projetam seu próprio rosto e modo de ser cristão, sempre a partir de suas próprias matrizes.

Como num tapete, cada expressão original, decolonizada, relacionada com a outra também decolonizada e original, constituirá a Igreja Universal, Igreja de Cristo e Igreja de Deus.

124 Cf. LOSANO, Mario G. *Norberto Bobbio*: uma biografia cultural. São Paulo: Unesp, 2022, p. 462.

5.7 Em defesa do Papa Francisco: "um justo entre as nações"

Por mais que admiremos o Papa Franciso, ele encontra resistências poderosas dos grupos conservadores e supremacistas brancos, quase todos do Norte do mundo, dos Estados Unidos e da Europa. Fizeram até um complô, envolvendo milhões de dólares, para depô-lo como se a Igreja fosse uma empresa e o Papa seu CEO. Tudo em vão. Ele segue seu caminho no espírito das bem-aventuranças evangélicas dos perseguidos.

Várias são as razões dessa perseguição: razões geopolíticas, disputa de poder, outra visão de Igreja e o cuidado da Casa Comum.

5.7.1 A maioria dos católicos está fora da Europa

Ergo minha voz em defesa do Papa Francisco a partir da periferia do mundo, do Grande Sul. Comparemos os números: na Europa, vivem apenas 18% dos católicos, 82% vivem fora dela, sendo que 48% nas Américas. Somos, portanto, vasta maioria.

Até meados do século passado, a Igreja Católica era do primeiro mundo. Agora é uma Igreja do terceiro e quarto mundo. Aqui, surge uma questão geopolítica. Os conservadores europeus, com exceção de notáveis organizações católicas de cooperação solidária (Miseror, Adveniat, Pão para o Mundo, Três Reis Magos e outras) e outras evangélicas, particularmente, a luterana, nutrem um soberano desdém pelo Sul, notadamente pela América Latina.

A Igreja-grande-instituição foi aliada da colonização, cúmplice do genocídio indígena e participante do escravismo. Aqui foi implantada uma Igreja colonial, *espelho* da Igreja europeia. Ao longo de mais de 500 anos, ocorre que, não obstante a persistência da Igreja *espelho*, houve uma *eclesiogênese*, a gênese de um outro modo de ser igreja, uma igreja não mais *espelho*, mas *fonte*: incarnou-se na cultura local indígena-negra-mestiça e de imigrantes de povos vindos de 60 países diferentes.

Dessa amálgama, gestou seu estilo de adorar a Deus e de celebrar, de organizar sua pastoral social do lado dos oprimidos que lutam por sua libertação.

Projetou sua teologia adequada à sua prática libertadora e popular. Tem seus profetas, confessores, teólogos e teólogas, santos e santas e muitos mártires, entre os quais o arcebispo de San Salvador Óscar Romero e a religiosa norte-americana Dorothy Stang, assassinada no coração da Amazônia em defesa de pobres e indígenas.

5.7.2 Uma Igreja que nasce do povo pelo Espírito de Deus

Esse tipo de Igreja é, fundamentalmente, composta por comunidades eclesiais de base, onde se vive a dimensão de comunhão de iguais, todos irmãos e irmãs, com seus coordenadores leigos, homens e mulheres, com sacerdotes inseridos no meio do povo e bispos, nunca de costas para o povo como *autoridades eclesiásticas*, mas como *pastores* juntos deles, com "cheiro de ovelhas com a missão de serem os *deffensores et advovati pauperum* ("defensores e os advogados dos pobres"), como se dizia na Igreja dos primórdios. Papas anteriores e autoridades doutrinárias do Vaticano tentaram cercear e até condenar tal modo de ser-Igreja, não raro, com o argumento de que não são Igreja pelo fato de não se ver nelas o caráter hierárquico e o estilo romano.

Essa ameaça perdurou por muitos anos até que, enfim, irrompeu a figura do Papa Francisco. Ele veio do caldo dessa nova cultura eclesial bem expressa pela opção preferencial, não excludente, pelos pobres e pelas várias vertentes da Teologia da Libertação que a acompanha. Ele conferiu legitimidade a esse modo de viver a fé cristã, especialmente em situações de grande opressão.

Mas o que mais está escandalizando cristãos tradicionalistas foi seu estilo de exercer o ministério de unidade da Igreja. Não comparecia mais como o pontífice clássico, vestido com os símbolos pagãos, assumidos dos imperadores romanos, especialmente a famosa *mozzeta*, aquela capazinha branca cheia de símbolos do poder absoluto do imperador e posteriormente do papa. Francisco logo se livrou dela e vestiu uma *mozzeta* branca, despojada, como aquela do grande profeta do Brasil, Dom Helder Câmara, com sua cruz de ferro sem qualquer joia.

Negou-se a morar num palácio pontifício, o que faria São Francisco sair do túmulo e conduzi-lo para onde ele escolheu viver: numa simples casa de hóspedes, Santa Marta.

5.7.3 Um Papa que não calça Prada e se serve de sua comida na fila de todos

Aí, nesse local, entra na fila para servir-se e come junto com todos. Com humor, podemos dizer: assim é mais difícil de envenená-lo. Não calça Prada, mas seus velhos e gastos sapatões. No anuário pontifício no qual se usa uma página inteira com os títulos honoríficos dos Papas, ele simplesmente renunciou a todos e apenas escreveu *Franciscus, pontifex*.

Num de seus primeiros pronunciamentos, disse claramente que não vai presidir a Igreja com o direito canônico, mas com o amor e a ternura. Um sem-número de vezes, repetiu que queria uma Igreja pobre e de pobres.

Todo o grande problema da Igreja-grande-instituição reside, desde os imperadores Constantino e Teodósio, na assunção do poder político, transformado no poder sagrado (*sacra potestas*). Esse processo chegou à sua culminância com o Papa Gregório VII (1075), com sua bula *Dictatus Papae*, que bem traduzida é a *Ditadura do Papa*.

Como diz o grande eclesiólogo Jean-Yves Congar, com esse Papa, se consolidou a mais decisiva virada da Igreja que tantos problemas criou e da qual nunca mais se libertou: o exercício centralizado, autoritário e até despótico do poder. Nas 27 proposições da bula, o Papa é considerado o senhor absoluto da Igreja, o senhor único e supremo do mundo, tornando-se a autoridade suprema no campo espiritual e temporal. "Todos os príncipes devem beijar os pés do Papa" e que "é lícito depor o imperador".[125] Isso nunca foi desdito.

Basta ler o Canon 331 no qual se diz que "o Pastor da Igreja universal tem o poder ordinário, supremo, pleno, imediato e universal". Coisa

125 Dictatus Papae.

inaudita: se riscarmos o termo Pastor da Igreja universal e colocarmos Deus, funciona perfeitamente. Quem dos humanos, senão Deus, pode atribuir-se tal concentração de poder? Não é sem significado que na história dos Papas houve um *crescendo* no faraonismo do poder: de sucessores de Pedro, os Papas se entenderam representantes de Cristo. E como se não bastasse, representantes de Deus e até sendo chamados de *deus minor in terra*. Aqui se realiza a *hybris* grega e aquilo que Thomas Hobbes constata em seu *Leviatã*: "Assinalo, como tendência geral de todos os homens, um perpétuo e irrequieto desejo de poder e de mais poder. A razão disso reside no fato de que não se pode garantir o poder senão buscando ainda mais poder".

Pois esta foi a trágica trajetória da Igreja Católica às voltas com o poder que persiste até os dias de hoje, fonte de polêmicas com as demais Igrejas cristãs e de extrema dificuldade de assumir os valores humanísticos da modernidade. Ela dista anos luz da visão de Jesus que queria um poder-serviço (*hierodulia*) e não um poder-hierárquico (*hierarquia*).

Disso tudo se afasta o Papa Francisco, o que causa indignação aos conservadores e até reacionários, bem expressa no livro de 45 autores, de outubro de 2021, *Da paz de Bento à guerra de Francisco* (*From Benedict's Peace to Francis's War*), organizado por Peter A. Kwasniesvski. Nós faríamos a retórquio assim: "Da paz dos pedófilos de Bento (encobertos por ele) à guerra aos pedófilos de Francisco (condenados por ele)". É sabido que o Papa retirado Bento XVI foi indiciado culposamente por um tribunal de Munique devido à sua leniência com padres pedófilos.

5.7.4 A geopolítica eclesiástica: um Papa que vem do "fim do mundo"

Há um problema de geopolítica eclesiástica: os tradicionalistas rejeitam um Papa que vem "do fim do mundo" e que traz para o centro do poder do Vaticano um outro estilo mais próximo à gruta de Belém do que dos palácios dos imperadores. Se Jesus aparecesse ao Papa em seu passeio pelos jardins do Vaticano, seguramente, diria: "*Pedro, sobre estas pedras palacianas jamais construiria a minha Igreja*". Essa contradição é vivida pelo Papa Francisco, pois renunciou ao estilo palaciano e imperial.

Trava-se, com efeito, um embate de geopolítica religiosa entre o Centro, que perdeu a hegemonia em número e em irradiação, mas conserva os hábitos de exercício autoritário do poder, e a Periferia, numericamente majoritária de católicos, com igrejas novas, com novos estilos de vivência da fé e em permanente diálogo com o mundo, especialmente com os condenados da Terra, tendo sempre uma palavra a dizer sobre as chagas que sangram no corpo do Crucificado, presente nos empobrecidos e oprimidos.

Talvez o que mais incomoda os cristãos engessados no passado é a visão de Igreja vivida pelo Papa. Isso se mostrou na excomunhão do arcebispo Viganò, que foi núncio apostólico nos EUA, pela Congregação da Doutrina da Fé. Esse arcebispo negava a legitimidade da eleição do Papa Francisco e a validade do Concílio Vaticano II, propondo uma Igreja do passado, ritualista e afastada dos temas da justiça social.

5.7.5 Uma Igreja hospital de campanha e não um castelo com muros

O Papa Francisco não quer uma Igreja-castelo, fechada em si mesma, em seus valores e doutrinas, mas uma Igreja *hospital de campanha*, sempre *em saída rumo às periferias existenciais*. Ela acolhe a todos sem perguntar por seu credo ou sua situação moral. Basta que sejam seres humanos em busca de sentido de vida e sofredores pelas adversidades deste mundo globalizado, injusto, cruel e sem piedade.

Condena, de forma direta, o sistema que dá centralidade ao dinheiro à custa de vidas humanas e da natureza. Realizou vários encontros mundiais com movimentos populares. No último, o quarto, disse explicitamente: "este sistema (capitalista), com sua lógica implacável, escapa ao domínio humano; é preciso trabalhar por mais justiça e cancelar este sistema de morte". Na *Fratelli tutti*, o condena de forma contundente.

Orienta-se por aquilo que é uma das grandes contribuições da teologia latino-americana: a centralidade do Jesus histórico, pobre, cheio de ternura para com os sofredores, sempre dos lados dos pobres e marginalizados. O Papa respeita os dogmas e as doutrinas, mas não é por elas que chega ao coração das pessoas.

Para ele, Jesus veio nos ensinar a viver: a confiança total ao Deus--Abba, viver o amor incondicional, a solidariedade, a compaixão para com os caídos nas estradas, o cuidado para com o Criado, bens que constituem o conteúdo da mensagem central de Jesus: o Reino de Deus.

Prega incansavelmente a misericórdia ilimitada pela qual Deus salva seus filhos e filhas, pois Ele não pode perder nenhum deles, frutos de seu amor, "pois é o apaixonado amante da vida" (Sabedoria 11, 24). Por isso, afirma que, "por mais que alguém esteja ferido pelo mal, jamais está condenado sobre esta terra a ficar *para sempre* separado de Deus". Em outras palavras: a condenação é só para este tempo.

Convoca os pastores todos a exercerem a pastoral da ternura e do amor incondicional, resumidamente formulada por um líder popular de uma comunidade de base: "a alma não tem fronteira, nenhuma vida é estrangeira". Como poucos no mundo, se empenhou pelos imigrantes vindos de África e do Oriente Médio e agora da Ucrânia. Lamenta o fato de os modernos terem perdido a capacidade de chorar, de sentir a dor do outro e, como bom samaritano, socorrê-lo em seu abandono.

5.7.6 Um Papa da ecologia integral e de como cuidar da Casa Comum

Sua mais importante obra foi a preocupação pelo futuro da vida da Mãe Terra. A *Laudato Si'* expressa seu verdadeiro sentido no subtítulo *sobre o cuidado da Casa Comum*. Elabora não uma ecologia verde, mas uma *ecologia integral* que abarca o ambiente, a sociedade, a política, a cultura, o cotidiano e o mundo do espírito.

Assume as contribuições mais seguras das ciências da Terra e da vida, especialmente da física quântica e da nova cosmologia, o fato de que "tudo está relacionado com tudo e que nos une com afeição ao irmão Sol, à irmã Lua, ao irmão rio e à Mãe Terra", como diz poeticamente na *Laudato Si'* (n. 92). As categorias *cuidado* e *corresponsabilidade coletiva* ganham tanta centralidade na *Fratelli tutti* a ponto de dizer que "estamos no mesmo barco: ou nos salvamos todos, ou ninguém se salva" (n. 32).

Nós, latino-americanos, somos-lhe profundamente gratos por haver convocado um Sínodo *Querida Amazônia*, para defender esse imenso bioma de interesse para toda a Terra e como a Igreja se incarna naquela vasta região que cobre nove países.

Grandes nomes da ecologia mundial testemunharam: com essa sua contribuição, o Papa Francisco se coloca na ponta da discussão ecológica contemporânea.

Quase desesperado, mesmo assim cheio de esperança, propõe um caminho de salvação: uma fraternidade universal e um amor social (n. 6) como os eixos estruturadores de uma biossociedade em função da qual estão a política, a economia e todos os esforços humanos. Não temos muito tempo nem sabedoria suficientemente acumulada, mas esse é o sonho, e a alternativa real para evitar um caminho sem retorno.

O Papa caminhando sozinho na praça de São Pedro, sob uma chuva fina em tempos da pandemia, ficará como uma imagem imorredoura e um símbolo de sua missão de Pastor que se preocupa e reza pelo destino da humanidade.

Talvez uma das frases finais da *Laudato Si'* revela todo o seu otimismo e a esperança contra toda desesperança "*caminhemos cantando que as nossas lutas e a nossa preocupação por este planeta não nos tirem a alegria da esperança*" (n. 244).

Precisam ser inimigos de sua própria humanidade aqueles que condenam impiedosamente as atitudes tão humanitárias do Papa Francisco, em nome de um cristianismo estéril, feito um fóssil do passado e um recipiente de águas mortas. Os ataques ferozes que fazem a ele podem ser tudo, menos cristãos e evangélicos.

O Papa Francisco a tudo suporta imbuído da humildade de São Francisco de Assis e dos valores do Jesus histórico. Por isso, ele bem merece o título de "um justo entre as nações".

"*Hay que seguir andando nomás*", "*la nave va*" e "*a vida continua*". São estas as expressões de nosso anelo final. Ao término do penoso esforço percorrido de buscar luz face à crise radical e dramática que assola a Terra e a humanidade inteira, concluímos que devemos nos voltar sobre nós mesmos, revisitar a nossa natureza humana e descobrir a virtualidades aí latentes que nos possam apontar um novo caminho.

Deve ter ficado claro que precisamos de um novo humanismo-raiz. Em outras palavras, temos que reinventar o ser humano, homem e mulher. Este que está agora habitando a Casa Comum, destruindo-a ao invés de cuidar dela, não está cumprindo sua missão já anunciada nos albores do relato bíblico da criação: a de "cuidar e guardar do jardim do Éden" (Gênesis 2,15). Em outras palavras, *cuidar*, devotar empenho e zelo para manter a vitalidade da Terra originária e *guardar* para que seja fecunda para alimentar a todos os viventes, preservar a multiplicidade de seres e a beleza de suas paisagens.

É uma utopia? Sim, mas necessária, sem a qual se esvaem nossas forças e se anulam nossos projetos de um novo modo de habitar a Terra, de produzir, distribuir consumir de modo sóbrio e solidário (novo paradigma).

O *princípio esperança* em nós despertará o *esperançar* tão bem formulado pelo pai da educação humanizadora e libertadora, Paulo Freire. Não basta esperar estirados na rede e desfrutar o convívio dos amigos e amigas, tomando sua caipirinha ou cerveja. *Esperançar* exige que, juntos, criemos as condições reais para que o que esperamos de fato se torne realidade.

Nessa diligência, darmos os primeiros passos num caminho novo recém-aberto. Esse é o primeiro dos infindos passos que devemos, solidariamente, percorrer para atingirmos a Terra da boa esperança alcançada, a civilização centrada na vida em sua imensa diversidade, todos os povos com suas culturas, valores, tradições e caminhos espirituais dentro da única Casa Comum, a natureza incluída.

Então, começará uma outra história, finalmente, reconciliada com a Mãe Terra e confraternizada com todos os humanos e com os demais seres, nossos irmãos e irmãs da grande comunidade de vida.

O *princípio esperança* não nos vai defraudar, pois ele está alinhado à seta ascendente do tempo do imenso processo cosmogênico, de mais de 13,7 bilhões de anos, que nos gerou e do qual somos sua porção avançada, consciente e amante. Sobreviveremos para revelar as bondades d'Aquele Ser que faz ser todos os seres e para brilhar, nascidos que fomos no coração das grandes estrelas vermelhas.

Terra e humanidade tivemos a mesma origem, teremos também, não obstante as muitas errâncias e sombras, o mesmo destino bem-aventurado. Pois cremos que este é o desígnio daquele que se revelou como "apaixonado amante da vida" (Sabedoria 11, 26).

REFERÊNCIAS BIBLIOGRÁFICAS

ALVES, Rubem. *Da esperança*. São Paulo: Papirus, 1987.

______. *O enigma da religião*. Petrópolis: Vozes, 1975.

______. *Perguntaram-me se acredito em Deus*. São Paulo: Planeta, 2007.

______. *Transparências da eternidade*. São Paulo: Papirus, 2002.

ANTUNES, Celso; GARROUX, Dagmar. *Pedagogia do cuidado*. Petrópolis: Vozes, 2008.

APPLETON, C. "The Meaning of Human Care and the Experience of Caring in a University School of Nursing". *In*: LEININGER, Madeleine M.; WATSON, Jean. *The Caring Imperative in Education*. Nova York: National League for Nursing, 1990.

ARRIGHI, Giovanni. *A ilusão do desenvolvimento*. Petrópolis: Vozes, 1997.

ARRUDA, Eloita Neves; GONÇALVES, Lúcia H. Takase. *A enfermagem e a arte de cuidar*. Florianópolis: Editora da UFSC, 1998.

BAUER, Joachim. *Das kooperative Gen* [*O Gen cooperativo*]. Hamburgo: Hoffman und Campe, 2008.

BERMEJO, José Carlos. *Humanizar a saúde*: cuidado, relações e valores. Petrópolis: Vozes, 2008.

BERRY, Thomas. *The Dream of the Earth*. São Francisco: Sierra Club Books, 1988.

BERRY, Thomas; SWIMME, Brian. *The Universe Story*: From the Primordial Flaring forth to the Ecozoic Era, a Celebration of the Unfolding of the Cosmos. São Francisco: Harper San Francisco, 1992.

BISHOP, Anne H. "Nursing Education as Authentic Nursing Care". *In*: LEININGER, Madeleine M.; WATSON, Jean. *The Caring Imperative in Education*. Nova York: National League for Nursing, 1990.

BOFF, Leonardo. *A amorosidade do Deus-Abba e Jesus de Nazaré*. Petrópolis: Vozes, 2024.

______. *A busca da justa medida*. Petrópolis: Vozes, 2023.

______. *América Latina*: da conquista à nova evangelização. São Paulo: Ática, 1992.

______. *Brasil*: concluir a refundação ou prolongar a dependência. Petrópolis: Vozes, 2018.

______. *Cuidado e compaixão*: encontro entre Oriente e Ocidente. Petrópolis: Vozes, 2009.

______. *Ecologia*: grito da Terra, grito dos pobres. São Paulo: Ática, 1995.

______. *Ethische Herausforderungen der Globalisierung*. Basel: Stiftung Mensch-Gesellschaft-Umwelt, 1998.

______. *Ethos mundial*: um consenso mínimo entre os humanos. Rio de Janeiro: Sextante, 2003.

______. *Ética da vida*. Brasília: Letraviva, 1999.

______. *Ética e moral*: a busca dos fundamentos. Petrópolis: Vozes, 2003.

______. *Habitar a Terra*: qual o caminho para a fraternidade universal? Petrópolis: Vozes, 2022.

______. *O casamento entre o céu e a Terra*. Rio de Janeiro: Mar de Ideias, 2014.

______. *O despertar da águia*: o dia-bólico e o sim-bólico na construção da realidade. Petrópolis: Vozes, 1998.

______. *O doloroso parto da Mãe Terra*: uma sociedade sem fronteira e de amizade social. Petrópolis: Vozes, 2021.

______. *Opção-Terra*: a solução para a Terra não cai do céu. Rio de Janeiro: Record, 2009.

______. *Saber cuidar*: ética do humano – compaixão pela Terra. Petrópolis: Vozes, 1999.

______. *Virtudes para um outro mundo possível*. 3 vols. Petrópolis: Vozes, 2006.

BOFF, Leonardo; HATHAWAY, Mark. *O Tao da libertação*: explorando a ecologia de transformação. Trad. Alex Guilherme. Rio de Janeiro: Vozes, 2010.

BOFF, Leonardo; MURARO, Rose Maria. *Feminino e masculino*: uma nova consciência para o encontro das diferenças. Rio de Janeiro: Sextante, 2002.

CAMPOS, Eugenio Paes. *Quem cuida do cuidador*. Petrópolis: Vozes, 2005.

CARLOWITZ, Hans Carl von. *Sylvicultura oeconomica*. [S.l.]: [s.n.], 2006.

CORCORAN, Peter Blaze; WOHLPART, A. James. *A voice for Earth*: American writers respond to the Earth Charter. Athens: The University of Georgia Press, 2008.

DE DUVE, Christian. *Vital Dust*: life as a cosmic imperative. Nova York: Basic Books, 1995.

DELUMEAU, Jean. *História do medo no Ocidente*: 1300-1800. São Paulo: Companhia de Letras, 1993.

DUARTE JUNIOR, João Francisco. *O sentido dos sentidos*: a educação do sensível. Curitiba: Criar Edições, 2004.

FERRY, Luc. *A nova ordem ecológica*: a árvore, o animal, o homem. São Paulo: Ensaio, 1994.

FRY, Sara T. "The Philosophical Foundations of Caring". *In*: LEININGER, Madeleine M. *Ethical and Moral Dimensions of Care*. Detroit: Wayne State University, 1990.

______. *A Global Agenda for Caring*. São Francisco: Harper, 1990.

GARAUDY, Roger. *Le débat du siècle*. Paris: [s.n.], 1996.

GAYLIN, Willard. *Caring*. Nova York: Avon Books, 1976.

GEORGESCU-ROEGEN, Nicholas. *The entropy law and the economic process*. Cambridge: Harvard Univiversity Press, 1971.

GILLIGAN, Carol. "Woman's Place in Man's Life Cycle". *Harvard Educational Review*, vol. 49, 1979.

GOSWAMI, Amit; REED, Richard E.; GOSWAMI, Maggie. *The Self-aware Universe*: how consciousness creates the material world. Nova York: Tarcher, 1993.

GRIFFIN, Anne P. "A Philosophical Analysis of Caring in Nursing". *Journal of Advanced Nursing*, vol. 8, 1983.

GRONDIN, Marcelo; VIEZZER, Moema. *Abya Yala*: genocídio,resistência e sobrevivência dos povos originários das Americas. Rio de Janeiro: Bambual, 2021.

HAWKING, Stephen. *A Brief History of Time*: from the Big Bang to the black holes. Nova York: Bantam Books, 1988.

______. *A nova história do tempo*. Rio de Janeiro: Ediouro, 2005.

HEIDEGGER, Martin. *Ser e tempo*. Parte I. Petrópolis: Vozes, 1999.

HEIDEMANN, Miriam. *Adolescência e saúde*: uma visão preventiva. Petrópolis: Vozes, 2006.

HINKELHAMMERT, Franz Josef. *Cultura de la esperanza y sociedad sin exclusión*. San José da Costa Rica: DEI, 1995.

HOBSBAWN, Eric. *Era dos Extremos*. São Paulo: Companhia das Letras, 2007.

HUNTINGTON, Samuel P. *O choque de civilizações*. Rio de Janeiro: Objetiva, 1997.

IMDAHL, Georg. "Intensionalität und Sorge". *In*: ______. *Das Leben verstehen*. Würzburg: Hönigshausen & Neumann, 1994.

JACQUARD, Albert. *Le compte à rebours a-t-il commencé*. Paris: Stock, 2009.

JONAS, Hans. *O princípio responsabilidade*. Rio de Janeiro: Contraponto, 2006.

JUNG, Carl Gustav. *Memórias, sonhos, reflexões*. Rio de Janeiro: Nova Fronteira, 1989.

KIERKEGAARD, Søren. *O conceito de angústia*. São Paulo: Vozes, 2013.

KRENAK, Ailton. *Futuro ancestral*. São Paulo: Companhia das Letras, 2022.

KÜNG, Hans. *Religiões do mundo*: em busca dos pontos comuns. São Paulo: Verus, 2004.

KURZ, Robert. *Os últimos combates*. Petrópolis: Vozes, 1997.

LAMA, Dalai. *Uma ética para o novo milênio*. Rio de Janeiro: Sextante, 2000.

LARIVÉE, Annie; LEDUC, Alexandra. "Saint Paul, Augustin et Aristotele comme sources gréco-chrétiennes du souci chez Heidegger". *Philosophie*, vol. 64, 2001.

LEININGER, Madeleine M. *Care*: The Essence of Nursing and Health. Nova Jersey: Thorofare, 1984.

______. *Caring*: An Essential Human Need. Nova Jersey: Thorofare, 1981.

______. *Ethical and Moral Dimensions of Care*. Detroit: Wayne State University Press, 1990.

______. *Transcultural Care Diversity and Universality*: A Theory of care and nursing. Nova York: National League for Nursing, 1985.

LELOUP, Jean-Yves. *Cuidar do ser*: Filon e os terapeutas do deserto. Petrópolis: Vozes, 1996.

LÉON-PORTILLA, Miguel. *A conquista da América Latina vista pelos indígenas*. Petrópolis: Vozes, 2023.

LOSANO, Mario G. *Norberto Bobbio*: uma biografia cultural. São Paulo: Unesp, 2022.

LOVELOCK, James. *A vingança de Gaia*. Rio de Janeiro: Intrínseca, 2006.

______. *Gaia*: a new look at life on Earth. Oxford: Oxford University Press, 1997.

______. *Gaia*: um novo olhar sobre a vida na Terra. Rio de Janeiro: Edições 70, 1987.

______. *The Ages of Gaia*: a biography of our living Earth. Nova York: Norton, 1988.

MAFFESOLI, Michel. *Elogio da razão sensível*. Petrópolis: Vozes, 1998.

MARGULIS, Lynn; SAGAN, Dorian. *Microcosmos*: quatro bilhões de anos de evolução microbiana. São Paulo: Cultrix, 2011.

MARSHALL, Ian. *The quantum Society*: mind, physics and a new social vision. Nova York: William Morrow and Campany, 1994.

MAY, Peter Herman; MOTTA, Ronaldo Seroa da (Coord.). *Valorando a natureza*: análise econômica para o desenvolvimento sustentável. Rio de Janeiro: Campus, 1994.

MAYEROFF, Milton. *On Caring*. Nova York: Harper & Row, 1971.

MIRES, Fernando. *El discurso de la naturaleza*: ecología y polítca en America Latina. San José da Costa Rica: DEI, 1990.

MONOD, Théodore. *Et si l'aventure humaine devait échouer*. Paris: Grasset, 2000.

MOREIRA, Eduardo. *Desigualdade & caminhos para uma sociedade mais justa*. Rio de Janeiro: Civilização Brasileira, 2019.

MORIN, Edgar; KERN, Anne-Brigitte *Terre-Patrie*. Paris: Seuil, 1993.

NODDINGS, Nel. "Justice, Caring, and Universality: in defense of moral pluralism". *In*: KATZ, Michael S.; NODDINGS, Nel; STRIKE, Kenneth A. (Coord.). *Justice and Caring*: The Search for Common Ground in Education. Nova York: Teachers College Press, 1999.

______. "Two Concept of Caring". *In*: ______. *Philosophy of Education*. Boulder: Westview Press, 2000.

______. *Caring*: a feminine approach to ethics and moral education. Berkely: University of California Press, 1984.

______. *The challenge of care in schools*: an alternative approach to education. Nova York: Teachers College Press, 1992.

NOVO, María. *El desarrollo sostenible*: su dimensión ambiental y educativa. Madrid: Pearson Prentice Hall, 2006.

RAMONET, Ignacio. *Geopolítica do caos*. Petrópolis: Vozes, 1998.

RATZINGER, Joseph. *O destino de Jesus e a Igreja*: a Igreja em nossos dias. São Paulo: Paulinas, 1969.

RAWLS, John. *A Theory of Justice*. Oxford: Oxford University Press, 1971.

REES, Martin. *Hora final*: alerta de um cientista – o desastre ambiental ameaça o futuro da humanidade. São Paulo: Companhia das Letras, 2005.

REVUE ACTUEL MARX. *L'écologie, ce matérialisme historique*. Paris: PUF, 1993.

ROACH, M. Simone. *The Human Act of Caring*: blueprint for the health. [S.l.]: Professional League for Nursing, 1991.

ROCKEFELLER, Steven. *Spiritual democracy and our schools*. Nova York: Polyprint & Design llc, 2022.

ROSELLÓ, Francesc Torralba. *Antropologia do cuidar*. Petrópolis: Vozes, 2009.

RUETHER, Rosemary Radford. *Gaia and God*: an ecofeminist theology of Earth's healing. São Francisco: Harper San Francisco, 1992.

SAHTOURIS, Elisabet. *Earth Dance*: living systems in evolution. Nova York: iUniverse,1996.

SCHWARZ, Walter; SCHWARZ, Dorothy. *Ecologia*: alternativa para o futuro. Rio de Janeiro: Paz e Terra, 1990.

SCUDDER, J. "Dependent and Authentic Care: Implications of Heidegger for Nursing Care". *In*: LEININGER, Madeleine M.; WATSON, Jean. *The Caring Imperative in Education*. Nova York: National League for Nursing, 1990.

SOROS, George. *A Crise do capitalismo*: as ameaças aos valores democráticos/as soluções para o capitalismo global. Rio de Janeiro: Campus, 1999.

SUESS, Paulo (Coord.). *A conquista espiritual da América Espanhola*. Petrópolis: Vozes, 1992.

TOMASELLO, Michael. *Por que nós cooperamos?* [*Warum wir kooperieren*]. Berlim: Suhrkamp, 2010.

TORO, Bernardo. *La educación desde las éticas del cuidado y la compasión*. Bogotá: Editorial Pontificia Universidad Javeriana, 2005.

TOYNBEE, Arnold J. *Experiências*. Petrópolis: Vozes, 1970.

UNEP; WWF; UICN. *Caring for the Earth*: A Strategy for Sustainable Living. Gland: [s.n.], 1991.

WALDOW, Vera Regina. "Educação para o cuidado". *Revista Gaúcha de Enfermagem*, Porto Alegre, vol. 4, 1993.

______. *Bases e princípios do conhecimento e da arte da enfermagem*. Petrópolis: Vozes, 2008.

______. *Cuidado humano*: o resgate necessário. Porto Alegre: Sagra-Luzatto, 1998.

______. *Cuidar, expressão humanizadora da enfermagem*. Petrópolis: Vozes, 2006.

______. *O cuidado na saúde*: as relações entre o eu, o outro e o cosmos. Petrópolis: Vozes, 2005.

WALLERSTEIN, Immanuel. *El futuro de la civilización capitalista*. Barcelona: Icaria/Antrazyt, 1997.

WARD, Peter. *The End of Evolution*. Nova York: Bantam Book, 1995.

WATSON, James D. *DNA*: o segredo da vida. São Paulo: Companhia das Letras, 2005.

WATSON, Jean. *Nursing*: human science and human care – a theory of nursing. Norwalk: Appleton-Century-Crofts, 1985.

______. *The Philosophy and Science of Caring*. Boston: Little Brown, 1985.

WEINBERG, Steven. *Os três primeiro minutos*: uma análise moderna da origem do universo. Lisboa: Gradiva, 1987.

WILSON, Edward. *A Criação*: como salvar a vida na Terra. São Paulo: Companhia das Letras, 2008.

WINNICOT, Donald. *Natureza humana*. Rio de Janeiro: Imago, 1990.

______. *Os bebês e suas mães*. São Paulo: Martins Fontes, 1999.

______. *Tudo começa em casa*. São Paulo: Martins Fontes, 1999.

ZOHAR, Danah; MARSHALL, Ian. *QS*: a inteligência espiritual. Rio de Janeiro: Record, 2000.

A Editora Contracorrente se preocupa com todos os detalhes de suas obras! Aos curiosos, informamos que este livro foi impresso no mês de julho de 2025, em papel Pólen Natural 80 g/m².